首脑、高管、业务精英，
三国鼎立，谁主沉浮

BAN
GONG
SHI
SAN
GUO

办公室三国

王宇 ❤ 著

新星出版社 NEW STAR PRESS

❦ 前 言 ❦

　　三国时期是一个英雄辈出的时代,时势造英雄,英雄也能造时势。苏东坡那首《赤壁怀古》,大气磅礴,不禁让人回忆起三国时代的英雄气概和浪漫情怀。曹操是一个乱世英雄,他以微弱之身于靖难起兵,后来讨伐董卓和袁术,杀吕布,降张秀,灭袁绍,征刘表等,最终获得了战乱时中国北部的统治权,但是一切并不像人们想象的那样轻松。所有在当时取得政权的乱世君王都一样,他们靠的是智慧而不是匹夫之勇。刘备论骁勇不如曹操,论治国不如孙权,然而能与其他两个政权保持三足鼎立的局面,他成功的地方就是会用人。

　　乱世不只给了争王者以机会,一些谋臣将相甚至是一兵一卒都能在这个战场上找到自己的价值。可以说从士兵到将帅都是这个战场上的主角,关键在于自己是否有明确和坚定的信念。当今的职场就好像三国时期的战场,每个人的存在都是合理的,但每个人存在的意义却是不同的。办公室里的事情也是瞬息万变的,这是个人组成的场所,每个人作出的决定都会对其他人产生一定的影响;同时,这种影响也会重新回馈到每个人身上,很多人就是在这样的环境下迷失自我的。那么,职场上有没有固定的规则让人们始终立于不败之地呢?世界上没有这么绝对的事情,但是只要努力,就能逃避总是失败的命运。

　　当你还在为上司的"不公平"而烦恼时;

　　当你看到自己的菜鸟同事比你先飞而感到郁闷时;

　　当你被公司里的小人"无故"陷害时;

　　当你在为自己的收入与付出不对等而愤愤不平时;

　　当你……

《办公室三国》能给你最合适的答案。其实职场就是一个利益交换的场所，人做的每件事和每个决定都是与利益息息相关的。想要在与利益无关的情况下做好自己的事情是不可能的。既然如此，在做事之前就要先考虑自己的利益，只有这样才能保证你自己的利益最大化，而这也是每个人进入职场最大的目的。这本书的初衷也是出于让读者的利益最大化，也许会让职场的"正人君子"嗤之以鼻，但真正能在职场上叱咤风云的人，哪个没有一点手段和阴谋？试问，一个被人欺的大善人怎样在众人的鄙视和排挤下轻易翻身？

人们在职场能得到的最大满足就是实现自己的理想，然而，迷失梦想的也大有人在。不过在办公室里也不见得一定要放弃自己的理想，能在职场中应付自如的人当然有能力为自己的理想拼搏一番。《办公室三国》让你重新找回自己的理想，让你在茫茫的人生中，找到实现梦想的希望和捷径；《办公室三国》总结出来的不仅是发生在身边的明争暗斗的智慧，还有古人、名人、成功人士用计的智慧。

序

办公室里虽然看不见三国战场上的硝烟,但到处都有刀光剑影和明争暗斗。《办公室三国》在激起你斗志的同时,也能让你学到很多励志之外的知识。斗志是每个人都要具备的,但职场上竞争的残酷要远大于此。在办公室中使用任何手段都是以生存为前提的,无所谓诡计还是阴谋。每个想在办公室高升的人,只靠努力是远远不够的,在埋头苦干之前,请先看清职场上的各种规则。上司、同事、下属,每个人都要用不同的计谋去安抚他们,否则升迁的路上无论谁在你背后温柔一刀插下去,所有的努力就要归零。因此,在办公室里生存没有计谋和智慧是不行的,《三国演义》是中国文化和智慧的精髓之所在,历经数百年仍然闪耀着光芒,依然是人们钩心、斗智谋的精华,给人们的启迪也是非同一般的。

擒王图霸、扼喉待变、借刀杀人、声东击西、趁火打劫、顺手牵羊、调虎离山、笑里藏刀……职场如战场,只要能在战场上获胜的谋略,无论是阴谋还是手段都有很大的参考价值,也同样能在办公室的争斗、生存中派上用场。

有些职场新手,总是抱着"初生牛犊不怕虎"的心态在办公室里做事,他们不怕得罪任何人。他们认为,反正自己无欲无求,既不想升职,也不盼望加薪,更不用巴结上司,即使得罪人也没什么好怕的。还有些我行我素的人,说话口无遮拦,也不知道会不会得罪人。这两种人最容易在办公室里吃亏,往往在最后受到莫名其妙的打击,可能被别人陷害了还是一头雾水。而实际上在职场上,得罪人是要付出代价的。在职场上不能心存侥幸,因为这关系到你一生的事业和命运。所谓的代价,可大可小,但是每个人都应该知道复仇带来的破坏力吧,那正是职场上最常见的得罪

1

人受到的报应。《办公室三国》为你揭示的不仅仅是这些做人的道理。

　　你是否还在疑惑，上司明明对你的工作很赞赏，但却迟迟不见更实惠的表示？对于上司来说给下属升职或加薪是需要一定成本的，升职是一件很复杂的事情，上司要考虑很多，既要把机会留给自己人，又要防止下属对自己地位的威胁；而加薪并不是简单地给你的卡上多打点钱那么简单，处理不好还会引起部门的人事混乱。无论升职也好加薪也好，都会给上司带来一定的困扰甚至是损失，但对于表现好的员工又不能坐视不理。此时，口头的赞赏和鼓励就成了上司最喜欢的方式，其发生的频率之高也恰恰证明了这些。当然，在公司内部还有很多让你疑惑的现象，想一一解开其中的谜团，《办公室三国》会给你最全面的理由甚至是解决办法，你完全可以用三国的智慧去驾驭职场中出现的各种问题。

❀ 目 录 ❀

第一章 小人之计——工于心计，为己谋利............1

认识到办公室工作背后的人情冷暖和你争我斗，才能在工作中有的放矢，所向无敌。当你进入办公室后，要对两种规则心知肚明，并谨慎遵守，才能为自己的生存创造一个宁静的氛围。为人处世的智慧就在于，用不同的策略去做不同的事情，用不同的计谋去对待不同的人，即使是小人之计又何妨，懂心计才会稳操胜券，人们的目标是成功，是自己的利益。

第二章 竞争升职——知晓轻重，进退有道............26

王安石在《雨过偶书》中说过一句话："谁似浮云知进退"，意思是，谁能像云一样让自己的进退合乎时宜。

在职场的暗潮中，难免会遇到很多不同的问题，无论大事小事都要知晓进退。用理智的眼光来看，面对不同的事情，"进"并不一定就是最好的办法，而退也不一定都不好。只顾逞匹夫之勇的人,在不该进的时候一味往前冲只会带来更大的损失,让自己更加无路可退。能知取舍、知忍让、知谋略的人才能在进退的选择中趋利避害,所向披靡。

第三章 领导之道——善于倾听,但又独断…………54

上司是员工的领头羊,强将手下无弱兵。要让自己的团队强大起来,关键在首领,软弱的将军手下是不可能有精良士兵的,但单靠强大的首领也不能在各种竞争场所中获得绝对的优势。一个真正强大的领导要做整个团队的太阳,不仅自己要有才能,还要让自己的光芒照耀到每一个属下,才能让整个团队强大起来。

职权的威力是天生的也可以说是别人赋予的,但威望却要靠自己树立。上司最能让下属臣服的撒手锏就是超于常人的业务能力,而能对自己下属的工作风格了如指掌的上司能让办公室的办事效率得到更大的提高。三国时代为王的智慧在于,干大事不拘小节,能屈能伸,还要会用不同的方式管理约束不同的下属,何时对其放任,何时对其约束,对何人严格,对何人糊涂,何事追究到底,何事睁一只眼闭一只眼……

第五章 谋士之才——善谋算,不好功·············113

拥有一批能臣良将能使一个国家迅速兴盛,同样办公室里也需要一批这样的人才。在社会竞争如此激烈的今天,人才流失是每个企业都要面临的难题,从长远的发展角度看,稳定的人力资源是企业发展的根据之所在。"魏死郭嘉"、"蜀丧庞统"、"吴亡周瑜",对魏国、蜀国、吴国来说都是莫大的损失。千军易得,一将难求,一个国家失去一个能臣干将要比损失千军万马悲惨许多。

第六章 与人相处——眼观六路,耳听八方 ………159

乱世不止是给争王者以机会,一些谋臣将相甚至是一兵一卒都能在这个战场上找到自己的价值。可以说从士兵到将帅都是这个战场上的主角,关键在于自己是否有明确和坚定的信念。当今的职场就好像三国时期的战场,每个人的存在都是合理的,但每个人存在的意义却是不同的。

第七章 利益之争——成事在天，谋事在人·········190

哪里有人，哪里就有江湖，有江湖的地方就会有规则。办公室就是一个充满规则的地方。每个办公室都会有一套规章制度，在这种正规制度的背后还会有一套不成文的规则。无论是同事之间还是上下级之间，遵守规则才能把事情办好。能博得同事以及上司的好感有助于自己的工作进步和职位高升，这是办公室人际较量中不争的事实。

第八章 发展策略——将相和睦，共振朝纲·········222

团结就是力量至今仍是众多成功人士的座右铭，对于一个国家或团队来说，没有什么比团结能使之有更大的力量。即使是两个毫不相干的团队，只要两者有共同的志向和目标，完全可以站在同一条战线上。俗话说："智者千虑，必有一失；愚者千虑，必有一得。"无论是智者还是愚者都有过人之处和不足之处，但只要能达成联盟就能互补有无。

第 ● 一 ● 章

小人之计——工于心计，为己谋利

　　认识到办公室工作背后的人情冷暖和你争我斗，才能在工作中有的放矢，所向无敌。当你进入办公室后，要对两种规则心知肚明，并谨慎遵守，才能为自己的生存创造一个宁静的氛围。为人处世的智慧就在于，用不同的策略去做不同的事情，用不同的计谋去对待不同的人，即使是小人之计又何妨，懂心计才会稳操胜券，人们的目标是成功，是自己的利益。

动乱带来的不是损失是机会——做乱世中的枭雄

　　所谓时势造英雄，枭雄出乱世。职场中的改革和动乱对员工来说也许是一个机会，公司处于危难之际，谁能挺身而出，抓住这个机会一展身手，那么危机过后，升职、加薪必定指日可待。但乱世之英雄并非人人可做，此人必定要有过人之处。纵观历史，名垂千古的英雄无数，但得天下的大多是枭雄。

☕ 乱世成就一代枭雄

　　从古至今，动乱令人们唯恐避之不及，谁都希望能够生活在太平盛世，但是对于渴望成就一番事业的年轻人来说，动乱无疑也是一个机会。

　　公元 189 年，震惊朝野的董卓之乱爆发，东汉王朝名存实亡。曹操散家财，合义兵，讨伐董卓。从建安二(197 年)年起，曹操利用"挟天子以令诸侯"的政治优势，东征西讨，奠定了北方的霸主地位。在那个乱世之中，他没有任何背景资本，功业全都靠自己打拼出来，而且三分天下，他掌握的是最关键的部分。这其中最主要的原因是他手里有一个皇帝，可以挟天子以令诸侯，这就是曹操最大的优势。

一个本没有任何资本的人，能够在乱世中把握机会成为一代枭雄，这需要真本事和大智慧，不是任何一个人都能够做到的。汉室风雨飘摇，年少即位的汉献帝如丧家之犬无人问津，只有曹操把他接了过来。有了皇帝这个牌子，曹操就可以光明正大地给各路诸侯下令让他们做事。江山不稳，各路诸侯大多有夺取天下之志，当然也不乏有忠于汉室的。但是其他的人没有想到这些，只有曹操做到了。

职场中也一样，办公室看似波澜不惊，实际上却是明争暗斗。那么，怎么才能让自己处于不败之地？这就要学会巧妙地利用上司的权威来实现自己的愿望。对于初入职场渴望一番作为的年轻人来说，最初不是要做出什么轰轰烈烈的大事，而是要保证自己不犯大的错误，在这期间多学习老员工的经验，一旦机会成熟，便可向老板一展你的雄才大略，即可成就你的事业，也可令公司里的所有人对你另眼相看。

当然这时你必须要有一定的真才实学，否则机会摆在你面前，你也只能眼睁睁地看它溜走，所以说平时的积累是非常重要的。

公司危难之时别只想着一走了之，越是临危受命，越能显示自己的能力。办公室人员对公司的内部情况了解得最清楚，但如果公司出现危机，你却最先想着赶紧跳槽，那么你这一辈子也成就不了大事。

蜀主刘备死后，昏庸无能的阿斗继位，他只知享乐，不理朝政。诸葛亮联吴伐魏，南征孟获，积极准备两次北伐，在出征前夕给阿斗写《前出师表》，说"受任于败军之际，奉命于危难之间"，诸葛亮临危受命，虽然没有挽狂澜，但是却成为了历史上鞠躬尽瘁、死而后已的典范。

如果公司处于危难之际你能够力挽狂澜，必定会成就一番事业，得到高层领导的赏识，当然这和自身的才华也是分不开的，当机会真的来临时，你却没有能力，那就只能安于平凡。身处办公室，把自己分内的事做好是首要的，但一定要懂得洞悉先机，有些机会是需要自己把握的，如果你确实有过人的才华，相信公司也会给你施展的平台。

小李是办公室的一个文员，那时她刚毕业，就在她进入公司的第二个月，公司的运营模式出了点问题，导致市场一度瘫痪。老板一再鼓励大家，希望每位员工都能再坚持一下，但是公司的业务员却相继辞职离去，最后只剩下3个，还都是新员工。缺少业务员就没有办法联络客户，就在老板正无计可施之际，小李主动请缨下放市场去做业务，虽然她一个人起不到什么作用，但老板却因此而备受感动。最终在大家的共同努力下，改进了公司的模式，终于使公司重新步入正轨，小李也得到了老板的提升和重用，从一个小文员提升到了部门经理。

有些人对于公司的动乱犹如惊弓之鸟，稍微听到点传闻便迫不及待地要离开，唯恐自己的前途受到影响。这些人目光短浅，只看到眼前的一己之利，没能看到动乱中所隐藏的机会，还丢掉了工作。所以说当公司遇到危机时，要先观其形势，再决定去留，切勿只想着一走了之。再坚持一下，也许很快就会柳暗花明，如果公司渡过危机，你便可成为有功之臣，从而成就你的事业。

职场规条

一遇到危机，就想着一走了之的人，永远成不了大事；只有那些不怕吃亏，在困难中愿意和公司共进退的人才能成就一番事业。

取而代之——司马懿装病夺权

拿破仑说，"不想当将军的士兵不是好士兵。"对于身处办公室的人们来说，哪一个不是抱着升职加薪的梦想而奋斗的？办公室不比古战场，只要立功便可封官加爵，办公室的老大只有一个，那就是你的上司。就算你处处显露锋芒，也会遭到他的压制，试想，谁会允许一个新员工威胁到自己的位置呢?

任何事情都不是绝对的,在时机未到之时,你可以收敛锋芒,暗自养精蓄锐,寻找机会,厚积薄发,一鸣惊人。毕竟每个公司最注重的便是人才,是金子总会发光的。不用在意一时的不得意,只要你有真才实学,总有一天会被公司予以重任的。

☕ 大智若愚,厚积薄发

在办公室中,锋芒毕露必然会招致同事们的忌妒甚至是攻击,在没有能力与之抗衡的时候,大智若愚不失为一种大智慧。这样不但能够与他们打好关系,还能避免他们的防范之心。

魏明帝曹睿驾崩后,要司马懿和曹爽共同辅政,在历史的推动下,两人的同台竞技便开始了。曹爽的谋士何晏等人劝他说:"司马懿素有大志,而且很得民心,不可对他推诚相待。"曹爽深以为然。于是便令自己的党羽上表奏章,建议尊崇司马懿为太傅,其实是明升暗降,架空了司马懿,然后由曹爽的亲信领兵。从此,曹爽对司马懿礼貌有加,但却很少再让他参与政事,等于彻底罢黜了司马懿辅政的权利。

司马懿虽然对曹爽的所作所为感到不满意,但是当时却没有任何条件能与曹爽抗衡。但司马懿并没有像曹爽安排的那样,老老实实地待在家里抱孙子养老,而是在不声不响地等待时机。曹爽耳目甚多,并且一直在监视他的一举一动,司马懿为了让曹爽等人彻底相信自己没有争权之心,于是就在家装病。

曹爽等人自然不相信,于是派亲信李胜去刺探虚实。李胜即将出任荆州刺史,特来向司马懿辞行。司马懿让两个婢女扶着自己,婢女拿衣服给他,他接不稳,掉在地上。司马懿指着口表示渴了,婢女拿来稀粥,司马懿伸头去喝,稀粥都流在胸前。李胜说:"听说明公风湿复发,没想到竟严重到这种地步。"司马懿颇费一番气力,才说出话来:"我已老,经常卧病,大概就要不久于人世了。先生屈尊到并州,并州接近胡人,先生要好好防备呀! 恐怕我们以后不能再相见了,我的两个儿子,司马师和司马昭,就托付给你了。"李胜解释说:"我要到我的故乡荆州任职,不是并州。"司马懿惊讶说:"先生不是刚到并州吗? " 李胜再次向他解释:"是到荆州任职。"司马懿暮气沉沉地说:"我老了,神志昏乱,不懂得先生的话。现在回到故乡,盛德壮烈,要好好地建立功勋啊。"李胜被司马懿的伪装所骗,回府便把这些情况告诉曹爽,说司马懿快断气了,身体非常虚弱,神志也不清楚,已经没什么威胁了。

司马懿的伪装骗过了曹爽一党,他在私下加紧练兵,并等待时机。公元249年正月初六,机会终于来了,那天正是魏明帝祭日,曹爽与众兄弟一起陪皇帝出城祭拜。曹爽前脚刚走司马懿便悄然关闭了城门,假借太后名义发动政变,宣布曹爽胡作非为的罪状,一举将曹爽一党歼灭,从而取代了曹爽独自把持朝政。

在职场中,特别是面对办公室的钩心斗角,虚虚实实,不妨也利用司马懿这一招。所谓明修栈道,暗度陈仓。在自己各方面条件都不足以和对方面对面抗衡时,不妨学会示弱,纵使自己才智很高,也要装作什么都不会、不懂的样子迷惑对方,使他不再对自己有防备之心。然后暗自积蓄自己的力量,寻找合适的机会一鸣惊人,超过对方,以实现自己的夙愿。

☕ 工欲善其事,必先利其器

每个人都有对权力的欲望,面对别人更高的职位,取而代之的心思几乎人人都有,但是首先要看的是你自己是否确实有取而代之的能力和勇气? 如果给你这个机会,你能够把握住吗? 正所谓"工欲善其事,必先利其器"。一个人如果有了目标,就要时刻为这个目标努力,等待机会到了,便可抓住机会;但如果准备不充分,即使有了机会,也不一定能够成功。

司马懿的成功和他的隐忍是分不开的,如果他当时沉不住气,不能忍一时之辱,在准备不够充分的情况下和曹爽对决,肯定不敌。但是他选择对外称病,骗过了曹爽,暗地里却加紧布置,寻找机会,最后才赢得了成功。

可见如果要做什么事,必须要有充分的准备,如果没有和对方足以抗衡的力量,就一定要学会在对方面前低调。否则别人先下手为强,自己便会失去先机。

徐伟觊觎市场总监一职很久了。尽管徐伟做得已经非常好了,但现任市场总监也是靠真本事坐上去的,老总多次向他许诺恰当的时候会给他升职,但是却一直未见动静。徐伟对此非常不满,觉得自己为公司立了很多功,可公司却对他不公平,于是他到处散布关于公司人事部不公平的谣言,导致大家对他都有了意见。过了些日子,徐伟听说近些天公司会有一次大的人事调动,现任的市场总监将被调回总部。他想一定是公司怕他跳槽,想要给他升职所以才调动的,于是他暗自得意。可是谁知结果却不是他想象的那样,总监确实被调回了总部,可是公司提拔的市场总监却不是他,而是他们部门平时默默无闻的小李。这令他愤愤不平,冲动之下他决定辞职。

当徐伟给人事部经理递交辞呈的时候,才了解到原来小李也一直对总监一职有心,并且他的各方面才能都不错,但是唯独业务方面不如徐伟。小李和徐伟的关系不错,在业务方面经常请教徐伟,慢慢地,小李的业务成绩提高了。徐伟还高兴的以为自己是当领导的料,能带人一起进步,可没想到结果却是这样的。这时他才后悔当初自己太高调了,以至于让对手摸清了自己的底细,抢走了原本属于自己的一切。

其实,身在职场的每一个人都有希望升职,但是徐伟没有考虑那么多,他以为自己的业绩好,就应该当总监,但是他没有考虑自身的综合素质。小李虽然在业务上一直默默无闻,但是他的综合能力不错,并且平时又很好学,一直向业务最好的徐伟请教学习。不断充实自己的小李无异于是为自己的晋升打基础,在无形中取代了原本应该升任的徐伟。

徐伟最大的失误就是做事太高调了,并且爱拿自己已有的成绩炫耀,不知道补充自己的不足,去充实自己的专业知识。他没有从硬件上提升自己,也没有为升任总监一职所需要的条件做准备和努力,最终只能眼看着小李取代自己而无计可施。

行事高调就等于把自己的底牌亮出来，让大家看着你出牌；只有懂得掩其锋芒，瞅准机会一击中的才能保证职场之路畅通无阻。

适时使用小人之计——诸葛亮三气周瑜

身处办公室难免会卷入争斗，俗话说："明枪易躲，暗箭难防。"面对别人的欺辱，你可以忍，但是如果有人接二连三地给你制造麻烦，以致你的工作效率节节下退，你还能忍受吗？无法回避时就选择面对，当然也不能撕破脸面，毕竟是一个办公室的，低头不见抬头见，处理不当就会使自己四面受敌。所以这时不妨圆滑一点，使用小人之计，既然对方小人在先，那么就不用客气，就当以其人之道还治其人之身。

☕ 借他人之势达到自己的目的

办公室的关系可谓错综复杂，稍有不慎就会流言满天飞，但是有时候，为了完成自己的任务，不得不狐假虎威，借用上级的威势来达到自己的目的。自己势力弱小，有多少人会心甘情愿的为自己所用？于是这时便要学会略施小计，达到自己的最终目的。

东吴联合蜀国共抗曹操，赤壁之战后，周瑜和诸葛亮说谁先破了荆州谁占领，周瑜先破了荆州，却被诸葛亮抢先占领了。但是刘备自知势力弱小不敌孙权大军，于是为荆州之事整天闷闷不乐。这时诸葛亮献计"借"荆州，刘备不解，东吴怎么会把这么大的地盘借给自己，又不是借钱借粮。这时正好东吴的谋士鲁肃前来求见，诸葛亮和刘备说了自己的计谋，然后急忙出去迎接鲁肃。

刘备按照诸葛亮的计谋，使鲁肃成为了自己借荆州的说客，鲁肃回去说服孙权将荆州暂借刘备，但是期限到了后，刘备却耍无赖不肯归还荆州。东吴大将军周瑜非常气恼，便想用计把荆州夺回来。后来周瑜听说刘备丧妻，顿生一计。对东吴大将鲁肃说："我有计策了！必使刘备老老实实地把荆州交回来！刘备丧妻，必将续娶。我知主公有一妹妹，刚武英豪。可以招婿为名，骗刘备来东吴成婚。一旦他来，则囚入牢室，再派人去讨荆州以换刘备，他们必然交还。之后，放与不放、杀与不杀，不全凭我们处置了吗？"鲁肃觉得这个计策甚好，表示赞同，便对东吴之主孙权说了此计，孙权也同意。于是派大臣吕范到荆州去做媒，刘备明知是计，便推辞了，但是吕范一再劝说，让刘备没有理由推辞。就说："你先在此住下，明天给你答复。"于是便和诸葛亮商议，诸葛亮说："主公尽管安心到东吴娶妻，孔明略施小计保管使周瑜一筹莫展，令孙权之妹成为主公之妻，而荆州又万无一失。"

择日，刘备由赵云、孙乾陪同，进入吴国境地，赵云即用孔明的第一个计谋，让随行的士兵大肆宣扬刘备和东吴公主成亲之事。然后又买了厚礼去拜访乔国老，乔国老是一个举足轻重的人物，他不但是孙权的哥哥、孙策的老丈人，还是东吴大将军周瑜的老丈人，身份可谓特殊。刘备登门拜访，乔国老大为开心。于是就去见孙权的母亲吴国太，这么大的事吴国太竟然不知，于是就叫来孙权质问。吴国太得知实情大为恼火，大骂周瑜道："你没有本事取荆州，竟然借我女儿的名，然后杀了刘备，我女儿就是守望门寡，以后还怎么嫁人。"孙权只有默不作声，这时乔国老已对刘备有好感，便借机说现在东吴人尽皆知孙公主要嫁于刘备，况且刘备是大汉皇叔，当今英雄，可谓人中之龙。吴国太便说要见见刘备，如果她女儿中意刘备，便真把女儿嫁与他。孙权无耐只得答应。最终刘备如愿娶了孙尚香，并在赵云等人的护卫下安全逃到荆州。周瑜听说刘备带着公主逃离东吴，气得口吐鲜血，立时昏倒在地。

诸葛亮借荆州可谓是小人的无赖之计，但是所谓兵不厌诈，办大事不拘小节。有时候适当用一些小人之计，借他人之力为自己所用确实起到了事半功倍的效果。刘备集团得到荆州为日后占据巴蜀、汉中，形成三国鼎立打下基础,可谓是三分天下的关键。如果诸葛亮为讲信用把荆州还给东吴,那么刘备向益州发展便进退无据,无路可行,也不会有后来三足鼎立的局面了。

☕ 以其人之道还治其人之身

办公室里总会有小人在背后造谣诽谤、落井下石、颠倒黑白,你一旦被小人盯上,不是替他背黑锅,便是让他抢功劳,以致被陷害或者在"节骨眼"上坏大事。小人扮演的就是这种角色。长期在办公室内,对于小人,应该学会识别。不要一味忍让,否则他便会觉得你好欺负。对付小人不用讲那么多仁义道德,必要的时候也可以其人之道还治其人之身,反过来将他一军,让他知道你也不是好欺负的。

张华刚毕业就进入一家公司做文案。为了得到公司的认可,她几乎成了工作狂,天天练笔,没多久她写的文案就得到了经理的表扬。为此,她更加努力工作。

同事王晓雅比她早进公司一个星期,由于两人都是新人,关系便比别人都好。在张华为工作忙碌时,王晓雅总是适时地为她递上一杯咖啡;中午来不及去吃饭时,王晓雅便主动给她带上一盒饭;并总是主动帮她去打印自己写好的材料和文案。为此,张华常常觉得自己很幸运,遇到了这么好的同事。

但是那次事后,她彻底对王晓雅失望了。那天,她高高兴兴地将自己辛苦完成的文案交给经理。谁知第二天经理竟然将她叫到办公室说:"张华,我本来很看重你的才华,但是没想到你竟然为了博得我的表扬,抄袭其他同事的方案。"听完经理的话张华一脸惊讶,这时经理递给她一份文案策划书,内容和她的一模一样,最后的策划人却是王晓雅。

张华当时真的不敢相信,自己最好的朋友竟然会做这样的事情,但是事实摆在面前!面对经理的不满,她没有任何证据证明,虽然自己再清楚不过了,但是口说无凭。于是,她只有把心里的委屈吞到肚里。

为了向经理证明自己的清白,张华决定先不找王晓雅兴师问罪,而是继续和她保持良好的关系。过了一段时间,机会终于来了,公司接了一个很重要的案子,那时张华比平时更忙,王晓雅还是经常主动的帮她打印或是做策划书。但是她暗地里却准备了两个方案,而王晓雅看的只是其中的一个。做好后,她提前将王晓雅未看过的那份文案交给了经理,并请经理配合她不对外公布。后来,王晓雅交上了她的文案,经理看后,果然和张华的文案颇为相似,明白真相的经理非常恼火,辞退了王晓雅。

办公室内的小人大多都是一副老好人的模样,将自己隐藏得很好,让人防不胜防,但是一到关乎切身利益时,便会毫不犹豫地在暗处插你一刀。所以说,宁肯得罪君子,绝不招惹小人。但如果小人主动招惹你了,也绝不能任由别人侵犯,把自己当软柿子捏,找准机会,来个以其人之道还治其人之身,让他也知道被人陷害的滋味。

虽然说小人之计不可取,但是别人都欺负到你头上了,难道你还满口仁义道德吗? 这样做绝对解决不了实际问题。小人也常常是把准了人们怕硬欺软的本性,才肆意妄为的。所以,对付小人,就应该以其人之道还治其人之身,也可用小人之计给他一个教训。

职场规条

在职场遭受小人的陷害,一味忍让、沉默是解决不了根本问题的。相反,适时使用小人之计予以回击,往往可以达到让小人收敛的效果。

苟全性命于乱世,不求闻达于诸侯——潘濬投降

面对办公室的尔虞我诈,要想栖身还确实得下一番工夫,否则一个不小心,便会被小人陷害。但是也有一种可以立于职场不败之地的人,他们大多不参与任何一方,也不轻易发表自己的见解,只是一味默默地做自己的工作,不求升职加薪,只求有一个稳定的工作。可不要小看了这种默默无闻的人,虽然他们扮演的角色有些贪求安逸,只求自保,但是并不

代表他们就没有真才实学，一旦他们得到了机会，便可以一飞冲天，一鸣惊人。

☕ 苟全性命只为实现人生的价值

大势所趋，真英雄当为识时务者。如果一个人面对变数不屑于苟活于世，白白牺牲了自己的性命，那么他便不能实现自己人生的价值，早早地成为了别人的刀下亡魂。越王勾践若不是苟全性命又怎么能复国，司马迁若不是苟全性命又怎么会有《史记》流传于世。同样，身在职场，如果连一点委屈都受不了，领导还没批评一句，就使性子要辞职不干，那么你的人生目标什么时候才能实现？一个人能忍辱才能负重，不管面对什么状况，只有先懂得自保，才有资本谈理想。如果你连赖以生存的机会都没有了，又拿什么来实现人生的价值呢？

潘濬从小跟随大学问家宋忠求习学问，为人聪慧，明察事理。30岁时，荆州刘表任命他为江夏从事，因为诛杀贪赃枉法的首长而为全郡所知。后来刘备入主荆州，用潘濬当治中从事。刘备入蜀，将潘濬留在荆州。

后来，孙权袭杀关羽，占领了荆州，原本蜀国的将领都归附于孙权，唯独潘濬称病没有前往相见。孙权器重其才华，派车到潘家，连床带人搬来，这时潘濬却是趴在床上不肯起身，并且泪流满面、哀伤呜咽无法自制。孙权慰劳并与他谈话，亲切地称呼他的字承明，向他列举了前代武王、文王重用俘虏丁父、彭仲爽，后来成为名臣的故事，而此二人均为荆州人士。然后又说："唯独你承明不肯归降，是认为孤和古人的度量有差异吗？"并命令侍卫用手巾帮潘濬擦拭脸庞的泪痕，潘濬借机起身下地拜谢，从此归降孙权。

潘濬归降孙权可说是他政治生涯真正的开始，他受到孙权的重视，并且开始渐露头角。孙权特别喜欢出去射猎，潘濬劝说道："天下没有安定，打猎这种事情不是当务之急，您干这个，手下人容易效仿。"孙权随口答道："你在外面待的时间太久了，我现在很少出去，早不玩儿这个了。"潘濬瞪着眼睛说："真的吗？"看到旁边的墙壁上挂着射猎用的弓箭，冲上去拿下来就折断了，然后扬长而去，从此孙权便不再贪恋打猎。

孙权身边有一个叫吕壹的小人，他善于曲意奉承，非常得孙权的宠。但他心术不正，甚至差点逼走老丞相顾雍，并使太子也很少有机会见父亲。潘濬恨吕壹恨得咬牙切齿，于是便在孙权面前大骂吕壹，孙权非常生气，但他仍不罢休，每次见了孙权都要骂吕壹。最后终于将孙权骂醒了，于是他开始派人调查吕壹，最终将这个乱政的小人给杀了。为此，孙权非常懊悔，并且做主让儿子娶了潘濬的女儿，跟潘濬做了亲家。他曾经对儿子说："潘太常是个至诚君子，她的女儿一定是个好姑娘。"

俗话说"忠臣不事二主"，但是有时候也要懂得变通。潘濬在刘备手下并不受重视，而投降了吴国却能够使他的才华得以施展，并且成就了他一代直臣的美名。如果他面对荆州易主依然对刘备忠贞不二，虽然会赢得忠贞的美名，但是却会丢掉性命，并且埋没了自己的才华，最后将不得不含恨而终。

同样，在现代职场中，面对上司的更换，你又会怎样选择呢？你是选择因为和上司的关系好，于是决定和他一起走，从而失去自己喜欢的工作，还是投靠新任上司，使你的才华继续得到新任上司的赏识，从而使自己实现人生价值，完成自己职业的进一步跨越呢？

☕办公室内，做一个低调的人

办公室就像是一个小社会，形形色色不同的人处在一起，日子久了难免出现摩擦，何况之间还有利益冲突。那么在办公室中怎样才能和同事和平共处，怎样才能避免惹祸上身成为众矢之的呢？这就必须要坚持一个原则——低调。

低调具体要怎么做，大多数人都不太明白。能够在钩心斗角的办公室生存的人，每个人都会有一套自己的生存法则。现代职场中的确有这么一种人，他们从来不会参与同事间的是非讨论，也不会和同事们走得太近，他们总是保持着不近不远的距离，兢兢业业地做着自己的事情。这样既不会得罪别人，也能避免别人抓自己的小辫子。

张艳和李丽同在一个办公室，因为是同一时间进入公司的，所以关系比较好，平时吃饭两个人总是一块儿。但是她们两人的性格却迥然相异，一个大大咧咧，一个是安静温顺。由于两个人都是新员工，难免会被其他老员工使唤。在这方面张艳总是不情愿地去做，然后在背后抱怨老员工的不是，而李丽总是默默地做着这一切。时间长了，老员工们对李丽的态度逐渐转好，但是却在有意无意间排挤张艳。俗话说祸从口出，她总是在背后抱怨，难免被其他老员工听见，于是大家便对她的意见很大。终于有一天她受不了同事们的冷落而选择了离开，而李丽却在办公室讨得了众人的欢心，不久便转为正式员工。

在办公室中，新进职员难免会被喜欢欺生的老员工使唤，但又没有资本和他们叫板，于是保持低调的作风无疑是对自己最大的保护。李丽就是很聪明地把握了这一点，从而使自己如愿以偿地转了正。当然大家可能会说，如果刚进入公司就心甘情愿地被老员工使唤，那不是要一直受他们欺负吗？在最初你没有任何资本的时候，你的目标就是要留在公司，而实现目标才是你首要的任务。初进职场最重要的是要放平心态，当你真正进入公司，并且站稳了脚跟后就有自己的工作要忙，完全有正当的理由拒绝做不属于自己工作范围内的事。这和新人不同，新人往往是学习期间，没有分配任何任务。大家看你很悠闲，难免就要给你安排干这干那。

无论办公室里硝烟有多大，你只要做好自己的事情就好，行为低调，保持沉稳的心态，学会"入乡随俗"，让自己适应办公室的环境。只有在"低调"这个保护伞下，你才能更心无旁骛地去努力实现自己的目标。所谓"苟全性命于乱世，不求闻达于诸侯"，在职场中不要过分追求名誉和声望，而是要先生存下去，站稳脚跟，先生存，再发展。好高骛远，自命不凡，只会招致别人的排挤和打压，从而断送自己的前途。

职场规条

职场中所谓"忠"并不是一成不变的"愚忠"，而是要学会审时度势，寻求最适合自己的发展方向。

有计谋才有胜算——孔明设伏捉张任

设伏在三国中被用了很多次，历史上有许多有名的伏击敌人的例子，可以以损失最少的人力、物力，将敌人击败。设一个陷阱诱敌人跳进去，然后将其一网打尽。当然运用这个计谋的前提是必须了解对方，做到知己知彼。职场办公室中，面对自己的竞争对手，正面交锋太过剑拔弩张，破坏办公室的气氛不说，也会使自己在同事或领导眼中形象大跌。这时可以适当用计谋取胜，这样既保全了自己的名声，又能达到自己的目的。

当然，用计谋要安排妥当，各个方面都要考虑到，否则一旦让对方找到空隙，反过来倒打一耙便功亏一篑了。用计谋要能够随时把控全局，让对方在不知不觉中进入你设的陷阱，这样才能有百分之百的胜算。

运筹帷幄，制胜于无形

用兵讲究策略，才能运筹帷幄，决胜于千里之外，制胜于无形。职场如战场，办公室更是一个复杂之地，其间充满了刀光剑影，明争暗斗，若赤膊上阵，难免两败俱伤；这时，工于心计的人便计划着一个个计谋，于无形中给竞争对手以打击，轻轻松松地让敌人钻进自己的圈套。

孔明听闻庞统被蜀将张任射杀，非常震惊，便亲自统兵前往四川。率人马进入了雒城，雒城东有一座桥叫"金雁桥"，他骑马到桥边绕河看了一遍。回到寨中，对黄忠、魏延说："离金雁桥南五六里，两岸都是芦苇丛，可以埋伏。魏延带领一千枪手伏在左面，单戳马上的敌兵；黄忠率一千刀手伏在右边，单砍敌兵的坐骑。待杀散了敌军，张任必定从东面小路逃走，届时，张飞率一千人马，埋伏在这条路边，擒捉张任。然后，赵云埋伏在金雁桥北，等我诱引张任过桥后，你就把桥拆断，然后列兵在桥北，使张任不敢往北走，逼他向南撤退，进入我们的埋伏圈。"说毕，孔明亲自带兵去诱敌。

张任得知孔明前来攻城，让张翼等人守城，自己与卓膺分别率领一队人马，出城退敌。孔明带着一支不整不齐的队伍，过金雁桥与张任对阵。孔明乘坐四轮车，头戴纶巾，手摇羽扇。两边有一百多骑兵簇拥着，远远地指着张任说："曹操仗着百万军队，听到我的名声，都要吓得望风而逃，你是什么人，敢不投降？"

张任见孔明军队不整齐，在马上冷笑道："人说诸葛亮用兵如神，原来是有名无实。"说完，把枪一摆，率军一齐向孔明杀将过去。孔明见势，丢了四轮车，上马向桥后退走。张任从背后追赶过来，一直追过金雁桥。正在这时，只听一阵大喝，埋伏在左右的人马一齐向张任冲杀过来。张任知道自己中计，急忙回军，却见赵云所率军队已将金雁桥拆断，正将军队隔岸摆开，于是不敢向北，直往南绕河逃走。

走至芦苇丛杂的地方，魏延一军突然从芦苇丛中杀出来，用长枪乱戳；而黄忠一军伏在芦苇里，用长刀剁马蹄。一时间，张任的骑兵纷纷摔倒被俘。步兵见势不好，哪敢再来。张任只好带着几十个骑兵往山路方向退，正撞着等候在那里的张飞。张任正想夺路而逃，张飞大喝一声，众军齐上，把张任活捉了。张任的部将们见其被俘，也投降了。

诸葛亮之所以能够轻松获胜，重在他对敌方以及环境等各方面都比较了解，在这个基础上，他分析了敌方遇到的各种情况的反应，然后根据这些做了周密的布置，可谓是所有的局势都在自己的运筹之中。

面对职场中的对手，要想用计谋赢对方，就必须先了解对方，然后分析对方的各种情况，只有做到知己知彼方能运筹在握。随时掌握对方的一举一动，便能做到先一步遏制对手，从而制胜于无形。

做事讲谋略，事半功倍

在职场中，不论是处理同事和领导之间的人际关系，还是日常纷繁复杂的公务，都需要讲究谋略，这样才能够达到事半功倍的效果。如果一个人在职场中只知道一味蛮干，那么他的仕途也肯定是有限的。比如办公室中许多人为了在领导面前表现自己，常常加班加点的工作，但事实上领导更注重的是讲求效率的人,在工作中如果善用谋略,不仅把自己的工作干得漂亮,还能和领导同事们相处得很好,那么升职加薪便不在话下。

王涛毕业于普通高校,也没有背景,看起来也是才智平平,没什么特别之处,但是他的发展却总是比别人顺利一些。因为他知道在现代这个社会,类似老黄牛一样的苦干已经不能得到领导的器重了,老板更看重的是一个人的综合才能。而王涛平时不论做什么事都讲求谋略,哪怕是一件小事,他都会考虑很多,总是能够把握住上司的心理,把事情办得恰到好处。

比如在每次的员工会议上,经理讲了很长时间都没有一人发言,而王涛却总是很积极,给领导留下了深刻的印象。当其他员工还在为升职加薪埋头苦干时,王涛已经和经理的关系很好了,而经理要提拔新人,他自然是首选的。

从这里不难看出,如果在工作中不懂得讲求谋略,而一味苦干、蛮干,这样并不讨好,虽然别人也许会说你工作很卖力,但实际利益你却一点都得不到。所以说在办公室中,面对日常的工作不用只求量多,而应该做一个有心人,适当运用一下小计谋,学会走捷径,这样才能更有助于自己的前途。

办公室的工作虽然琐碎复杂,但是只要为不同的事情作出不同的策略,每一样都安排得井井有条,便会达到事半功倍的效果。

职场规条

职场中,每个人能做的事基本上是相同的,但是机遇却是不同的,懂得多谋划的人往往更能把握住机遇。

时刻提防小人设下的圈套——十面埋伏仓亭胜袁绍

俗话说："害人之心不可有,防人之心不可无。"办公室内永远都是明争暗斗,哪怕你从不争功夺权,也难免会惹来小人非议。所以在做好自己事情的同时,还要时刻提防小人的暗算。也许一不留神就会陷入别人设计好的圈套,甚至成为别人权力斗争的牺牲品。正所谓明枪易躲暗箭难防,所以在平时的处事中一定要谨言慎行。

暗悉小人意图,防患于未然

办公室中难免有小人存在,甚至早盯上了你,但是你却不清楚他的真正意图,并且连他是谁都不知道,只要你稍有疏忽,就会落入小人的圈套。这时候,不妨将计就计,让他自己先露出马脚,然后诱敌深入,使他的诡计一点点暴露出来,趁机将其一网打尽。

东汉建安五年,袁绍在官渡之战败给曹操,数十万大军几乎全军覆没,至此袁绍元气大伤。但是河北人口众多,袁绍在退回河北后,会和其子袁谭、袁熙、袁尚以及外甥高干开始养精蓄锐,以图再次南下,消灭曹操。经过几个月的准备,袁绍于建安六年冬,从平丘渡河,意图经过平丘渡过黄河,袭取陈留,再由陈留攻取许昌,击败曹操。

袁绍的这一意图,曹操的谋士郭嘉早已了然于心,于是他建议主动北上迎击袁绍。双方于仓亭相遇,此次袁绍的兵力依旧比曹操多,但是吸取了上次官渡一战的教训,步步为营,不急于进攻,慢慢逼近曹操,以寻找有利战机。而曹操则是急于求成,并为此焦头烂额。此时,曹操谋士程昱献上"十面埋伏"之计,曹操依计而行,将军队撤退到黄河边,并让许褚领军引诱袁军发动攻击,因曹操背水一战,手下将士又是百战精锐,因此再次将袁军击败,袁绍败退时,十面埋伏的十支伏兵依次杀出,袁军开始崩溃性的溃散。自仓亭之战后,袁绍再无实力与曹操抗衡。

袁绍的失败在于只知道自己的计划很完美,而没有考虑到对方会采取什么样的应对措施,盲目出兵,结果被曹操的"十面埋伏"一举歼灭。正是因为曹操谋士郭嘉能于仓亭首战之中看到袁军的意图,并找到最佳破解之策,才使这场仗赢得如此漂亮。

在职场中,面对比自己强大的竞争对手,你是否会冷静地分析局势,然后作出明智的选择,将对手的阴谋扼杀于胎腹之中?面对小人的暗算,要能够在他之前判断出其所要采取的手段,并且想好破解之策,防患于未然。

☕ 害人之心不可有,防人之心不可无

办公室内,为了各自的利益,难免会有小人背后作祟,为了不被小人暗算,一定要多加防范,俗话说"害人之心不可有,防人之心不可无"。如今,身在职场的人几乎都会"演戏",也许你看他对你笑脸相迎,什么事都替你考虑,但一不小心就会被他算计。人不为己,天诛地灭,虽然这句话太过偏激,但是却非常确切地反映了人性自私的一面。

为了名利,拿他人当垫脚石。所以身在职场一定要懂得防范被小人算计。

有人处处防范小人,但小人却是防不胜防,他们会在你毫不知情的情况下为你扣上一顶"黑帽子",这时生气也没有用,事情已经发生了,但是千万要保持冷静,切不可以恶制恶,报着和小人同归于尽的想法,而要分析形势,摸清小人的动机,以其人之道还治其人之身,把他带给你的麻烦,全部转变为有利于自己的形势。

刘飞和张欣同在一个办公室,两个人关系还不错,特别是刘飞,经常在领导和同事们面前说张欣如何能干,并且能力也很好,这时张欣就觉得刘飞是真心对自己好的,于是就什么事都和他商量,并向他征求意见,当然刘飞也乐意给她当参谋。同事们都说他们两个就是办公室一道美丽的风景线,团结协作,就连领导都拿她们与管仲鲍叔牙相比。

但是令张欣没想到的是,当这种舆论在办公室形成后,刘飞便开始借工作上的事情和别人之口说她的不是,慢慢的领导和同事们都觉得她

的能力没有刘飞说的那么强，人品没有刘飞说的好，然后就有人说刘飞是包庇朋友，所以当初才会说张欣的各种优点。

当这一切发生时，张欣才明白原来自己是钻进了刘飞刻意设计的圈套，现在所有的同事都相信刘飞说的话，还以为刘飞是受害者，觉得自己才是那个对不起朋友的小人。张欣本想揭露刘飞的阴谋，但是转念一想，这种观念在同事们心里已经成型，就算是她有百口也不会有人听。于是她决定用实际行动改变自己在同事们心中的印象。

至此以后，她在办公室格外勤快，对同事也非常友好，他们有什么忙总是没等说出口，张欣她就主动去帮忙，渐渐地，大家便觉得张欣还是不错的，因为她乐于助人。那天，公司的一个客户因为货晚送了几天，便闹着要取消合同，这时张欣主动请缨，去和客户谈判。经过张欣的努力，那位客户终于决定继续合作，并且还对张欣的领导说有这样一个谈判高手真是前途无量。这件事证明了张欣的能力，于此，刘飞的小人之计被大家识破，同时也受到了大家的冷落。

职场中每个人都在为自己的利益奔波，很少有真正的朋友，也许当你真心向他倾诉的时候，他却借此大发厥词。如果不是张欣以自己的行动证明了自己的能力，使流言不攻自破，恐怕她就要因为小人的陷害而使领导不器重、同事们不信任，最终不得不离开公司。

所以说，办公室中一定要时刻提防小人的圈套，虽然小人总是见缝插针，令人防不胜防，但是只要你做好自己分内的工作，平时行事作为不要太高调，凡事给别人留有余地，使小人抓不到你的把柄，就算有心算计你，他也无计可施。

职场规条

忍一时风平浪静，退一步海阔天空。面对小人的诽谤，你往往是越辩越黑；只要自己行得正、坐得直，问心无愧，流言总会不攻自破。

再多的敌人也抵不过一计良策——荀彧驱虎吞狼

孙子兵法曰：将不在勇而在谋。也就是说，身为军队将领重要的不是勇而是谋略。在现代职场中很多人都把《孙子兵法》作为办公室的顶级谋略。办公室就如战场，各种错综复杂的利益关系，制造了职场千姿百态的模样，形成了办公室政治。表面上虽然一片平静，其实内地里早已各怀鬼胎。身处办公室，只仗着自己派系人多或者后台硬，已经不能安稳立足，毕竟表面功夫还是要做的，所以暗地里的竞争斗智成了双方的选择。也因此有谋略成为了人才的象征，所谓一计定乾坤，再多的敌人也抵不过一计良策。

☕ 驱虎吞狼，坐收渔翁之利

凡是有人的地方，就有职场争斗。办公室内人人都在竞争，最终结果不一而论，如果你也参与这场争斗，可能两败俱伤，且消耗元气树敌无数。这时不妨巧施一计，借用他人之力，从而坐收渔翁之利。

魏国谋士荀彧为曹操献"二虎竞食"之计，要曹操借天子名义封刘备为徐州牧，然后派其去攻打吕布。以期坐收渔翁之利，但是刘备识破了其计，不从。后来荀彧利用刘备、吕布、袁术三人的性格特征和心理状态来调动他们互相拼杀。他先给袁术发一密书，说刘备要去攻打他的地盘，袁术一向争强好胜，肯定发火。然后再给刘备一道明旨，要他去打袁术，刘备不得不从圣旨，于是两家就开始交战。这时，吕布也对徐州觊觎已久，他肯定不会不闻不问，进而也会加入战争。

荀彧这一计十分高明，不管刘备、吕布、袁术三方谁胜谁负，对曹操来说都有好处。如果曹操直接与任何一方交战，先不说胜败如何，首先会消耗自己的兵力，并且这时还可能使他方借机攻击。荀彧巧借吕布这只虎来逐刘备这只狼，曹操不用动一兵一卒，便可使对手先陷入危难之中。

在现在职场中，每个人都对其他人持怀疑态度，这个时候，如果你想坐收渔翁之利,就要花费一番心思。没有人会愿意自己去拼个你死我活,然后让别人去拣便宜,所以说这个计划执行起来很不容易。但是有人的地方就会有利益冲突,人最大的弱点就是不允许别人侵犯自己的利益,一旦受侵,那么双方便不会再相安无事,而是为了各自的利益开始你争我夺。

☕ 借他人之力,成己之事

在明争暗斗的职场中,如果不讲求策略,只一味地和对手短兵相接,那么你要么是惨败,要么是被同事们排挤,因为你的高调违反了办公室和谐共处的原则,领导也不会对你的勇气投赞成票,而是怪你不懂顾全大局。所以你要懂得这时不是个人逞勇的时候,而是要用谋略击败竞争对手。不必自己出面,借他人之力对付你的敌人,从而让自己保全实力,立于不败之地。

李毅是一家公司的骨干,刚进公司时,他是学历最高的人,那时公司管理上有很大的弊端,制度也不完善,而他的到来正好补了公司这方面的缺陷,老板就像是遇到了救命稻草,对李毅很是信任。鼓励他要大胆地干,一切都有他在后面支持。

李毅也把老板当成了自己的知遇恩人,他把全部精力都放在了公司的事情上,通过他的合理安排和改进,公司的制度渐渐完善了,各个方面也逐渐走上了正轨。而这时,李毅自然就成了老板身边的红人。但是在改善期间,李毅把公司的一位主管得罪了。因为刚开始他制定了各种规章制度,开始执行的时候大家都不愿意听,执行能力特别差,李毅无计可施决定炒掉几个带头人,而这几个人里,其中有一个是那个主管的侄子,也因此,那位主管总是刻意针对他。

每次李毅提出建议都被那个主管以各种理由反对,并且还时常在老板面前说他的不是,老板虽然信任李毅,但是被主管说的时间长了,渐渐地,也就不再那么信任李毅了。这使李毅很生气,他觉得如果再任由主管这样诬陷自己,那么他的前途早晚都会被毁了。

从此，李毅开始留意那个主管的一举一动，他发现公司另一位主管和这个主管的意见总是相左，但是仅仅是意见不同，并没有任何私人恩怨。李毅想："既然如此，何不在其中加一把火呢？"他了解到那位主管的性格，自负、忌妒心重，于是就有意无意地在他面前说老板怎样器重那个主管，而实际上他根本没有才能。李毅这样一说，这个主管就觉得确实是这样，于是对他就越发的忌妒。这时，李毅又借机说了那个主管的诸多不是和他曾经的失误给公司造成的损失，这位主管掌握了诸多证据，并告到了老板那里，使那位主管不得不离开公司。

李毅虽然对那位主管的所有事情都了如指掌，但是他并没有自己出手，而是利用另一个人的忌妒心使他们两个互相攻击，进而达到了自己的目的。这样做一方面减去了老板对李毅的猜忌，另一方面也避免了万一失败给自己带来的损失。借他人之力，使李毅在无形中给自己的对手致命一击。

职场中，与自己的竞争对手或者是有意陷害自己的人正面交锋难免会落得两败俱伤，就算你侥幸赢了，也会给领导留下争强好胜的印象。所以善借他人之力成己之事才能顺风顺水，也免去了众多给自己带来不利的因素，可谓一举两得。

职场规条

> 如今职场中，只靠埋头苦干，出头的机会微乎其微，只有善用良策，借他人之力才能让自己更快地实现人生的理想。

小心对手的离间计——周瑜假醉除掉蔡瑁和张允

办公室最常见的就是拉帮结派，搞小团体，也有小人挑拨彼此关系，使双方各自剑拔弩张，彼此水火不相容。小人的离间计之所以能够成功，就是因为他们抓住了双方的心理。所谓离间先离心，只要两个人因为利益关系有冲突，貌合神离，哪怕别人仅一句话的挑拨也会大打出手。所以在职场中一定要小心别人的离间计，如果有人在你面前挑拨离间，切勿暴躁恼怒，要先使自己冷静下来分析其中利弊，看是不是挑拨之人故意想离间你们的关系，如果是，你可以想办法给他来个将计就计。

☕ 别上小人挑拨离间的当

职场内从不缺少到处搬弄是非、挑拨离间的小人，如果你遇到了这种小人，千万不可冲动，这样也许正中了小人的下怀。如果有人在你面前说你领导、朋友、同事的不是，你一定要冷静对待，切勿他一说便信以为真，以至后悔都来不及了。

赤壁大战前夕，周瑜巧用反间计杀了精通水战的叛将蔡瑁、张允，就是个有名的例子。

曹操的兵马由北方兵组成，善于陆战，可不谙水性。这时曹操营内正好有两个精通水战的降将蔡瑁、张允可以为其训练水军，曹操对这两个人优待有加。东吴主帅周瑜亲自到敌方试探军情，见曹操水军排阵井井有条，十分在行，心中大惊，得知是蔡瑁、张允后，便一直想设计除掉这两个心腹大患。

曹操营中有一谋士蒋干自称与周瑜曾是同窗好友，自愿过江劝降，曹操随即同意。周瑜正为蔡瑁、张允二人伤神，忽听手下说蒋干求见。周瑜大喜，知蒋干是劝降来了，一个离间计便在心中酝酿。他热情款待蒋干，并让众将作陪，但是却规定只叙友情，不谈军事。席后，周瑜佯装大醉，约蒋干同床共眠。蒋干见周瑜不让他提及劝降之事，心中不安，哪有心思入睡，他偷偷下床，见周瑜桌上有一封信。他偷看了信，原来是蔡瑁、张允约定周瑜里应外合，欲击败曹操。蒋干大惊，急忙把信藏在自己贴身之处。这时，周瑜翻个身还说梦话，蒋干赶紧上床装作熟睡的样子。过了一会，忽然有人要见周瑜，周瑜起身和来人说话，还故意推了推蒋干看他是否熟睡。蒋干装作熟睡，听到周瑜和他们小声谈话，听不清楚，只听到提起蔡、张两人,于是对他们的背叛蒋干确认无疑。

蒋干连夜赶回曹营,让曹操看了周瑜伪造的信件,曹操大怒之下,杀了蔡瑁、张允,换了别人做水军统帅,结果战争一败涂地。曹操方知中了周瑜的离间计,却为时已晚矣。

细细想来,在办公室中,小人挑拨离间的事多有发生,一般直到后来吃了亏后,才能发现。也正因如此,在职场中一定要谨防别人的离间,不要轻易相信别人的建议,特别是有人在你面前说别人的坏话,或说谁对你如何不好时,一定要分清楚事情真相,别上了小人挑拨离间的当,轻易信以为真,否则,可能会使你失去一个真正值得信任的朋友。

☕ 遇小人挑拨,不妨将计就计

职场犹如江湖,既是江湖,难免尔虞我诈,斗智斗勇。有人看别人的人缘好或和老板的关系好,难免忌妒,从而挑拨离间。遇到小人挑拨,不要急着揭穿他,不妨不动声色,看他究竟耍的是什么把戏,然后来个将计就计。

张天在一家软件营销公司工作,公司为了加强管理制度,专门请了两位营销经理,一位姓许,另一位姓胡,专门负责抓业务。每组都有自己的营销人员,公司也是借此来提高员工的积极性,两个组谁的绩效高,那么这个组的成员便可以得到公司的高额奖金。张天属于胡经理一组的,但是由于他为人世故圆滑,在和胡经理搞好关系的同时,私下也总是和许经理保持着良好的关系。

后来,公司高层下达了第四季的营销任务,为了确保完成任务,老总决定让胡经理和许经理两人各自带着自己的成员展开营销攻坚战,超额完成任务者公司将给予高额奖励。并且两队谁的业绩高还可以得到额外奖金。张天身为胡经理的一组,为了拿到奖金,他自告奋勇到许经理那里刺探情况。

于是张天便找了个借口要请许经理吃饭。许经理是职场老狐狸,立刻就将张天的目的猜了个八九不离十。但还是假装不知道,应了饭局,当张天主动提出自己组的营销方案并且问许经理的营销方案有什么进展时,许经理便将计就计胡乱编了一个,但是张天却信以为真。第二天中午下班,张天等别人都去吃饭的时候进了经理室,那时许经理也已经下去了。但是令他想不到的是,在他正在向胡经理汇报时,许经理却忽然进来了,并且还热情地和他打招呼说:"小张啊,昨天的菜还合口味吧,你们的营销计划也不错。"张天吃了一惊,没想到许经理会这样说,他本能地看向胡经理,却见胡经理的目光冷峻,他想解释却不知道该说些什么。虽然胡经理之前也知道他和许经理吃饭的事,但是之后的营销计划却总是找各种借口不让张天参加。他这才知道自己中了许经理的离间计,使胡经理误会他出卖了自己。

公司犹如一个小社会,形形色色的人都会存在,很多人为了自己的利益便会想尽各种办法去对付对手,其中离间计便是不费吹灰之力可以使对手内部自乱阵脚的计谋。上例中张天的失误在于没有坚定自己的立场,他属于胡经理一组,但是却又和许经理保持着亲密的关系,也难怪胡经理会怀疑他。所以说要避免小人的离间计,最主要的就是内部团结,只要内部的人相互信任,小人便没有可乘之机了。

职场规条

职场中遭遇小人离间,切勿先自乱阵脚,而应该冷静对待,必要时不妨来个将计就计,让对方误以为你已经上了当,使他不知不觉钻进你的布局。

第二章

竞争升职——知晓轻重,进退有道

王安石在《雨过偶书》中说过一句话:"谁似浮云知进退",意思是,谁能像云一样让自己的进退合乎时宜。

在职场的暗潮中,难免会遇到很多不同的问题,无论大事小事都要知晓进退。用理智的眼光来看,面对不同的事情,"进"并不一定就是最好的办法,而退也不一定都不好。只顾逞匹夫之勇的人,在不该进的时候一味往前冲只会带来更大的损失,让自己更加无路可退。知取舍、知忍让、知谋略的人才能在进退的选择中趋利避害,所向披靡。

想成为最有价值的员工,就必须敢于挑战

你想成为公司里最受关注的焦点吗?你想让经理对你另眼相看吗?那就要付出行动来,这不是简单一句话的事,而是要看你在以后的表现中是如何做到的。那么,究竟怎样才可成为公司里的主角呢?怎样才可以让领导对自己刮目相看呢?

☕ 想常人不敢想,做常人不敢做

在办公室里工作,要有先见之明,别人想到的你要想到,别人想不到的你也一样要想得到,这就是竞争。同时你也必须停止说"这个……我做

不了"这样没气势的话。

是不是每次上司给你分配任务的时候,你总说"我没做过这个"、"我怕不行"或"我还有很多工作没做完"。你没有信心,所以你拒绝。你不知道自己能不能独立完成这样的任务,于是顺其自然地说了"我不行"。千万不要这样说,既然经理把这项任务交给你,说明他对你完成这项任务是有信心的,他在分配这项任务之前早已对你的能力非常清楚。所以你可放心去做,如果真出现什么问题,你的经理也有能力去应对。敢于挑战自己的员工,他们身上都会有一股很强的韧劲。在东汉末期的动乱年代,作为地方将官的孙坚,通常是年年征战沙场,攻打笮融,挥师攻打薛礼,后又进攻笮融;一次战斗中,孙策腿部中箭受伤,不能骑马,于是他的部下把他送回营里疗伤。随后有人转告笮融说:"孙郎被箭射死了!"笮融听后很高兴,于是派将士与孙策军队对垒。孙策调遣了几百士兵与他进行挑战,并在后面设好圈套。等敌人一出兵,就击败一千多敌人;后又一鼓作气,东进豫章,驻扎军队在椒丘,华歆无奈举城投降……

"我不会做"、"我怕做不好",这些都是在为自己找借口,为自己找一个逃避责任的说辞。遇到困难就要勇敢和敌人对抗,要在敌人还没反应过来时就把敌人打下阵,这就是挑战,这就是实现自我价值的开始。工作也无非是这样,没有哪个人天生就有盛气凌人的本领,他们也是在刻苦努力后,才有今天的地位。他们不畏敌人,拿起自己的武器就去和他们决斗。即便没有取得成功,但他们的勇气已在上司那里得到了肯定。有的时候不防突破一下,去挑战自己的极限。也许在你看来很难实现,但如果不去尝试,又怎么会知道行与不行。其实在很多时候,人们总在否定自己,从不去尝试,单从外表就能把他们给镇住。人就是这样,很容易被自己的眼睛给骗了。人们常说"眼见为实",可如今的社会里,表面上虚伪的东西太多了,以至于自己的眼睛都不知道要怎么相信这个世界。

职场上需要我们学习的东西太多,只有大胆地去挑战自己,才有可能成功。虚伪与现实也不过是一墙之隔,如果你不去在意,大胆地创造属于自己的世界,想别人之不敢想,思别人不所思,那么,成功随时都可能光临。

能力改变员工的价值

在办公室里工作，一时疏忽就可能成为被淘汰的对象。为此，大家为留住这份来之不易的工作，步步小心，不敢让自己在工作上有任何差错，更不敢对所在的公司作出一点评价。因为他们知道，自己的一言一举都有可能成为别人的替罪羔羊，所以，他们不断更新自己的能力和文化水平，适当的时候还会选择进修，因为他们知道没有一定的知识水平也很容易被淘汰。

社会在进步，知识在更新，如果我们不及时更新所学的知识，就只能被社会淘汰。所以对员工来说，提高能力是必不可少的武器，每前进一步都是一种更新。如果员工不思进取，墨守成规，没有及时突破，处境就会很危险。现在的社会已不再是传统的社会，而是开放性的、有创造性的社会，要在这个社会立足就要用创造性的思维去开创新想法，想别人没有想到的，做别人没有做到的。这是一种能力的提升，对员工的升职也会起到事半功倍的作用，员工自身的价值也会翻倍上增。

如果你是办公室里新来的员工，这时候就要注意：领导更关注的是创新。拥有创新的能力，就要学会挑战自己的极限，挑战不仅会给你带来更多的薪水，重要的是，这是让你超越自己日常平庸工作的机会，是你发掘自己潜能的重要机会，更是引起老板注意的良机。

人常说"三个臭皮匠——顶个诸葛亮"，在三国里，诸葛亮人称"卧龙"。被刘备"三顾茅庐"请出山后，他辅佐刘备南征北战，立下赫赫战功。"火烧博望坡"、"草船借箭"、"七擒孟获"和"空城计"等，充分显示出他的大智大勇，大胆果断，善于发现敌将的弱点，攻其不备。为什么我们不能呢？如果我们也同样大胆地去做一些自己能力以外的事情，或许会有意外的收获。有的时候，不是上天不给我们机会，而是我们总是认为自己能力有限。如果突然有一天让自己跳出去做别的事，可能你就不知所措了。一个人的潜力是无限的，要懂得如何去运用，如何去开发，不要总说自己能力有限，那是你在给自己画圈。

　　如果说自己的同事比自己有出息，比自己懂得如何才能在这个办公室里得到上司的赏识，那就要从自身找原因了。每一位有能力的员工，不仅懂得察言观色，更懂得什么时候该进，什么时候该退，都有自己独立自主的见解。而另一些人呢？却一直在看同事的言行做事，总在依靠别人做事情。同事说什么就是什么，从不认同自己的观点，总对自己不信任。这也无形中把自己和别人拉开了距离，那样他们的价值又从哪里谈起？

　　在职场打拼，不怕你没能力，就怕你连争取的机会都不给自己。试着去挑战自己，畏惧不是解决问题的办法，最好的办法就是接受挑战，成为实现自己价值的一个好开端！

职场规条

　　初生牛犊不怕虎，敢于挑战，才是员工价值的最好体现！

不要把敌人赶尽杀绝——关羽华容放曹操的良苦用心

　　现代社会，职场的竞争是非常激烈的。许多人一听到职场争斗，第一个反应就是避而远之，不愿卷入办公室的尔虞我诈里。遗憾的是，那些想要明哲保身、图个耳根清净的上班族，最后还是没有脱离是非圈，甚至可能连工作都莫名其妙丢了。并不是要教你诈，而是教你看清世事，认清人性，让你在职场中能更好地保护自己。

　　不把敌人赶尽杀绝，就是要懂得给别人留余地，不把事情做到极点，于情不偏激，于理不过头。现代职场中，给别人留有余地，也就等于给自己留了余地。物极必反，否极泰来，做人行事不可至极处，至极则没有路可走。话语不可称绝对，称绝对则没有道理可言。

☕ 华容放曹操的良苦用心

我国古代就有"处世须留余地，责善切戒尽言"的说法。一个人身处职场，千万不要让事情发展到极端，而应该在做事情的过程中充分认识并考虑到各种可能性，以便有足够的条件和回旋的余地，采取主动的应付措施。这样才不致使自己在职场竞争中处于被动的地位。

赤壁之战为三国中的一个经典战役。孙、刘联盟以少胜多，曹操的83万人马毁于一旦，战败后，曹操只能由许褚、张辽、李典、徐晃等大将保护着慌忙败走南郡。走在华容道上，曹操在马上扬鞭大笑。众将问："丞相何故大笑？"曹操曰："人皆言周瑜、诸葛亮足智多谋，以吾观之，到底是无能之辈。若此处伏一旅之师，吾等皆束手受缚矣。"话语未落，一声炮响，大将关羽拦住去路。谋士程昱对曹操说："某素知云长傲上而不忍下，欺强而不凌弱；恩怨分明，信义素著。丞相旧日有恩于彼，今只亲自告之，可脱此难。"曹操纵马向前，以过五关斩六将之事言于关羽。关羽念其旧义，遂放曹操一条生路。

后人在评价此事时，很多人都认为放走曹操是关羽的责任。然而还有一部分人认为华容道放走曹操的原因固然是因为关羽的重义，而更重要的是因为诸葛亮，他在帷幄之中早已做好放走曹操的准备。

当时曹操统一北方，在军力上能与他抗衡的只有孙权，再一个就是被曹操称之为英雄的刘备。但那时，刘备还没有一个安身之地。诸葛亮正是明白这一点，才告诉刘备让孙、曹两家拼杀，而刘备便可从中坐收渔翁之利。

为了实现这一主张，在孙、曹相争中继续获利，诸葛亮才在华容道设下关羽拦截曹操。试想，如果诸葛亮在华容道上埋伏下赵云或张飞，当然可以擒杀曹操。但周瑜马上就可以集中兵力进攻此时力量弱小的刘备，到那时，即使诸葛亮有天大的本事，也没有办法挽救刘备的厄运。

古人云：有志之人，不为一案而诱惑，终以目明而视。那么，今天的有志之士更应如此，不可因眼前一点利益而放弃长远的打算，不可因为现在的一点利益而放弃未来。

一定要学会给别人多留余地，说话、做事都不能太绝，要容纳一些意外事件，以免自己下不了台。与人交恶时，不要口出恶言，更不要说出"势不两立"之类的话，不管谁对谁错，最好是闭口不言，以便他日如携手合作时还有"面子"。

留余地，职场中学会与他人相处

这里的"留余地"其实包含两方面的意思，一方面，给别人留余地，无论在什么情况下，都不要把别人推向绝路，更不可逼人于死地，迫使对方做出一些极端的反抗，因为这样做，对双方都不会有好处。另一方面，给别人留余地的同时，自己也就有了余地，让自己有进有退，以便日后能更加灵活地处理一些工作事务，解决一些复杂的问题。

李·艾柯卡是福特公司的一名员工，他刚进来时只是一名普通的推销员，后来他推出新的推销方案"50计划"，这个计划效果非常好，使他负责的地区从全公司销售最差一跃成为各区之首，这个消息一下子轰动了福特公司的总部，他的职位便提升了。不久，他主持设计的"野马"车又为福特公司创造了数十亿美元的利润。后来，李·艾柯卡开始出任公司的轿车和卡车系统的副总经理，经过十几年的艰苦奋斗，艾柯卡凭着天才的推销能力和杰出的研发组织能力，步步高升，最终成为福特汽车王国的高层管理人员。

有句话叫做"功高震主。"艾柯卡的巨大成功还是招致了别人的忌妒，公司独裁者福特越来越厌恶艾柯卡。对艾柯卡日益增长的威望，福特深深地感到不安，他不愿看到自己的王国里有这样一个如此聪明的人，他更害怕公司会被艾柯卡夺走。于是，福特不留情地解雇了艾柯卡。在福特公司任职32年、当了8年经理的艾柯卡被突然解雇了，对他来说，可以说是从巅峰坠入冰窖，这种打击是非常大的。因为失败，昔日的朋友远离了他，妻子被气得心脏病发作，连女儿也骂他是一个无能的人。艾柯卡形单影只,成了世界上最孤独的人,但是,他不是一个随便退缩的人,既然福特与他化友为敌,不给他留余地,他就要把自己的角色——对手一直扮演下去。

被解雇后的艾柯卡一无所有了,他投奔了克莱斯勒公司,经过自己的一番努力,他领导的克莱斯勒公司在极短的时间内便抢占了福特的大部分市场,并以飞快的速度跃到福特公司的前面。这个时候,福特开始后悔自己当初的做法,后悔当初不该把艾柯卡逼到绝路上。

职场中,不给别人留余地,就等于伸手打别人耳光的同时,也给了自己一个耳光。职场就是这样,不让别人为难,就是不与自己为难;让别人活得轻松,自己才会活得自在。这就是留余地的好处。

工作中,你可能无法预料一些事情的发展态势。有的也不了解事情的背景,切不可轻易下断言,不留余地,使自己一点回旋余地都没有。

赵群与同事之间有了点摩擦,很不愉快,便对同事说:"从今天起,我们断绝所有关系,彼此再也没什么关系了……"哪知道,这句话说完还不到一个月,这位同事就变成了他的上司,林某因为讲了过重的话,陷入了非常尴尬的局面,工作也不好正常进行了,最终只好辞职了。

职场中因为把事情做得太绝,给自己造成窘境的例子有很多。凡事总会有意外,留有余地,就是为了容纳这些意外。杯子里面留些空间,就不会因为再倒水而溢出来;气球留有空间,就不会因继续吹气而爆炸;人说话、做事懂得留有余地,就不会因"意外"的出现而下不了台,从而可以从容转身。

职场规条

职场中,如果你懂得给别人留有余地,别人一定会感激你、协助你,这样做,就等于多给了自己一次成功的机会。

树敌就是自掘坟墓——吕布得罪刘备、袁术惹来的灭顶之灾

虽然办公室中的竞争无处不在，但是"多个朋友多条道，多个敌人多堵墙"这个道理却也是颠扑不破的真理。所以说职场中切勿树敌过多，否则，你的职场道路便会举步维艰，处处遭到"墙"的阻拦和暗算。

☕ 多一个敌人，多一分危险

职场中要学会圆滑处世，不要随便指责别人的过错。因为每个人都有自尊心，越是有错的人，自尊心越重，越不希望别人说自己的错误。一旦你触及了他的弱点，哪怕是说对了，他还是会为了维护他的面子，进而反驳你；即使当时不能为自己辩解，他也会记下你这一箭之仇，日后一有机会，便会对你进行报复。所以，在办公室中千万不要去得罪别人，以免不知不觉中树立了敌人，日后他暗地里给你一枪，你还不知道是怎么回事儿。

吕布在兖州彻底败在了曹操手下。走投无路时决定投靠徐州的刘备。刘备收留了吕布，结果吕布反复无常，趁刘备、关羽去打袁术时，占领了"恩人"的老窝，刘备回来只能屈居小沛。好不容易占领的地盘结果却被自己好心收留的吕布抢去了，从此刘备对吕布可谓是恨之入骨。吕布占领了徐州，想要在淮泗间东山再起，于是便与淮泗的另一大势力袁术有了矛盾。袁术不想与吕布为敌，知道吕布有一女儿，于是想与他结为儿女亲家。吕布答应了，但是女儿出嫁到半路上时，吕布却又听信陈珪言论，反悔结亲，并杀了袁术派来的媒人。从此和袁术彻底决裂。

建安三年，曹操开始腾出手来对付吕布，白门楼吕布战败，向袁术求救，结果袁术只派来一千兵马，不堪一击，撤退后就不见其救援。曹操消灭了吕布势力后，吕布被活捉，表示愿意投降曹操。让曹操为其松绑，曹操笑说："捆绑老虎不得不紧。"吕布又说："曹公得到我，由我率领骑兵，

曹公率领步兵,可以统一天下了。"这时,曹操颇为心动,但又有疑虑。这时,在一旁的刘备趁机说:"明公(曹操)您看见吕布是如何侍奉丁原和董卓的吗?"由此曹操决定杀掉吕布。

吕布性情不定,反复无常,投奔刘备却又反戈一击抢占了刘备的地盘,和袁术结亲却又反悔,因此他将这两个人都得罪了。在白门楼他战败欲求助于袁术,却不想曾经得罪过袁术,向袁术求救根本就是异想天开,袁术怎会为自己的仇人得罪曹操,置自己于风口浪尖?

曹操爱才是众所周知的,他擒了吕布,吕布表示投降,他犹豫不决,此时吕布的生死还未可知,也许曹操会接受吕布的投降,免其一死。但是当时却因为刘备的一句话把吕布求降保命的美梦彻底击碎了。因为吕布到处得罪人,以至于自己一旦虎落平阳,没有一个人愿意向他施以援手,反而全都借机报复,落井下石。

俗话说:"自作孽,不可活。"在现代职场中,也有很多人,因为一点小利便大打出手,因此得罪了很多人,树立了很多敌人,最终使自己处处难行,甚至身边没有一个可信任的人。身在纷繁复杂的办公室中,虽然也有和同事们利益冲突的时候,但是切勿采取强硬的手段,为此和对方的关系彻底决裂,毕竟是一个办公室的,以后还要在一起共事。多一个敌人便多一分危险,在办公室做事没有谁会永远不犯错的,这时候你需要有同盟帮你圆场。但是如果你得罪的人多了,一旦你落难了便没有人施以援手,甚至会借机报复再狠狠地踩你一脚,这时你面对这么多"墙",便真的是四处危机,无处可逃了。

职场中凡事不要计较一时的小利,而要学会顾全大局,尽量不要树立敌人,为自己多拓展一条路,这样你才会走得更远。

得饶人处且饶人

和同事在一个办公室,难免会有被得罪的时候。这时,一定要懂得放宽胸怀,做到得饶人处且饶人,留一点余地给得罪你的人,给对方一个台阶下。否则,你不但不能制服眼前这个"敌人",还会让更多的人认为你心胸狭窄，从而疏远你。同在一个屋檐下，你今天得理不饶人，可能他明天便会想方设法陷害你。如果那时你正处于弱势，那么吃亏的就是你自己了。所以，学会得饶人处且饶人，放下你的怨恨，也是为你自己留一条后路。

那天总经理让出纳云蕾到银行转一下账，由于公司所在地离银行比较远，云蕾便坐公交车去了，谁知下车时发现钱包不见了，钱包里除了自己的钱外，最主要的是还有公司的银行卡和一位客户的欠条。她此时不知道该怎么办，便蹲在了马路上哭了起来。之后只好给总经理打电话说明了情况，总经理说让她回到公司再说。

云蕾不知道总经理会怎样处罚她，她站在总经理面前既担心又内疚地准备接受批评。但是出乎意料，总经理笑着说："我已经给银行打电话挂失了那张卡，公交车上小偷多，以前我坐公交车的时候也曾经被划过包呢，以后小心点就行了。"云蕾说："可是客户的欠条丢了，对于收回余款会不会有麻烦？"总经理说："没关系，都是老客户了，你就不用担心了，一切都已解决了。"

总经理没有对云蕾进行任何处罚，使得她对总经理的宽容一直感恩在心，在以后的工作中也更加认真、卖力，时刻为公司的利益着想，那一季他们的费用比平常减少很多。

职场中，每个人都会有做错事的时候，如果云蕾丢了公司的卡和欠条，总经理便对她刻意刁难，甚至处罚。也许云蕾会怀恨在心，对总经理的态度不满，那么肯定会影响的她工作情绪，也不会处处为公司着想。有时候错误既然发生了，最好是得饶人处且饶人，不要为难对方，懂得宽容别人的失误和过错，才会得到别人的尊敬。

得饶人处且饶人看似容易，其实要做起来真的很难。面对别人对你做出的无理之事，任谁都会非常气愤，甚至说出"此仇不报非君子"的狠话，何况现在机会就在你面前。但是转念一想，冤冤相报何时了啊，你今天报复了他，难保他明天不会算计你，毕竟树敌就等于自掘坟墓。还不如当他"没理"的时候放他一马，来日就算他不报答你，也不会再与你为敌，无形中你也减少了一个敌人，多了一条路。

> 与人相处要多与人为善，俗话说："多一个朋友多一条路，多一个敌人多一堵墙。"在职场中树敌多了，无异于自掘坟墓。

换个角度思考问题——羊祜怀柔服陆抗

从每一个面看一个不规则的多面体，它会有不同的形态。同样，如果从不同的角度去看同一个事物，也会得到不同的结论。哲学上讲看事物要一分为二，客观地去看、去评价，说的也就是这个道理。如果你只看到了某一事物其中的一面，便下了总结论，就往往会一错再错。因此，换一个角度看待问题，你通常会有新的感受和收获。

"塞翁失马，焉知非福"，这是一个蕴涵着深刻哲理的故事。故事中的老者并没有什么特别的能力，只是可以正确地分析事物的现象和发展过程，既看到了失马这个坏的一面，同时也看到了得马这好的一面，最终得出了正确的结论。如果老者与其他人一样，只从失马这个角度一味地悲伤懊悔，就会平添痛苦；得马后又一味欢喜，就更显得愚昧了。职场中也是如此，看待一件事情，要学会换个角度去思考。

☕以柔克刚，你的职场道路会更顺

职场中可以看到这样的女人，她们外表看起来文弱、随和、一副与世无争的样子，可是只要单位上有什么好事，都少不了她们的份，升职加薪更是不在话下，这令周围的很多同事感到非常诧异，其实这也正是职场女性真正的魅力和手段所在——"温柔是一把刀"。

魏国灭掉蜀国以后，派羊祜去镇守襄阳，以防止东吴的镇东将军陆抗的进犯。羊祜镇守襄阳以后，减少了在边境巡逻的士兵，用来垦田种地。为了收买吴国的人心，规定凡是投降过来的人留、走自由。每一次对吴作战，都把日期确定好。有人俘虏了吴国两个小孩，他立即派人送还。吴国百姓对此十分感动。羊祜行军吴国境内，割了稻谷，总是用绢偿还。他外出打猎，命令只限在本国境内，偶有禽兽被吴国人打伤后被己方捉到，一律送还。羊祜的做法赢得了吴国军民的钦佩。羊祜的怀柔政策，连陆抗也为之叹服地说："彼专以德，我专以暴，是彼将不战而服我也。"此乃以柔克刚——羊祜怀柔服陆抗。

职场中，那些高明的员工通常善于运用以柔克刚的办法去对待他们的对手，对待那些强兵悍将，这种办法的最大好处是降服了他们，还不伤和气。最终自己还可以得到升职加薪的机会。可以说，在职场中以柔克刚是非常管用的一招。

职场中，那些敢于在领导面前气焰嚣张的下属，多半是业务能力强或者是有靠山的。他们之所以敢那么嚣张，是因为领导不能随便辞掉他。所以，面对这样的竞争对手，必须发挥以柔克刚的本领。一方面，为了公司的整体利益，犯不着与这些人计较；另一方面还要想办法让自己的职位提升。只有做到这一点，才能保持整个团队的稳定。

☕ 换个角度想，你就有升职的可能

作为某个企业中的一员，职场中，你可能会遇到很多你看得惯和看不惯的事情，遇到很多你讨厌的人，遇到很多需要你自己去作决策的事情，有的还要逼着你去选择一条不情愿的道路。

孙萍和孟莉莉一起进了一家外企单位，来自于山区的孟莉莉是个非常普通的女孩，但她却非常懂得讨领导的欢心，每天到办公室，她都会把领导的房间打扫得干干净净，每次回老家返回的时候，她都会带些山里的土特产给领导，领导有饭局就带着她出去吃饭，她常会替领导代酒。但是对于同事们，莉莉的态度却显得有些冷漠，她从来都不打扫办公室的卫生。时间长了，莉莉和领导越走越近，可是同事都不怎么喜欢她。

有一次，单位准备让莉莉去济南出差，有个项目需要和客户进行沟通。由于这个客户比较挑剔，项目成功的希望不大，大家都不想接这个烫手山芋，莉莉也以家中有事不能前往为由拒绝了。于是领导让孙萍替莉莉前往济南。孙萍心里特别不舒服，觉得是因为莉莉不愿意去，单位才让自己去的，自己并不是领导心里的第一人选。但如果不去，又怕领导生气。回到家里后，孙萍把这一烦心事告诉了父亲。父亲听后给孙萍讲了一个故事：从前，一老人有两个女儿，大女儿卖伞，小女儿卖扇子。天晴时，伞卖不掉，老人就替大女儿发愁。阴天下雨时，扇子卖不出去，老人就替小女儿发愁。这样一来，无论晴天还是阴天，她都在发愁。看到老人的烦恼，有人替老人想了个办法，说："天晴时，你就想，小女儿可以卖扇子了；下雨时，你就想，大女儿可以卖伞了。"老人听了，试了几天，果然不错。从此，无论是晴天，还是阴天，她都很高兴。

听了父亲的故事，孙萍豁然开朗。她说故事中的老人由发愁变得高兴，原因就是思维角度的变化。在职场中，不如意事十之八九。带着烦恼的情绪去工作，不但不能把工作做好，还会影响身心健康，及时有效地寻求心理解脱的方法是非常重要的。许多时候，开不开心并不全在于事物本身，而在于自己心里是如何想的。

后来，孙萍带着轻松愉快的心情去了济南，项目也被顺利拿下。领导看到了她的能力，她也因此而升职了，职位高于莉莉。

遇到烦心事的时候，试着换个角度去思考问题，也许等待你的是一片阳光明媚的天空。

一家大公司竞争总经理一职，有三个人进入了候选人的名单。董事长把他们三个人叫到他的办公室，问了一个问题：宿舍里有七个暖瓶，有一天你一个人在宿舍里看书时，一只暖瓶"嘭"地一声自己爆炸了，面对这种情况，你会怎么办？第一个人说："我会把碎片赶快收拾干净，等那个人回来后，好好跟他解释一番。"第二个人说："我才不去管它呢，等那个主人来了也不会怪我。"董事长把目光转向了第三个人，他说："我会把碎片收拾好，然后再去买一只新的暖瓶，并告诉他这是由于我不小心撞的，希望他不要介意。"董事长问："这是为什么呢?"他回答说："生活中的有些事情真的没有必要太较真,越较真越说不清楚。"结果第三人顺利地升职为总经理了。职场竞争中,有时候你换个角度想想问题,也许便能获得成功。

一般事物都有多面性,所以,看待任何事物都要多角度地去看,对于一个复杂的人更需多角度看待。换个角度看问题,会让你看清事物的本质,从而全面地认识事物,使你在角度变换中不断收获,不断进步。

职场规条

职场竞争中,学会换个角度去思考问题,对自己进行积极的心理暗示,善于运用策略,你将会在竞争中无往而不胜。

看清时势知进退——孟德献刀败露逃走躲过杀身之祸

在职场中历练多年的人士都能够深切体会进退得当、把握分寸的重要性,什么时候该主动冲上去努力表现自己? 什么时候该退到后面聆听观察? 在职场中,如果你有真才实学,是块金子,你就是往后退,也会有人把你往前推;相反,如果你的价值和表现不对,即使你往前冲,也会被人拉回来。

很多外企鼓励员工要主动和积极,就像很多公司在开全体会时鼓励员工向中高层管理人员提问一样。但如何运用公司赋予员工的这些权利,以合理的方式达到自己的目的,考验的却是员工的水平和对进退的把握能力。

☕ 以变应变,曹操应急借献刀

以变应变,才有出路。顺应时势,善于变化,及时调整自己的行动方案,这是成大事者适应现实的一种方法。

在收服猛将吕布以后,董卓的势力比之前更强大了。董卓自任相国,飞扬跋扈,不可一世。他还派部下鸩杀少帝(弘农王),绞死唐妃,甚至夜宿御床,篡位之心毕露无遗,其行为激起了很多朝臣的愤恨。

袁绍和司徒王允秘密联络,想要用计谋将董卓杀掉。文弱书生出身的王允面对骄横的董卓有点束手无策,无奈只好以庆祝生日为名,邀请群臣到自己家中吃饭,共同商讨除掉董卓的计策。

席间,酒行数巡之后,王允忽然掩面大哭。众官惊问:"司徒贵诞,为何悲伤?"王允说:"今日其实并非我的生日,因想与诸位一叙,恐怕董卓疑心,所以托言生日。董卓欺君专权,国将不国。想当初高皇帝刘邦诛秦灭楚,统一天下,谁想传至今日,大汉江山即将亡于董卓之手!"

王允边说边哭,其他官员也相对而泣。只有曹操在一边拍掌大笑,一边高声说:"满朝公卿,夜哭到明,明哭到夜,还能哭死董卓吗?"王允听了曹操的这句话之后顿时大怒,便对曹操说:"你怎么不思报国,反而如此大笑呢?"曹操回答说:"我不笑别的,只笑满朝公卿无一计杀董卓!我虽不才,愿即断董卓之头悬于国门,以谢天下。"王允肃然起敬说:"愿闻孟德高见。"曹操说:"我近来一直在奉承、交好董卓,就是为了找机会除掉他。听说司徒您有七宝刀一口,愿借给我前去相府刺杀董卓,虽死无憾!"王允闻言即亲自斟酒敬曹操,并将宝刀交付曹操。曹操洒酒宣誓,然后辞别众官而去。

次日,曹操便带着宝刀来到董卓的府上,见董卓在小阁坐于床上,吕布侍立于侧。董卓一见曹操,便问他为何来得如此晚。曹操回答说:"乘马羸弱,行动迟缓。"于是,董卓便让吕布去从新到的西凉好马中选一匹送给曹操。吕布领命便出去了。曹操觉得行刺的机会来了,想在此时动手,但又怕董卓力气太大,难以制服。正在犹豫的时候,董卓因不耐久坐而倒身卧于床上并转面向内。曹操见状急忙抽出宝刀,准备行刺。不料,董卓从衣镜中看到曹操在背后拔刀,急忙回身问道:"曹操干什么?"此时吕布已牵马来到阁外。曹操心中不免暗暗发慌,他灵机一动,便表情镇静地双手举刀跪下说:"今有宝刀一口,献给恩相。"董卓接过刀一看:七宝嵌饰,锋利无比，果然是把好刀。董卓便将宝刀递给吕布收起，曹操也将刀鞘解下交给吕布。然后，董卓带曹操出阁看马，曹操趁机要求试骑一下。董卓不假思索便命备好鞍辔，把马交给曹操。曹操牵马出相府，快马加鞭朝东南方向奔去。

吕布见曹操乘马远去，上前对董卓说："刚才曹操似乎有行刺的迹象，被发现，便佯装献刀。"在吕布的提醒下，董卓也觉得曹操刚才的举动不像是献刀，非常值得怀疑。说话间，董卓的女婿李儒来到。李儒是个很有心计的人，他一听董卓介绍曹操刚才的所作所为，便说："曹操妻小不在京城，只独居寓所。今差人请他来，他若无疑而来，便是献刀；若推托不来，必是行刺，便可逮捕审问。"董卓听后，便依照李儒的主意派遣四个狱卒前去传唤曹操。良久，狱卒回报说："曹操根本不曾回寓所。他对门吏声称丞相差他有紧急公事，已纵马飞奔出东门去了。"李儒说："曹操心虚逃窜，行刺无疑。"董卓非常生气，立即便下令画影绘形，悬赏通缉曹操。

从此可以看出曹操的确是一个非常高明的刺客。宝刀不但可以作为刺杀董卓的利器，还可以作为进献的礼物。最关键的是曹操能够随机应变，看清时势再决进退，才保全了自己。

☕ 看清形势，再决定职场进退

职场中，"进"意味着比现在的状态前行了一步，意味着一个人主动，积极地争取了。在公司内部主动争取什么时，关键是要问自己，你走出这一步是为了公司的大局，还是为一己之利？即使要的是自己的利益，也通常只有在公司获利的情况下才会水涨船高，你才会"进"得其所。

罗兰是一家时尚消费品公司的总经理，她说她很讨厌员工旁敲侧击地和她提工资的问题，她喜欢员工主动地给她拿出一个业务规划，员工如果真的落实了自己的规划，提高了业绩，她自然会主动给员工加薪。还有，每个部门的经理好像都在为自己部门争取更多的资源，但作为部门经理应该放眼大局，心中想着整个公司的发展，这样的人才会让她觉得是公司未来的可造之材。

有人说，自己直言进谏的目的是为了公司，不是为了自己，这种情况下难道不该"进"吗？为公司兴利除弊的建议永远是受思维开放的领导者欢迎的，但是在准备"进"的时候，提出意见、建议时一定要注意以下两点。

1.自己对某些"宿弊"的审视是否合理，是听取的一面之词，还是站在各个角度去看的？

2.是否为倾听你意见的高层管理人员提供了解决某一问题的合理方案，而不是在诉苦或者抱怨？

职场中，与"进"相对应的"退"，它意味着比现在的状态后退一步，或按兵不动，低调处理，谨慎从事。那么，究竟什么时候该退呢？是否是在自己面临攻击时或者其他必须退的处境时呢？未必如此。在职场中，假如你遇到某些针对你的人利用某些事攻击你，你首先想到的不应该是退，而是去分析。因为假如你稀里糊涂地就退了，大家就会想当然地认为你默认了一些事情。所以，要先弄清楚这些人为什么会针对你，针对你的动机是什么，究竟要达到什么目的；利用的事又是什么，是的确存在的事实还是捕风捉影；这些人或事对你在公司里的位置有何影响等等。分析出这些事情的性质，然后再决定自己的进退。

如果，针对你的这些人是和你处于同一级中，或因误会，或因担心你抢了他的业绩，如果你的老板对你还信任，对你的能力还赏识，那么你就可以不露声色地把事情的来龙去脉弄清楚，先试着和对方私下里沟通一下，如果不行，可以诚恳地和你们共同的老板沟通此事，以图得到其支持。这种情况，你不用决定进退，因为事情过后，你还可以在公司继续发展。

但如果是你的领导针对你，那么你就要先看看你们之间是否有什么隔阂，是不是能够化解掉。除此之外，还要看在公司还有没有发展空间，或转换部门的可能；如果实在不行，就别耽误时间了，离开不失为一种好选择。

职场规条

在合适的时间，合适的地点，说合适的话，做合适的事情，才会事半功倍。

恃才傲物没有好下场——杨修之死

在办公室里生存除了能力以外还要有一定的智慧,对办公室的人情世故要有足够的了解和认识。有些"天条"是不能触犯的,有些职场上的正面道理要运用到反面上才能通达于职场。对办公室的一些"天条"有所了解才能对很多事情应付自如,从而更快地融入办公室的圈子,更顺利地开展工作。收敛锋芒,谦逊好学,会帮助你在办公室赢得更多的"战友",在你的一生当中,他们可能起到一些关键的作用,给你一些非常有价值的指引和建议。

韬光养晦、收敛锋芒、谦虚谨慎有利于一个人脚踏实地的不断进步,扬长避短。每个人都有自己的长处,也有自己的短处,即使别人比你差,可能也有值得你学习的地方。收敛起自己的锋芒,学习别人的长处,弥补自身的不足,不断地完善自己,提高自己,才能使自己向着成功方向迈进的每一步都坚实有力。

☕ 锋芒毕露之人会给老板很大的压力

如果一个人能对世间的事情不屑一顾,这未必不是件好事,但做得太过分了就很容易恃才傲物。而古今中外,恃才傲物的人一般都是没有什么好下场的。

杨修被杀,导火索是"鸡肋门"惑乱军心。而杨修死在曹营中也是一种必然,在此之前,杨修已经在曹操面前耍尽了小聪明,这些小聪明虽然不是什么大才干,但已经引起了曹操的忌才。曹操手下的谋臣如过江之鲤,不可胜数,而杨修能得到曹操的赏识并担任其主簿,可见其才干出众而又擅于让主公发现自己的才能。对于谋臣来说,能得到主公的赏识是一件难能可贵的事,每个人都绞尽脑汁让伯乐发现自己这匹千里马。但凡事是有限度的,像杨修那样太过于露才,锋芒毕露,毫不知收敛,再遇上曹操这样的主公,其后果必然是很悲惨的。

杨修恃才傲物，确实有一定的智慧资本，从表面上来看曹操很欣赏杨修的才智，而实际上，就在他毫无忌惮的在曹操面前卖弄的时候已经遭到其忌妒了。先是改造后花园门一事，杨修任曹操的主簿一职时正在修建相府的大门，刚刚建好屋橡屋桷，曹操就亲自来视察了。看完之后，叫人在门上题了个"活"字就离开了。杨修看见后，就立刻叫人把门拆了。建成以后，他说："门里加个'活'字，是'阔'字，魏王是嫌门大了。"

接下来就是他分吃酥的事件，有人送给曹操一盒酥，他吃完后很是喜欢，就在上面写上"一盒酥"。没想到杨修一来就把那盒酥分了吃掉了，还说："曹公教我们每人吃一口啊，还有什么好犹豫的？"他自己擅作主张把曹操的"一盒酥"解释为"一人一口酥"。这件事开始，曹操就对杨修有了厌恶之心。

更让曹操不能忍受的是，杨修竟然揭露他的阴谋。曹操生性多疑，特别害怕有人暗杀他，于是就上演了一场"梦中杀侍从"的好戏，这是曹操用来警戒别人的，但杨修偏要在别人面前揭穿此计。试想，哪个老板能容忍自己的下属这样随意戳穿自己管理下属的计策？尤其还是有点"卑鄙"的策略。

以上只是一些生活中的小事，从大局来看还不足以使曹操萌生杀杨修的念头。但杨修却为自己的死制造出了更充足的理由，他进入了曹操内部的争权夺利中，这是主公的大忌，杨修触犯后让曹操大怒并有了想除掉杨修的念头。

"鸡肋门"惑乱军心，杨修被杀看似客观原因，实际上他的死完全是锋芒露得太过了，最终搬起石头砸了自己的脚。

杨修之死确实能给人们很大的启示，在与上级相处的过程中，恃才傲物会招来上司的忌妒和厌恶，久而久之，遭殃的还是自己，即使上司能看出只是些小聪明，但也会为他带来很大的压力，他的压力需要释放的时候就是拿锋芒毕露的下属开刀的时候。

☕ 韬光养晦，让上司和同事"放心"

无论自己有多大的才干，都要学会韬光养晦，言行谨慎而不狂放不羁。人的才干、锐气全都显露在外面是很危险的，你在明人在暗，别人对你的本事了如指掌，就能使出各种招数来对付你，这一般还只是同事间的竞争。很多人喜欢在上司面前露一手，其实目的很简单，就是让上司看到自己的才华并得到重用，这看起来是理所当然的，但事实却不完全如此。如果在上司面前不知掩盖自己的光芒，有时候得到的更多可能是来自上司的戒备与排斥。

只顾恃才傲物，即使有再好的成就也难以服众，如此最可能出现的严重结果就是激起公愤。要知道，整个办公室不是只有你一个人在努力，公司的存在与发展靠的是所有员工和领导的团结努力。办公室总会有一些很有才华的人，其业绩也不错，这样的人有两种结局，一是顺利升职，而另一种就是在短暂的辉煌后被赶走。前者的成功之处就在于能利用自己的才华在适当的时候有分寸地发出与众不同的光芒，而后者的悲惨命运显然是不端正的心态造成的。

面对自己出众的才华，你只能暗暗高兴并默默努力，韬光养晦以取得更大的进步，踏踏实实做事，总有一天会有用武之地的，尤其是对于刚刚进入职场的新人更应如此。

刚大学毕业的职场新人小刘工作能力很强，上司派给她的任务每次都能圆满快速地完成，多次受到上司点名夸奖，久而久之不免有些飘飘然，她开始经常询问每位同事的薪金水平并和自己的比较。

在与别人不断的对比中，小刘觉得自己受到了不公平待遇，于是刚到公司不久的她便要求加薪。经理开始时耐心地跟她讲解了奖金比例方面的不同，但年轻气盛的小刘做出反驳，并一味在经理面前强调自己的才能比别人高，蔑视老员工的业绩平平没有上进心。她的后果可想而知，没多久就被公司解雇了。

公司看重的是团队合作精神，对员工的薪水一般也是保密的。像小刘这样到处打听别人挣多少，给同事感觉不佳的同时，也为自己的声誉带来了恶劣的影响。职场中，之所以会有上下级，也是为了保证一个团队工作的正常开展。而上级考虑问题时更多的要从一个团队的整体角度出发，很难兼顾到每一个人。

真正有大才华的人只要通过努力,让业绩说话,不用刻意表现,迟早会得到重用的。再反过来看看杨修,他在曹操面前表现的大多是一些小才干,不是抠字眼就是卖弄小聪明,虽然也是一种聪明,但始终没有让自己的聪明发挥到大事上,这也是曹操舍得杀他的原因之一。在平时小事上出风头,争强好胜,对自己并没有什么好处。在需要帮助时,同事未必会愿意;在工作中,老板也未必欣赏你。收敛锋芒,有助于清醒冷静地认识自己的事业和人生,充分了解什么才是最重要的,不是在许许多多的小事上争强好胜,而是在重要的大事上蓄势待发,才是真正明智的行为。

在三国中,适时收敛光芒,韬光养晦最终成大事的例子有很多。曹操煮酒论英雄,刘备掩饰自己的野心,"操遂不疑玄德"。其实当时刘备早已有了争天下的野心,由于考虑到时机不成熟,只能佯装"志在田园劳作享清闲"。如果刘备在曹操的试探下就暴露自己的锋芒——争夺天下的野心表露无遗,恐怕就不会有后来的三分天下了。

职场规条

太精明的下属在上司眼里不是好下属,适时显露锋芒才是获得赏识的上策。

欲擒故纵,诸葛亮七擒孟获

欲擒故纵中的"擒"和"纵",是一对矛盾。军事上,"擒"是目的,"纵"是方法。古人有"穷寇莫追"的说法,实际上,也不是不追,而是要看如何去追。把对方逼急了,他就会集中全力,拼命地反扑。不如暂时放松一步,使对方丧失警惕,斗志松懈,然后再伺机而动。

身在职场中,来自各方面的压力也逼得职场人不自觉地快马加鞭,努力前进,生怕有一天会被淘汰出局。很多人也都经常听到很多鼓励人们不断进取的职场金言。充满竞争的职场环境，不进则退，每次年终考核完毕，很多公司开始制订新一年的发展计划，员工岗位调动题目被一并提到日程，这时候你升迁加薪的机会可能就到了！可以升职，即在职业糊口生计迈进一步，循常规思维来想，许多人当然是高兴还来不及呢！但现在却也有一部分人不愿意升职。

☕ 以退为进，达到目的才是关键

现在职场中有一部分人甘愿降职或者减薪，有的面临升职却自愿退出，他们的做法让很多人费解，难道他们是一群不思进取的"混混族"吗？据了解，这些人大多数已工作多年，有一定的财富积累和经验积累，对工作的狂热慢慢地被对生活质量的关注所代替，或者，因为特殊原因暂时"退一步"，稍作休息，只是为了走得更远。要想在职场中脱颖而出或永远立于不败之地，就应该明白欲擒故纵、以退为进的道理。

诸葛亮七擒孟获，在军事史上是一个典型的"欲擒故纵"的战例。故事讲的是三国时，诸葛亮出兵南方，将当地酋长孟获捉住七次，放了七次，使他真正从内心服输，不再为敌。这就是用了欲擒故纵的策略，最终让对方真心归顺了。

蜀汉建立之后，定下北伐大计。当时西南夷酋长孟获率十万大军侵犯蜀国。为了解决北伐的后顾之忧，诸葛亮决定亲自率兵先平孟获。蜀军主力到达泸水（今金沙江）附近，诱敌出战，事先在山谷中埋下伏兵，孟获被诱入伏击圈内，兵败被擒。

按常理说，擒拿敌军主帅的目的已经达到，敌军一时也不会有很强战斗力了，乘胜追击，定可大破敌军。但是诸葛亮考虑到孟获在西南夷中威望很高，影响很大，如果让孟获心悦诚服地主动请降，就能使南方真正稳定。不然的话，西南夷各个部落仍不会停止侵扰，后方难以安定。诸葛亮决定对孟获采取"攻心"战，断然释放孟获。孟获表示下次定能将诸葛亮打败，诸葛亮早已胸有成竹，故笑而不答。

孟获回营之后，拖走所有船只，据守泸水南岸，阻止蜀军渡河。诸葛亮乘敌不备,从敌人不设防的下流偷渡过河,并袭击了孟获的粮仓。孟获暴怒,要严惩将士,激起将士的反抗,于是相约投降,趁孟获不备,将孟获绑赴蜀营。诸葛亮见孟获仍不服,再次释放。以后孟获又施了许多计策,都被诸葛亮识破,四次被擒,四次被释放。最后一次,诸葛亮火烧孟获的藤甲兵,第七次生擒孟获。终于感动了孟获,他真诚地感谢诸葛亮七次不杀之恩,誓不再反。从此,蜀汉西南安定,诸葛亮才得以举兵北伐。

职场人生就好像是在下跳棋,或是在闯迷宫,你常常得向侧走,向前走,走对角线,甚至在必要的时候向后退。在职场中如果盲目拼搏,通常会辛苦而无功,你不妨停下来好好思索一下,以退为进这种策略性的迂回或许真的可以让你的职场道路走得更远,越走越顺。

☕ 把线放长,你占的是先机

"升职"、"加薪"、"换一份自己喜欢的工作"似乎是很多职场人士所期望的事情。

某市大型钢铁企业有个叫欣鹏的人,大学毕业后,他先到一家科研单位工作。那里跟政府机关差不多,他的工作比较轻松,每天除了喝水看报,就是打打电脑,可以说没有多少需要忙的事情,天天四平八稳,工资倒也不低。他悠闲地在那里干了半年,心里觉得非常空虚,他觉得如此混下去就荒废了自己的青春,自己所学的计算机知识一点也用不上。与其在这里一天天迷迷糊糊地"混"下去,还不如到人才市场上转转看看有没有真正适合自己的工作,有没有真正的用武之地。事情还真有点凑巧,欣鹏正赶上一家大型钢铁企业在招聘。他们在报纸上公开招调系统程序制作员,这正和欣鹏的专业对口。欣鹏和人事主管谈了自己的学业和来应聘的目的,他说企业用他更好不用他也没关系,他现有的工资也不算低,想跳槽的原因主要是看这里能提供施展才华的平台。这里招调的系统程序制作员有全厂中枢系统的,有分厂中枢系统的,全厂中枢系统的制作员待遇是那个科研单位的两倍还多,工作做得好还有奖励。人事主管看欣鹏真有点本事,便抛出诱饵,吸引他过来,这正合欣鹏的意,于是他便辞了原来的那份工作，到许多人羡慕的大型钢铁企业去上班了。

在职场谋略中，欲擒故纵之计应用非常广泛。特别在寻找工作方面显得尤为重要。择业时参加招聘活动，在和用人单位的交谈中，显出一副不经意的样子，等对方抛出优厚的待遇条件后，再亮出你自己的真正本领，最后再决定是否去应聘。

经由十年努力，35 岁的林涛成为一家私家企业的高级客户经理，掌管公司"一条流水线"的业务，工作非常忙碌，但对于他来说驾轻就熟，还算得心应手。当公司要升他去做华南区经理时，他溘然申请停薪留职，出国留学一年。学习归来，调到了另一个部门做经理，职务级别和薪水都比原来低了。大家都为他不值，他说："很兴奋能在'被人遗忘的角落'里韬光养晦。"固然林涛的薪水少了，但并没有影响他的家庭开支，一年的进修显得过于匆忙，闲适的工作有助于他消化一年来所学的知识。另外，他觉得调职部门固然不起眼，但未来的发展远景却还不错。

林涛颇有感触说："都说职场上不进则退，我觉得很多时候是'退一步海阔天空'。职场中前进的道路绝对不是单一的，是多元化的。"

职场中，不愿升职甚至自愿降职的现象只是个别现象，作出这样的选择原因大致为：个人觉得时机尚不成熟，或者说不胜任升迁后的岗位，不想承担太大的压力；岗位与薪酬不匹配，激励轨制不公道。如果是因为自己年龄的原因而对升职望而生畏，那倒是大可不必的。通常情况下，没有压力就没有动力，勇于接受挑战，才能给自己更多晋升空间。当然，升职之前的确需要在主观与客观存在的条件上多考虑一些，例如自己的工作能力是否与岗位相匹配；是否做好了承担压力的准备；所在的公司是否有完善的提升轨制；是否有完善的人才贮备轨制；提升后这个团队的职员配备是否完善等。如果感觉自己真有必要停一停，歇一歇，也未尝不是一件好事。对于自己目前的工作，要以积极的心态面对，还要切记韬光养晦的原因，要明白欲擒故纵的道理，要在适当的环境、适当的场合展示自己相应的才华技能，努力实现自己的阶段性目标。

三国中欲擒故纵的故事有很多，刘备三让徐州城，用的自然也是此策略。

欲擒故纵，此谋略在职场上不是随便拿来就可以用的，使用它的前提就是你本人有非凡的技能，或比别人有略胜一筹的专长，说话也千万别"纵"过了头，否则，你根本就达不到"擒"的目的。

让上司对你"情有独钟"——赵云忠肝义胆

忠诚是竞争法则中不可缺少的法则，面对如今竞争激烈的职场环境，想要更好地生存和发展，我们就要懂得用忠诚的态度去对待自己的企业和领导。有职场气节的员工都应该有一个共同的特点，那就是忠于自己的工作，对工作兢兢业业，忠诚于企业，不计较个人的利益，顾全大局，处处以大局为重，以公司利益为先，绝不因个人的私利而损害公司的整体利益。

☕ 上司喜欢忠贞不二的部下

赵云是三国时期蜀汉著名的五虎上将之一，也是蜀汉政权开疆辟土、保国安民的重要功臣。他是一位忠肝义胆的将领，其忠君爱国的思想，影响并熏陶了一代又一代人。赵云成为人们心目中的光辉典范，也因忠肝义胆而名垂青史，光耀春秋。

赵云的一生可以说是毫无瑕疵的。作为一名下属和臣子，赵云是三国中遵道守义的最典范的楷模。从他追随刘备的那一天起，其所作所为从始至终折射着大忠、大义、大勇的光辉。

忠诚是在赵云身上体现得最完美的优点。赵云辅佐刘备以后，这种忠诚在其身上得到了更为完美的体现。长坂坡一战，赵云冒着九死一生的危险，在曹操的百万军中杀了个七进七出，才救出了刘禅，保全了刘备仅有的一点血脉。赵云作出这样的牺牲，足以表现其对刘备誓死效忠的决心。

当刘备在荆州依靠刘表的时候，蔡瑁、张允想要加害于刘备，曾经设下毒计，因为赵云紧随刘备左右，才使得蔡张存有畏惧之心，未敢贸然行动，最终使刘备得以脱身。

周瑜设计让刘备到东吴入赘招亲时，又是因为有赵云的保护，刘备才安然无恙地脱离了周瑜的魔爪。后来东吴又设计要骗孙尚香携阿斗回家，以便可以要挟刘备，赵云凭着对刘备的忠心，又一次冒死从孙夫人手中抢下了阿斗。赵云能够做出如此举动，足以显示其一片赤诚之心。

为了给关张报仇，刘备贸然兴兵伐吴时，诸葛亮都未敢轻言直谏，在这种情况下，赵云敢违刘备之意，劝阻刘备不可伐吴，他是从蜀汉政权的前途出发来考虑的，其忠于刘备之情是显而易见的。

猇亭一战，蜀军大败，在前无逃路，后有追兵的危急情况下，在刘备几乎丧失了求生信念的时候，也是靠着赵云一杆长枪，杀了个血染征袍，才使得刘备安全地逃回白帝城。

由此我们不难看出，只要刘备有难，蜀汉政权有危险，赵云总是第一个挺身而出，披坚执锐，扫荡群魔。赵云总会在刘备最危险，最需要他的时候出现并立下汗马功劳，他心中有的只是对刘氏父子的绝对忠诚。这种忠贞不二的精神，这种忠君爱国的思想是值得称道的。

☕ 以忠诚之心立足于职场

忠诚是一种纯粹的付出，忠诚的付出之后也一定会有回报的，企业并不仅仅是老板的，同时也是属于员工的。忠诚是企业的需要，更是老板的需要，但也是员工自己的需要。作为一名员工，必须忠诚才能立足于职场，也最终会成为忠诚的最大受益者。

首先，忠诚才能被重用。现代企业中普遍采用的基本用人标准就是忠诚，每一个企业都需要忠诚的员工。站到企业的角度来想，员工必须对企业的领导者忠诚，因为这是保证整个企业能够正常运行、健康发展的重要因素，因为只有对企业、对领导忠诚了，才会积累成个人的职业责任感和职业道德。一位优秀的员工，除了应具备良好的专业技能外，更重要的是做人的品德。而忠诚是衡量一个人品德好坏的重要标准。一般情况下，老板都比较喜欢忠诚的员工，忠诚是你在团队中获取位置的基本保障。作为公司的一员，给予公司忠诚，肯定会引起老板的注意，在老板心目中，你的形象就是肯与公司共同进步的人才，一旦有工作需要，老板肯定会对你委以重任。对于一个员工来说，被老板赋予任务，本身就意味着发展的好机会到了，也是得到老板重用的表现。

其次，忠诚才会赢得信任。忠诚建立信任，建立亲密。一个人只有拥有忠诚的品质，周围的人才会接近你。"人有信则立，事有信则成"，一个人如果不忠诚，就会给他人一种不可靠的感觉，自然难以得到他人的信任，更谈不上有大的发展了。忠诚之心，大到对国家，小到对企业、对上司、对客户。作为一名员工，在工作范围内，只有你对领导忠诚了，领导才会接近你、承认你、容纳你，最终才会真正信任你并重用你。

杰克一家是整个城市中唯一没有汽车的人家，没有汽车给他们一家人的工作和生活带来了很多的不方便。但是没办法，因为杰克家里没有钱。

杰克的老板是一个彩票迷，杰克除了每天努力地工作之外，还要跑跑腿为老板去买彩票。一个领完工资的周末，杰克又像往常一样去彩票店帮老板买彩票，他到销售彩票的商店先为老板买了五张彩票，后来他发现五张中的两张中了大奖，一张是一百万的大奖，另外一张中了一辆汽车。这可真是一个振奋人心的好消息，可是杰克很快就意识到这个好消息好像与自己无关。

彩票店的老板也十分兴奋，他看到愣在那里的杰克，以为他是被这个突如其来地好消息给吓傻了。彩票店老板一边指挥员工赶快将这个好消息散播出去，一边提醒杰克赶快去兑奖。

杰克的心里也矛盾过，其实他比任何人都清楚自己家是多么需要这两份大奖。如果有了一百万的奖金，他的几个孩子就可以去好的学校念书了，如果他开着新汽车回家，妻子和孩子们一定会非常开心。但是这一切都不属于自己。当然，如果自己再花自己的几个小钱购买两张彩票，老板那里其实很容易就应付过去了。那样的话，这两个大奖就真的属于自己了。

但是，这样矛盾的想法放在心里非常难受。忽然，杰克想到了"忠诚"二字，想到平日里老板对他的信任，他马上想通了，他拨通了老板的号码，告诉老板中了两份大奖。打完电话后，杰克的脸上露出了如释重负的笑容。

"员工的天职就是服从执行！"为了确保工作目标的顺利实现，要按照老板的意愿来选择自己的行为，因为你的服从与否，关系着老板的决策执行水平和质量。被老板器重的员工，通常是较为忠诚的员工，他们能在服从的基础上充分发挥自己的聪明才智，认真执行老板交代的任务，巧妙地弥补老板的失误，在服从中显示不平凡的才华，这样的员工才能在公司里出类拔萃，胜人一筹。另外，服从执行还是对老板尊重的表现，如果你的行为违背了老板的意愿，对老板不尊重，就得不到老板对你的信任，更不要说获得更多、更好的机会了。

三国中对上司忠诚的人不胜枚举，像曹操手下的典韦，刘备手下的关羽、张飞等。

职场规条

"一分耕耘，一分收获"，永远是真理。在工作岗位，员工要本着忠诚的心，努力做好本职工作，终会因忠诚而得到回报。

第三章

领导之道——善于倾听，但又独断

上司是员工的领头羊，强将手下无弱兵。要让自己的团队强大起来，关键在首领，软弱的将军手下是不可能有精良士兵的，但单靠强大的首领也不能在各种竞争场所中获得绝对的优势。一个真正强大的领导要做整个团队的太阳，不仅自己要有才能，还要让自己的光芒照耀到每一个属下，才能让整个团队强大起来。

不能越俎代庖，帮助员工解决一切困难

有些领导在管理过程中，常常会走进一个误区：本该是下属自己做的事情，自己却"代劳"了。员工眼中的领导不一定是万能的，也不是一切困难都能帮助下属解决的。领导有领导的定位，员工有员工的职责，有时候是可以互通的，有时候却是不能互相干涉。如果有些事情领导帮助员工做了，就等于是超越了自己的职权范围，非但不能解决问题，反而会越帮越忙。

领导者的职能是领导员工，让员工在短时间内能够掌握自己所要做的工作。而不是事事都伸手，帮助员工解决一切困难。这样不管对于领导还是员工来说，都会产生一定的负面影响。所以，领导在面对员工解决不了的事情时，偶尔要摆摆架子，拿出领导的气魄来。

☕ 领导不是万能的

什么是领导？就是具有带领、引导作用的人。领导的作用是什么？指挥、协调、影响企业的发展。可见，领导没有一项责任是要帮助员工解决困难。即使有，也只是偶尔而已，是在员工真的对某些事情无能为力的情况下。但并不是所有的困难，领导都能帮得上忙。作为领导应该明白，自己不是万能的，如果是，自己所带领的企业早就榜上有名了。真正有所发展的企业，领导很清楚自己的定位和员工的职责，绝不会越俎代庖。

诸葛亮，在人们的心中一直都是神一样的人物。足智多谋，帮助刘备建立蜀业。虽说诸葛亮是蜀汉的一大功臣，但是有时候他做事已经超越了自己的职权范围。对于蜀国的任何事都事必躬亲，虽然这是一种领导的作风，但其实是有些过头了。就像刘备在临死之前将自己的儿子交给诸葛亮，让他辅佐刘禅。既然是辅佐，那么蜀国拥有最大权力的人还是刘禅，但是诸葛亮呢？事事都替刘禅拿主意，让刘禅成了扶不起的阿斗。

还有，为什么魏延要造反？魏延作为诸葛亮的手下，却无法发挥自己的长处。因为任何事情都由诸葛亮一人做了，要部下还有什么用呢？诸葛亮越俎代庖，使智者不能竭其智，忠者不能尽其心。蜀汉之志士，纵有报国之心，却缺乏锻炼之机。以至蜀汉后期，人才凋零。因为诸葛亮的事必躬亲，使下属养成了依赖性，缺乏主动性，而且没有自己的思路和逻辑。一旦遇到困难，就会向诸葛亮寻求帮助。所以很多人都离开了蜀汉，投靠了能发挥自己才能的其他地方。

领导不是万能的，不是任何困难都能帮员工解决的。领导要做的只是给员工以指导，让员工明白做事的方向以及在做事过程中积累经验，以便员工下次遇到困难的时候能够独立解决。

☕ 领导应该明确自己的定位

每个员工都会喜欢有亲和力的领导，领导也希望能够和自己的员工打成一片。但是这并不意味着领导就应该替员工处理一切他们解决不了的事情。领导应该明确自己的定位,什么事该帮员工做,什么事不该帮着做。

分析师比尔翁用背上的"猴子"来比喻领导和员工之间责任或事务的转移。当员工遇到困难向领导求助时,背上的"猴子"就会跳到领导的背上。员工是轻松了,但是领导却如负重任。也就是在一瞬间,员工的问题就变成了领导的问题。比如,领导在办公室坐着休息,一个员工在工作上遇到了困难,要进来请教。领导当然是喜欢好问的员工,于是就会不遗余力地为员工解答。殊不知,背上的"猴子"已在眨眼之间转移了,员工已将这个包袱丢给了领导。领导牺牲了自己休息的时间,员工却不用动脑或者动手就得到了自己想要的。中国的企业就是这样一种现象:高层做中层的事,中层做基层的事,基层无事可做。所以作为领导要找到自己的位置在什么地方,还要明白自己所处位置要做的事情有哪些。

领导要谨防员工背上的"猴子"跳到自己背上来。有时候要反省一下自己,是否帮助自己的员工养了很多的"猴子"。如果是,当员工再次需要帮助的时候,就要克制自己过度的热心,坚决表明自己的立场,督促员工自己克服困难并完成任务。如果领导只是一味地替别人养"猴子",首先浪费自己的时间,所做的计划也将被打乱,时间不能合理安排,结果是越忙越乱,越乱越忙;其次对于员工来说,由于领导的存在,使员工产生了依赖心理,一遇到困难就会找领导,渐渐就使员工的积极性下降,做事缺乏动脑能力,出错了,也会将责任推到领导身上。员工在工作过程中遇到困难是再正常不过的事情,因为没有接触过,不知道该怎么入手,或者是做得差强人意,领导这时就一定要抑制自己帮助员工做事的欲望,不要把员工的困难变成自己的困难。而是适时地给予指导,提供自己的意见或建议,主人公仍是员工,万不可越俎代庖。

优秀的领导在于培养员工,使员工在工作过程中能够独立思考,找到解决问题的办法并积累工作经验,从而成为一个独当一面的优秀员工。领导始终要保持自己只是一个局外人的心理,有多少困难也要员工自己去克服。

职场规条

当领导帮助员工解决困难的时候，要谨防员工的困难变成自己的问题。因为背上的"猴子"是无形的，随时都会跳到领导的背上，变成自己的负担。

置之死地而后生——从"负翁"到富翁的史玉柱

一个传奇的人物总是有着与常人不一样的经历，史玉柱就是一个。从富翁到"负翁"，再从"负翁"到富翁，创造了一个无可比拟的神话。这个打不倒的巨人是如何在负债累累的情况下，重新站在世界的顶端？在他成功的背后，又有着怎样的一支团队，使他们在史玉柱发不起工资的时候，仍然坚持不离不弃？

史玉柱认为，当一个人失败的时候，要具有一种顽强的精神，只要精神还在，就完全可以再爬起来，他用自己的亲身经历充分证明了这个真理。但是只有精神还是不够的，一个企业如果仅靠一个人在坚持，是不会取得任何成果的。让员工在自己变成中国"首负"的时候，却没有选择离开，史玉柱做到了这一点。作为一个领导人，取得自己员工的信服与忠诚才是最大的目标。

富翁变迁史

1989 年，史玉柱开始下海创业，用仅有的 4000 元资金承包了天津大学深圳电脑部，开发出 M-6401。至 9 月中旬，销售额突破 10 万元。又过了 4 个月，突破 100 万元，这是史玉柱的第一桶金。1991 年的时候，史玉柱成立巨人公司，推出了 M-6403，利润达到 3500 万元。之后巨人公司又推出其他的电脑软件，销售额达到 3.6 亿元，巨人成为中国第二大民营高科技企业。

1994 年初，巨人大厦开始动工，所需的超过 10 亿元的资金，史玉柱未向银行贷款。之后又推出保健品，此时的史玉柱被《福布斯》列为内地的第八位富豪。但是由于巨人大厦建造资金不足，再加上管理不善，巨人公司迅速衰退。巨人大厦停工，史玉柱负债 2 亿元，成为中国的"首负"，巨人被收购。但是史玉柱表示："欠老百姓的钱一定要还。"于是一场漫长的还债之旅开始了。

2004 年的时候，史玉柱重整旗鼓，成立了上海征途网络科技公司。于 2007 年的时候，正式更名为巨人网络公司。倒下去的巨人又重新站在了人们的面前，这一年，史玉柱的身价突破了 500 亿元。2009 年的时候，史玉柱成为内地的排名第 14 位的富豪。

巨人大厦的建造是史玉柱人生中的一大失误，因为他没有正确地对自己进行评估。或许时至今日，曾经失败的阴影还是在史玉柱的心里。领导是企业的核心，如果领导在遇到困难的时候，变成缩头乌龟，还有什么能力去领导整个企业。任何人都有决策失误的时候，都有失败的时候，关键是失败之后是以一种什么样的态度来面对自己的失败。大起大落的人生总是会让人丧失对未来的希望，是选择一蹶不振，还是顽强抵抗，一切都要看自己。

《三国》中有这样一个故事：东汉建安二十年，东吴孙权乘曹操兴师西征汉中张鲁，合肥空虚之机，亲率十万精兵，企图一举攻占合肥，达到向北打开通向中原通道的目的。镇守合肥的大将张辽，面对强敌压境、敌我实力对比悬殊的危难局面，临危不惧，履险如夷，毅然率领将士出击迎敌。在张辽英勇迎敌精神的感染下，张辽手下的将士众志成城，奋勇杀敌，以一当十，大败吴军。这就是著名的"张辽威振逍遥津"，张辽也从此名声大震，成为曹操手下的一名猛将。孙权兵力十万，张辽兵力七千，悬殊是如此之大，却能绝处逢生，实属不易。

史玉柱在小的时候就看过这个故事，印象最深的也是这一段，所以，当他面对失败的时候，能够重新站起来。天无绝人之路，任何事情都会有转机的时候。一般人在面对困境的时候会有两种状态：一是坐着等死；一是奋力抗争。如何选择，关键在于自己。

☕ 磐石团队

　　史玉柱还有一个成功的秘籍，就是他的团队，在他变成"负翁"而负债累累的情况下都没有离他而去。史玉柱在二次创业的最初几年时间，付不起自己员工的工资，但是他们依然以史玉柱为核心，坚持跟着史玉柱。一个企业的成功不是靠一个人来维持，而是一个团队坚持的结果。试想：有多少领导在自己陷入困境后，身边还能有一批追随的人？

　　史玉柱说："我身边的几个骨干，在最困难的日子里，好几年没有工资，他们都一直跟着我，我永远感谢他们。脑白金问世之前，我吃不准，问他们：'行吗？你们觉得有戏吗？'他们总给我非常肯定的回答：'行，没问题，肯定行。'身边的几个骨干，在最困难的日子里，像'上海健特'总经理陈国、副总费拥军，好几年没有工资，他们一直跟着我。那时候，也是他们陪伴我爬完了，珠峰。我永远感谢他们。"史玉柱在不幸的同时也是幸运的，因为他始终都有一个死心塌地跟随他的团队。一个企业需要的是人才，但更需要忠心的人才，在陷入危机的情况下，能够不离不弃。史玉柱的经历表明：当你无法给予你的员工足够的物质利益时，那就让他们相信你内心的真诚和坚定的信念。

　　什么样的领导，能让自己的核心团队在自己面临失败的时候而不致瓦解。史玉柱会告诉你怎样做一个好的领导，怎样才能让自己的团队坚如磐石。在经历过一次失败的史玉柱，在二次创业之初会征询团队的意见，而不是完全蛮干，他说："独裁专断是不会了，现在不管有什么不同想法，我都会充分尊重手下人的意见。"因此，他成立了七人投资委员会，任何一个项目，只要赞成票不过半数就一定放弃，否决率高达三分之二。一个企业最怕的就是领导独当一面，什么事都是自己拿主意，完全不听下属的意见，到最后还有谁愿意在一个毫无发展前途的企业工作。尊重团队的决策，重视团队的力量，企业才能有长足发展。在巨人集团里，高层管理团队除了财务总监和研发系统的高层之外，都是跟随史玉柱多年的旧部下，他曾经说："我给我团队成员的回报，要高于他们自己的期望。"而被置之死地的史玉柱之所以能够生还，大部分原因还是要归功于他的磐石团队。

一个人创造不出神话，一个人的背后有一支磐石团队才能创造出神话！

职场规条

置之死地未必只有死路一条，"负翁"未必不能变成富翁，领导有道，绝地重生。

与员工一起分享——有钱一起赚的俞敏洪

从两次高考落榜的复读生到中国最大民营教育机构的创始人，俞敏洪完成了人生一次重大的蜕变。新东方的发展是一个传奇，短短十三年的时间，就占据了中国语言培训市场的半壁江山。除去俞敏洪的个人功劳，更重要的是作为一个领导者，他懂得与自己的员工分享。新东方为何能赢，想必与这一点也是密切相关的。

当今社会，一个企业领导者最大的不足就是不能与员工分享自己的所得，总是将利益全部收入囊中。其实员工来说，这是最不平等的待遇，员工最希望的就是劳有所得，付出要与收获成正比。在社会上流传着这样的顺口溜："起得比鸡早，睡得比狗晚，吃得比猪差，干得比驴多。"就是用来形容员工生活的惨状。大部分员工辞职，基本上都是因为工资的问题。员工为公司创造利润，到头来连温饱都解决不了，领导还有什么权力来挽留自己的员工。所以向俞敏洪学习，有钱大家一起赚，与自己的员工分享，才是一个领导者真正赚钱的秘诀。

双赢最大化

俞敏洪为何会成功？新东方为何会跻身中国培训界的前列？很大一

个原因是拥有强大的师资力量以及国际化的管理团队。很多人都说，俞敏洪是中国最富有的教育家，也是教育界的"比尔·盖茨"。但是作为一个领导者，面临着许多企业都存在的问题：人才流失。所以，俞敏洪在赚钱的同时，采用高薪来激励自己的员工，保障了他们的物质生活。愿意与自己的员工分享所得，是俞敏洪成功的关键；正因为如此，员工也愿意跟着俞敏洪"打江山"，双方达到了一种双赢。

领导最喜欢的员工就是随叫随到，什么都可以干，什么都能干，全才加万能，而且对于薪资不计较，给多少就是多少；员工最喜欢的领导就是请吃请喝，对自己不闻不问，每天没有太多事情，而且还能拿高薪。双方的心思各不相同，但有一点就是都涉及自身的利益问题，可是要达到双方都满意的程度犹如登天。如果想要成功，就要保证团队中的每一个人都有钱赚，而且能够与员工一起赚钱的才是真正的领导。

《三国》中刘备就是愿意与自己下属分享的最典型的例子。在他将自己手中的权利进行分配，而自己基本上没有任何的权利，这样做才使蜀汉成为魏蜀吴三国中的一员。利益是直接维系一个企业发展的纽带，有了利益，企业才会发展。作为一个企业的领导者，和其他员工一样，也是员工，只是所分利益多少的问题。学会与自己的员工分享，是领导者的明智之选。

俞敏洪说："小时候我个子小，老有人打我。领导力是从分水果糖开始的。六姨从城里带来的水果糖，我就分给小朋友吃，他们就不打我了。后来改一个月分一次，一次一颗糖，他们就都听我的话了，我就成了小朋友的头，没人再敢欺负我。后来就把它用在新东方的管理上，有新股份就会分给员工和老师，因为有新的利益要学会跟别人分享，要团结大多数人和不和谐的声音作斗争。"

一个企业最需要的就是团结和凝聚力，而利益的分享就有助于员工上下一心。其实，可以分享的不只有利益，领导的工作经验、知识以及一些对员工有所帮助的经历，都是可以分享的。学会与自己的员工分享，是企业发展的必要前提，也是实现双赢的最直接方法。

☕ 分享无限多

俞敏洪关于团队的评论说:"开始的时候,团队就像面粉,一拍就会散,但是随着时间的延长,往里面加水,揉啊揉啊,慢慢地就会成为面团,就很难散了,甚至越揉越黏,到最后这个团队就分不开了。"如何使团队分不开,就是不断地加水,这水就是领导与自己员工所要分享的。就好比领导端了一杯水,分给员工半杯,自己剩半杯,这样大家都开心。关键这"水"中包含的都有什么,领导与员工一起分享的又有哪些。

和员工分享利益:除去俞敏洪愿与员工分享利益之外,还有一个就是世界500强的美国零售企业巨头沃尔玛超市,它有一条成功的秘诀就是"和你的员工共同分享利益"。目前,沃尔玛在全球都有连锁店,就中国市场分布状况来看,就达到180多家。从沃尔玛超市的成功看来,愿意与自己的员工分享利益是凝聚人心的直接途径。企业取得一定成果是大家的功劳,只有学会与大家分享,才能使之团结一致,形成不衰的战斗力。

和员工分享企业成长:1907年创立的欧莱雅现在已经是国际大品牌,在全世界的130多个国家都有业务,而且拥有巴黎欧莱雅、兰蔻、薇姿等18个国际品牌。欧莱雅旗下的员工都是随着欧莱雅一起成长的,即使是新员工,对欧莱雅也是了如指掌。它拥有强大的培训系统,每一个员工都要按照公司为每一个岗位量身定做的培训计划接受培训。而且欧莱雅会根据每个员工的能力,为员工提供更好的发展机遇。作为一个领导者,只有与自己的员工分享企业的成长经历,才能荣辱与共。

和员工分享个人理念:日本松下电器的创始人松下幸之助,一直被人们尊称为"经营之神"。他在与自己的员工沟通时,总是将自己的一些理念传授给员工,比如,维持长久的客户关系要靠服务,而不是销售;仅仅对工作尽忠职守是不够的,同时,你还要对自己的工作全权负责,勇于承担一切责任。他会向自己的员工不厌其烦地阐明自己的理念,分享公司未来的发展的信息, 所以这位有远见的领导者成就了闻名的松下集团。作为领导者,要多地和自己的员工进行沟通,分享自己的一些经验和理念，共同策划企业的发展前景。

职场规条

　　领导者只有学会与自己的员工分享，才能成就大事业。分享有利，双赢最大。

上司做事没有章法后患无穷——张飞喝酒误事

　　上司就好比一个公司的领头羊，不仅要跑得快，还要带动跑得慢的。尤其是要求有清晰的思路，敏捷的思维，要去什么地方，该怎么走，该怎么做，自己都要先想明白，这样才能领导整个团队。办事有章法，做事有条理，冷静沉着才是一个真正领导者所具备的素质。能够拥有一个做事有章法的上司是公司的福气，也是对员工的莫大安慰。

　　相反，如果上司做事毫无章法，没有计划性，常常手忙脚乱，顾头不顾尾，又怎能去管理一家公司。此时的公司就好比无头苍蝇，到处乱撞，找不到自己的出路。员工跟着这样的上司也不会安心，"军心大乱"也就不足为奇了。所以上司做事一定要有章法，不要盲目而意气用事，戒骄戒躁，才能成就大事。

☕ 无"法"可依真可怕

　　上司对于一个公司来说是无比重要的，如果上司做事没有章法，那将是公司的一大灾难。员工整日惶恐不安，做事毫无心思，又怎么会为公司创造利润。历史上不乏这样的领导，做事没有章法，造成的后果不堪设想。

　　当刘备在徐州的时候，曹操假借皇帝的诏令，派他攻打袁术。刘备临行时为由谁留守徐州拿不定主意，这时，张飞请求留守徐州。刘备却说：

"你守不得此城。你一者酒后刚强,鞭挞士卒;二者做事轻易,不从人谏。吾故不放心也。"张飞却说:"小弟自今以后不饮酒了,军士不打,诸般听人谏劝。"张飞的为人大家都是很清楚,性格暴烈,做事鲁莽,不听劝解。许下这样的承诺,刘备竟然相信了。但是在戒酒宴上,张飞自己却喝醉了。导致吕布连夜偷袭,不仅徐州失守,刘备的夫人也被俘虏了。

张飞固然是刘备手下的五虎将之一,骁勇善战,处于一人之下万人之上的地位。但他做事只会用蛮力,没有组织性,缺乏处理事情的方法和规则,所以徐州才会失守。张飞一生都在酒中度过,尤其是在关羽逝世之后,这个饮酒的毛病就愈发严重。逐渐失去理智,打死了自己的很多手下,当时军心已经涣散。他又命令自己的两个手下在三天之内置办白旗白甲,但是他们认为这是不可能完成的任务,要求宽限时日。张飞不听,将两人鞭打一顿,并说再完不成就要砍他们的头。二人看横竖都是死,一气之下,便趁张飞酣睡之际,将他杀死,然后投奔东吴。

即使张飞没有喝酒,恐怕也不会长久。因为作为军队的统帅,他有的只是胆识,领兵打仗还行,出谋划策就差远了,这样不能让众手下心服口服。延伸至职场,如果一个上司只会赚钱,却没有做事的章程和规则,如何能够让众员工心甘情愿付出。

有"法"可依的领导知道员工的需求是什么,知道公司的发展方向,知道如何让自己的公司越来越强大。无"法"可依的上司在公司出现问题的时候,就只能是焦头烂额,如热锅上的蚂蚁,始终想不出办法。有这样的上司,势必导致员工没有纪律性和组织性,为公司卖力就更不用提了。人们常说:"人心齐,泰山移。"但是如果人心移,泰山就会轰然倒塌。即使是再有能力的员工,在群龙无首的时候又怎么会做得好。做事无章法的上司领导的企业必然是军心动摇,轻则员工跳槽,重则破产倒闭。所以身为上司,做事一定要有"法"可依!

☕ 有章可循,做事有方

无论是谁,做任何事之前都会先思考,然后按照自己的思路行事。上司身为一家公司的带头人，更应该随时保持清醒冷静。尤其是在当今竞争激烈，金融危机冲击的情况下，上司做事作决策一定不能方寸大失，否则就很难有立足之地。如何才能有章可循，做事有方，是一个上司应该学习的一门艺术。

目标是一个人为之奋斗的动力。对一个企业而言，目标可能有小有大，小则就是为了赚钱，大则是要成为知名的企业。而目标的直接决定人就是上司，作为上司，要明确自己的目标，不能随时变换自己的目标。今天的目标是要成为全国 500 强，明天的目标就变成世界 500 强，到底哪一个才是下属应该遵照的。上司作出的任何决策都是在为自己的目标服务，决策如果没有目标，就相当于盲人骑瞎马。一旦目标确定了，做事的时候就会有针对性，不会盲目，企业的发展之路也不会偏移。所以上司一定要为自己定一个明确的目标，才能一直朝着目标前进，决策才有方向。

客观看待问题是任何一个上司应具备的才能，因为领导力直接决定了企业的命运。南非总统曼德拉说："生活从来不是一个简单的是非黑白问题。"做任何决定性的事情都是一个复杂的过程，需要冷静分析思考每一个可能有所影响的因素。"不以物喜，不以己悲"恰是客观的写照，上司做事的时候，不应以自己的主观判断决定事情的发展方向。当企业面临问题时，最忌讳的就是上司在不了解的情况下，直接根据自己的直觉作出决定，有时候这样做恰恰是将自己置于死地。客观看待问题可以锻炼一个人的领导分析能力，以及培养头脑的灵活性和沉着冷静的态度，才不致在发生问题时，出现本末倒置的现象。

无论是生活、学习、工作还是其他都需要有一个合理的安排。有规律地做事总能把事情做得井井有条，既不耽误时间又能轻松许多。有些上司一忙就会晕头转向，事务多，到底从哪一项先开始呢？而且一旦计划不周，不但是在瞎忙，而且会浪费不少的时间和精力。所以上司在做事之前，要知道什么事情是重要的，哪些要先做，哪些要后做，哪些是可以交给下属做的，哪些是自己必须躬亲的。合理地安排是上司做事必备的法宝。

> 　　在现代企业中，如果上司做事没有章法轻则误事，重则性命不保。所以对于上司来说，做事有章法才能让自己立于不败之地。

作为领导者应该学会放权——刘备对诸葛亮的信任以及重用

　　真正的领导，不管能力多强，始终都要依靠自己的下属。所以就不必事事躬亲，偶尔将一些事情交给自己的下属去做，未尝不可。领导作为管理者，管的是人和资源，却不能从人管到资源。如果下属做任何事情都要经过领导的批准，无论是小事还是大事，这样一来，领导虽然可以很好地了解公司内部的发展情况，但是自己也将没有一点的自由，甚至比自己的员工还要忙碌。作为领导，最重要的不是学会做事，而是学会领导。学着信任自己的手下，学着让下属分担一些自己的工作，学着给下属适当的权力，才是一个合格的领导。

　　相反，如果一个领导没有将手中的权力分给自己的下属，任何事都要参与，刚愎自用，绝对不会是一个好的领导。任何一个下属，都希望得到领导的信任以及重用。如果领导对自己交代的事事都不放心，对于下属，何来信任及重用？领导放权，不仅会减轻自己的负担，也是对下属的一种鼓励。这样一来，企业的发展才是真正有未来可言的。

☕ 放权是一种投资

　　一般在某个班级，学校都会为学生设立各种职位，比如班长、组长、学习委员等。然后老师就会将班级的大小事务都交给班干部去管理，除非必须是要求自己解决的，老师才会出面。为何学校会采取这样一种办法？为何不让教师管理所有的事务？因为对于一个班级来说，首先，人太多，不好管，多集中一些人有助于班级的管理；其次，班级的有些事情，像扫地、收作业，教师就没有必要再进行分配，只要交给班干部就可以了。所以在职场中也是一样，领导有很多的下属，只要进行合理的权力分配，就可以使企业有序地运营。

领导放权，不仅意味着对属下的信任，而且也是对将来的一种投资。放权，就是给属下自由发挥的空间，目的是更灵活有效地发挥人才的作用。放权实际上就是对员工的一种管理激励，鼓励下属的创新能力，同时使领导解放自己。而且这是一种管理人才的方法，由于领导的放权，不仅会使下属积极工作，还能为企业创造价值，一举两得，何乐而不为？

刘备对诸葛亮的信任及重用，是众所周知的。刘备三顾茅庐请诸葛亮出山，这也就看出诸葛亮要受到刘备的重用是毫无疑问的。在刘备打江山的过程中，诸葛亮大小战役都要参与，而且刘备作任何决策，都会询问诸葛亮的意思。诸葛亮一上任，刘备就将兵权交予他。如果刘备不信任诸葛亮，怎会冒如此危险。

尤其是在白帝城，刘备将刘禅托付给诸葛亮。当时，刘备卧病在榻，刘备叫诸葛亮坐在旁边，用手摸着他的肩背说："自从得了丞相，我发展了自己的事业，只是由于知识浅薄，没听丞相的话，导致了今天的失败，实在后悔万分。看来我这病是难好了，我儿子能力太弱，不得不将大事托你。"刘备说完，泪流满面。诸葛亮也哭着说："望陛下保重身体。"刘备召集众将官到齐，拿笔写了遗嘱，交给诸葛亮，感叹地说："我本想和你们一同消灭曹丕，不幸中途分手。麻烦丞相把我的遗嘱交给太子刘禅，以后一切事情，都望丞相指点。"诸葛亮拜倒在地上说："望陛下好好安息，臣等一定全力效劳，辅助太子。"刘备叫左右的人扶起诸葛亮，一手抹着眼泪，一手握住诸葛亮的手说："我现在快要死了，有心腹的话要说。"诸葛亮问："有什么事吩咐？"刘备说："阁下才干高于曹丕十倍，一定能办成大事，如果刘禅可以帮助就帮助，实在不行，你就做两川之主。"诸葛亮听到这话，立即哭拜在地说："臣一定尽力辅助太子，一直到死了为止。"

诸葛亮绝对有能力取代刘禅，虽掌握大权，但是由于受到刘备的信任及重用,诸葛亮一直忠心耿耿。所以刘备就将自己给诸葛亮的权力作为一种投资,目的就是要他全心全意辅佐自己的儿子。所以,领导要学会放权,才能赢得下属的忠心,作为一种给自己的投资,也是对企业发展有利的投资。

☕ 放权有道

美国戴尔公司总裁说:"任何一家公司若想要成功,关键在于最高层人员是否分享权利;高层人员必须把重点放在整个组织的发展,而非个人权力的扩张。"如果不放权,只会暴露一个领导的短处,而且精力和时间都被一些小事所牵绊,不仅自己的优势发挥不出来,还会致使下属不能用其所长。所以,作为领导,要学会将自己手中的权力交给下属,才能使整个企业都发展。

但是,领导放权并不是无限制地将权力交给下属,自己却不闻不问,这势必会造成一种"取而代之"的局面。领导要放权有度,放权有限,知道怎么放,放哪里,才是真正做到了放权。

紧抓风筝线。放权就像是放风筝,要舍得将自己手中的风筝放开,并且敢放,还要放得高。但并不是无所顾忌地放,要知道,线越长,就飞得越高,但风大的时候,一不小心风筝线就会从自己的手中滑落。所以,敢放的同时,还要知道放多高是合适的。自己可以在地上欣赏飞得高的风筝,但是始终都要紧紧抓住风筝线。领导要舍得放权,敢于放权,在放权的同时,要抓住核心,让下属在做事的时候不致滥用职权,逾越职权。日本松下集团的总裁松下幸之助采取的就是 70% 原则授权,即放 70%,管 30%。他认为:"主管授权之后,不能过分干涉,要宽容到 70% 的程度。但如果发现与总体方向不符时,则应该提醒,否则,就等于遗弃了自己所慎重选择的人才,不关注他们的成长,并且没有承担起主管授权后的终极责任。所以主管要管 30%,否则就是一种极为不负责的作风。70% 原则授权,才能够让被委任者既能发挥主观能动性,又不至于完全脱离控制,发生大的错误。"

明确权力分配人。领导要放权之前，应该明细自己手中哪些权力是可以放的，要放权给哪些人。如果自己都不清楚，那还是不要放权的好。作为和企业一起成长起来的领导，应该要比谁都清楚自己下属的能力。所以在进行权力分配的时候，一定要找到合适的人。如果所放非人，必定会影响企业的发展。领导在放权的时候，一定要对自己的下属有所认识，进行仔细的考察，才可完全放心地将权力交与其手中。

韩非子说："下君尽己之能，中君尽人之力，上君尽人之智。"要做个贤明的领导，就要学着用众人的智慧，而不是一个人独揽全局。学会放权，不仅体现了领导的用人之道，管理之道，而且也充分发挥了下属的个人优势，实现了其个人价值最大化。

职场规条

管得少就是管得好。放权体现了领导对下属的信任及重用，将自己手中的权利交给下属，实现效率管理。

难得下属的忠诚——李嘉诚用人原则

李嘉诚之所以能够成为亚洲首富，除去本身的能力之外，一大部分要归功于他的用人之道。他在挑选人才的时候，有忠诚心是最基本的条件。忠诚不仅能体现员工一心一意对待企业的态度，而且也是员工有责任感的一种表现。

如果一个企业拥有一批忠诚的员工，就会在市场竞争中占有一席之地，并取得胜利。但是要知道，觅得忠诚的员工也不是件容易的事情，这关系到领导的用人之道。如何挑选职场新人？面对自己员工的跳槽又该如何？怎样培养员工的忠诚度？

☕ 用人之道，忠诚为先

在总结用人心得时，李嘉诚曾形象地说："大部分人都有长处和短处，需各尽所能、各得所需，以量材而用为原则。这就像一部机器，假如主要的机件需要用五百匹马力去发动，虽然半匹马力与五百匹相比小得多，但也能发挥其部分作用。"这就是为何李嘉诚会成为亚洲首富，为何会赢取人心，为何会有一批忠诚的手下的原因。

人们常说："得人心者得天下。"领导要得到员工的信任的确是一件不容易的事，但如果没有信任，又何来忠诚可言。管理之道，重在用人，用人之道，忠诚为先。领导在选拔人才的时候，肯定是要求有很高的忠诚度，才能为企业所用。如果员工都是"身在曹营心在汉"，更是谈不上忠诚，自然也不会被企业所用。忠诚才是领导的用人之道，是企业的管理之道。

《三国》中赵云无疑是忠诚的最典型例子。处于乱世之中的赵云，怀抱着忠君救国的思想，在经过慎重考虑之后，他选择刘备作为自己忠君的对象。长坂坡一战就体现了赵云对刘备的忠诚。当时，赵云受刘备之托保护他的独子刘禅，岂料在途中失散了。为了找回刘备的儿子，他先后七次杀入曹军重围，终找回刘禅。面对汹涌而至的曹军，他毫无惧色，奋勇拼杀，血染全身。然而当他奋力杀出重围来见刘备的时候，阿斗已在他的怀中睡着了。赵云将阿斗送到刘备手中，刘备竟然把阿斗抛在地上，说："为汝孺子，几损我一员大将！"刘备对赵云之器重，让赵云更加感动，随即哭跪于地说："云虽肝脑涂地，不能报也。"

长坂坡一战是赵云对刘备忠诚的直接体现，刘备有此忠诚大将，实属幸运。当然刘备是在信任赵云的前提下，才将这一重任交付于他。领导就是伯乐，面对员工，不仅要看能力，更重要的是要看忠诚度。

领导作为企业的带路者，任何的决策都关乎企业的命运。一旦选错人，要耗费大量的时间和精力培养不说，还要面临再一次的选择。所以，在选择的时候，一定要慎重，将忠诚作为首选条件。

☕ 得人心者得天下

中国历史上有上百位皇帝，但是真正能够领导人民，赢取人心的恐怕也只有那么几位。很多皇帝即使最后赢得了天下，也不能长久。真正的领导就像古代的皇帝一样，需要取得人心，得到下属的忠诚。但是如何得到下属的忠诚将是领导者面临的巨大挑战。

诚信为本，注重承诺。领导在最初招聘人才的时候，肯定会对应聘者许下一定的承诺。人才就会对领导和企业抱有很大的期望，但是一旦达不到所要求的目标，领导的承诺就成了一句空话。员工就会觉得自己上当受骗了，还会有什么心思去努力工作，急于跳槽也就不足为奇了。所以领导既然许下承诺，就一定要讲诚信，并兑现自己的承诺。即使员工没有达到领导的期望值，也应给予一定的鼓励，这样员工不仅会做好本职的工作，忠诚度也会大大增加。李嘉诚说："以诚待人是我生活上坚守不移的原则。"这也是长江实业集团的员工对李嘉诚忠诚的原因之一。

人尽其才，各有所用。世界 500 强的柯达有一个"员工个人发展计划"，每一名将自己的职业生涯托付给柯达、适合于柯达价值观的员工肯定能够在柯达找到自己的位置，取得职业生涯的成功。通过这种方法，使得柯达的员工都有适合于自己最好的发展。作为一个企业的领导，如果不能让员工人尽其才，有所用，使员工处于一种被动工作的状态，还有什么能力取得下属的忠诚。领导应该根据员工的表现和潜力给员工提供发展空间，让员工在适合自己的位置上最大限度地发挥所长。

仁义宽容，沟通无限。李嘉诚说过："人才取之不尽，用之不竭。你对人好，人家对你好是很自然的，世界上任何人都可以成为你的核心人物。"领导应具有宽容人才的心胸，才能吸引人才，录用人才。如果领导是小肚鸡肠，员工有一点错误就耿耿于怀，相信即使再忠诚的员工也会受不了领导的这种作风。而且作为领导要重视沟通，沟通常能在不经意间了解员工的一些想法，包括企业的发展，企业的前景，员工有时候可能比领导还要有独到的见解。有亲和力的领导是员工最喜欢的，他会感觉到领导是真的在关心他,逐渐就会被领导的魅力所征服。员工对企业,对领导忠诚就水到渠成了。

"在我心目中,不管你是什么样的肤色,不理你是什么样的国籍,只要你对公司有贡献,忠诚、肯做事、有归属感,即有长期的打算,我就会帮你慢慢地经过一个时期而成为核心分子,这是我公司一向的政策。"李嘉诚如是说。得人心者得天下,领导要取得下属的忠诚才能取得成功。

职场规条

> 做事先做人,身为领导,更应如此。取得下属的忠诚,是领导的用人之道,也是一个企业的成功之道。

庞统怪才有用——马化腾破格用人的智慧

有人说:"在中国,百度打败了谷歌,腾讯打败了MSN。"现在已有上亿人都在使用腾讯QQ,对于腾讯总裁的马化腾来说,无疑是莫大的安慰。即使有人说马化腾是抄袭,但不可否认的是,腾讯已成为中国最大的聊天平台。如果说马化腾本身就具有这样的才能,但是大部分的功劳还是离不开他底下的一些怪才。任何一个领导的成功,必定要借助外界的力量。无论是谁,都不例外。

☕ 怪人有怪才

任何一家企业总是会出现一些与别人格格不入的,甚至是与其他同事难以和谐相处的人,这就是一般人眼中的怪人。很多人都不愿意跟这样的怪人打交道,领导也不例外。难道就因为平常表现怪异,就一无是处吗?非也,怪人虽然表现古怪,但是往往具备常人没有的才能。如果领导能够发现并加以利用,一定会得到意想不到的效果。

《三国》中有一个怪才就是庞统。在别人眼中,庞统不仅相貌怪异,而且性格也异于常人。最初的时候，庞统曾到孙权处求见，但是孙权见他"浓眉掀鼻，黑面短髯，形容古怪"，再加上庞统并不怎么推崇孙权一向器重的周瑜，孙权便认为"狂士也，用之何益"。鲁肃提醒孙权，说庞统曾在赤壁大战中献计并立下奇功。但孙权依然不为所动，顽固地表示"誓不用之"，结果庞统就被逼走了。

后来诸葛亮就将庞统举荐给了刘备。虽然刘备爱才心切，但是见到庞统之后，不能接受他的怪异，就只给了他一个不太重要的县令让他做。庞统上任后，整日睡觉饮酒，不理公事。刘备知道后，便派张飞去视察他的工作。这时，庞统表现出异于常人的才能，将全县三年内积压起来的诉讼案在一天之内处理完。刘备这才明白是自己小看了庞统，于是提拔他为副军师中郎将，与诸葛亮共谋策略。后在斩杀杨怀、高沛，得涪水关中展示出非凡的才智。

镜水先生司马徽曾说："伏龙、凤雏，二人得一，可安天下。"伏龙，自然是指诸葛亮，凤雏，则是指庞统。可见，如果庞统能与诸葛亮相提并论，智谋一定和他不相上下。而且"二人得一，可安天下"，更说明庞统是不可多得的人才。即使相貌行为举止怪异，但是怪人的怪才，也是不可忽视的。别人眼里的"怪"，一定是行事与一般人不同，所以才显得"怪"。但是怪人的性格大都是由于内在的思想或特异禀赋造成的，并不意味着就别无用处。领导有时更应该多观察企业内的一些怪人，说不定他所表现出的"怪"，恰是企业所需要的"才"。

☕ 不拘一格降人才

在腾讯这样一个大公司，不免会出现一些异于常人的人。但是只要是符合公司的理念和价值观的，即使是"怪才"，马化腾也照用不误。因为他能发现怪人身上的才能，也能让这种才能得到最大的发挥。能够最大限度地利用每个员工的才能，才是一个领导最优秀的地方。

马化腾说："没办法，因为有些专业知识，无论怎么补课，就是到不了那个级别。指望你的提高去迎合公司发展的风险太大，所以一定要请人来替换你的功能。"正是马化腾意识到"人外有人，天外有天"，如果不录用对自己公司有发展的人，而是一味排斥比自己强的人，肯定不会有任何进步。因为在所录用的人才里面，有自己所不具备的才能，才会破格录取。领导在用人的时候，不应将自己据守在一定的方框内，这样只会限制企业的发展。"不拘一格降人才"，才是领导用人的明智之选。

日本的本田技术研究社，就专门招收个性不同的"怪才"。本田的职工一般分为两类人：一种是"本田迷"，即对本田车喜欢到入迷的程度的人，这些人不计较工资待遇，而是想亲手研制、发明或参与制造新型本田车，他们热衷于为其所热爱的东西奉献；一种则是一些性格古怪的人才，他们爱奇思异想，爱提不同意见，或热衷于发明创造。本田在对职工委托工作的时候，从来都是只提出高目标，至于如何达到，让那些怪才自己去想办法。在美国获得汽车设计奖的本田新车型，都是那些被视为"怪才"的人发明的。

有一次，公司在招收优秀人才时，主持者对两名应征者取舍不定，向本田请示。本田宗一郎随口便答："录用那名较不正常的人。"本田宗一郎认为，正常的人发展有限，"不正常"的人反而不可限量，往往有惊人之举。这种用人方法对本田公司创业不到半世纪，就发展成为世界超级企业起了相当大的作用。

而马化腾所用的"怪人"就是比自己要强的人。如果只是使用在自己能力以下的人，何来企业的进步与发展。对于任何领导者来说，要有惜才之心，即使是"怪才"。要发现"怪才"的才，才能人尽其才。

职场规条

怪人有怪才，领导应该摒弃世俗的观念，将自己的人才观扩大，找到适合的人才，而不是墨守成规。

马云从优秀到卓越，用人有道

从阿里巴巴创始人到成立淘宝网再到成为雅虎中国的总裁，马云用自己的能力证明了一个人是可以站在巨人的肩膀上的。他创造了全球最大的电子商务平台，也是中国内地第一个登上美国富豪杂志《福布斯》封面的企业家。业内人士对他的评价是："一个有着和拿破仑一样身高，同样有着和拿破仑一样宏图大志的人。"

从18人的创业团队起家，到现今拥有3万多员工，在马云的带领下，阿里巴巴用10年时间成为全球最成功的电子商务群。一个成功的领导，必然在用人方面有独到的见解。马云作为知名网络机构的总裁，在用人方面自然有自己的一套方法，才能使他从优秀到卓越，完成"马云式的蜕变"。

☕ 雇主马云用人之道

2005年的时候，马云被央视评为"年度最佳雇主"，而且在阿里巴巴工作的员工也被认为是最快乐的马云说："我认为，员工第一，客户第二。没有他们，就没有这个网站。也只有他们开心了，我们的客户才会开心。而客户们那些鼓励的言语、鼓励的话，又会让他们发疯一样地去工作，这也使得我们的网站不断地发展。"这就是马云的用人之道。

"选人的第一要素是价值观。"马云如是说。价值观是决定人的行为的心理基础，如果一个人没有价值观，就失去了追求和目标。阿里巴巴是一个精英汇聚的地方，但是在用人上，首选就是对阿里巴巴的价值观有认同感的人，而精英的选择则排在第二位。新员工在进入阿里巴巴之后，都要进行企业文化的培训，首先要认同企业文化，建立共同的价值观和培养团队精神。身为一个企业的领导，必须使企业上下都形成共同的理念，才能形成巨大的凝聚力。马云说："进我们公司有一个月的专门培训，从第一天起，我们说的就是共同的价值观、团队精神。我们要告诉刚来的员工,所有的人都是平凡的人,平凡的人在一起,做件不平凡的事。如果你认为你是'精英',请你离开我们。"

以狗喻人。马云的用人之道就是以狗喻人,他说:"第一种是猎狗。这种狗既忠诚又能干。第二种是家狗,没什么本事却很忠诚。第三种是野狗,没什么本事也没有点忠诚度。第四种是疯狗,这种狗没有忠诚度而且很危险,老板很容易被疯狗咬伤甚至咬死。"所以猎狗是可以放心用的,因为他们对主人忠诚,而且很有能力;家狗虽然没有什么本事,但是有忠诚心,以德为先,所以要给予家狗更多的培训,增强他们的看家本领,如果培训得好,能力就会有很大的提高,产生的结果或许比猎狗还要好;野狗和疯狗是坚决不用的,即使有很大的能力,但是缺乏忠诚,而且有时候还会反咬主人一口。

适合自己的才是最好的。马云的办公室墙上挂着一幅金庸的题字:"善用人才为领袖要旨,此刘邦刘备之所以创大业也。"所以作为领导,重要的是能找到合适的人才,并且能够人尽其才。企业要找的不一定是能力最强的人,但一定要是最适合这个岗位的人。阿里巴巴很重视员工的培训,也舍得把钱和精力花在再培训上面,而且是边赚钱边培训。阿里巴巴每年至少要将五分之一的精力和财力用在改善员工的工作环境和培养上。所以阿里巴巴的员工总是在最适合自己的岗位上能够开心地工作。马云说:"我们阿里巴巴的LOGO是一张笑脸,我希望每一个员工都是笑脸。"能够使员工做适合自己的,并且脸上每天还能洋溢着笑容的工作,这才是一个领导真正的用人智慧。

企业的发展在于领导用人的艺术

一个企业想要发展,除了领导起到关键的带头作用之外,另外一个重要因素就是员工。可以说,员工发挥的作用要比领导重要得多。如果一个企业只有领导在支撑着,肯定不会有很大的发展,毕竟一个人的力量是有限的。但是如果有一群能干的下属就不一样,情况立刻就会发生逆转。所以企业的发展在于领导的用人之道,用对人,则稳中前进,用错人,则后患无穷。

武侠小说大师金庸给马云的题词就是要像刘邦、刘备一样善用人才。马云说："必须依赖并关心员工。你的员工、你的团队是唯一能够改变一切的力量，员工是帮助你实现梦想的基础。"治人在于治心，马云非常欣赏的就是"西游团队"。他说："唐僧之所以成功，凭的就是有使命感，他代表着整个团队的价值观和发展方向。唐僧的思维其实很简单，就是取经，这是任何东西都改变不了的。也正因为如此，有唐僧在，这个团队就不会散，就有主心骨，就能一直朝着取经的方向前进。"这和《三国》中的刘备的理念是如出一辙，在用人方面二人也是类似。

最初刘备只是一介草民，最后成为蜀汉皇帝，靠的就是他的用人智慧，采用一种征服人心的手段，将自己的政治思想转变为一种领导方式。比如诸葛亮，刘备三顾茅庐以示自己求贤若渴的决心，而且用"天下太平"的愿望来打动诸葛亮，他的治心政策让诸葛亮"鞠躬尽瘁，死而后已"；再如刘备与关羽、张飞，三人正是由于共同的理想，才会在桃园结义，即使在以后打仗的过程之中，关羽、张飞犯下过错，刘备也是动之以情，晓之以理地进行劝服，使得二人死心塌地地跟着刘备打天下。

刘备如果没有用人之道，又如何会拥有如此多的能人异士？整个的企业发展离不开员工的努力，而员工的努力程度则依赖于领导是否会用人。马云说："我们在用人方面可以概括为三点。一是不从竞争对手中挖人，一个企业的价值观体现在点点滴滴上，我们公司从没有回扣；二是员工随时可以离开公司，我们公司永不留人；三是请进来的人要对他负责，来之前对他狠一点，来之后对他好一点。"

职场规条

　　马云是因为用人有道，才使得自己从优秀到卓越。但无论是哪一个领导，只要用对人，会用人，都可以完成"马云式的蜕变"。

不要过于相信下属的能力，以免"街亭失守"

每个领导都有自己最得力的下属，常常将一些重要的工作交给下属去做。人们常说："希望越大，失望就越大。"有时候就是因为对自己下属抱有太大的期望，反而得到的收益就越小。下属的能力也是有限的，不是什么工作都可以做，酌情分析，制定策略，才能最大的发挥下属的才能。

用人之道，彰显的是领导最重要的才能，也是领导在发挥管理者作用过程中必不可少的组成部分。能够正确认识下属的能力，才能使得"人尽其才，才尽其用"。如果只是一味地根据外表或者是私交，就将任务交给下属，必定会大失所望。合适的工作应该用合适的人才，下属的潜能才能得到最大的利用。

☕ 街亭失守，谁之过

领导用人不当，太相信下属的能力，定会导致决策失误，不能更好地做出战略部署。现在很多企业的领导，都不能正确认识下属的能力，殊不知这样的用人之道会给自己带来什么样的后果。

历史上也不乏用人失误的领导，诸葛亮挥泪斩马谡，不就是因为马谡失了街亭。很多人都会认为马谡只会纸上谈兵，真的作为将领打仗，反而不能发挥起作用，所以才会使街亭失守。可反过来想一下，是谁让马谡去守街亭的？又是谁太相信马谡领兵打仗的能力？如果要怪，也只能怪那个不能准确给下属定位的领导。

当时马谡爱好谈论军事，诸葛亮非常看重他，两人经常彻夜长谈。诸葛亮北伐兵出祁山，不听众人劝说，任命马谡为先锋，统领大军与魏将张郃大战于街亭。街亭处于易守难攻的位置，按照诸葛亮的安排，马谡只要将那一两万弓弩兵部署在高高的城墙上，就能有效地阻击张郃的骑兵。但是，马谡却自作主张，还不听副将王平之劝，他把军队驻扎在附近的一座山上。这样一来，山上蜀军的弩兵就射击不到大道上魏国的骑兵，魏军既可绕开蜀汉军直接从大道上继续前进，也可以将蜀汉军包围起来，围而不攻，通过断绝蜀汉军取水之地而使他们不战自乱。这样的部署无疑是加快了失去街亭的速度，果然，蜀汉军失去了最重要的一道防线。

街亭失守，的确一部分责任应该由马谡承担，都是由于他太自负，不懂得战略，才使得街亭失守。但是更大的责任应该由诸葛亮承担，是他用人不当，才导致马谡失街亭。当时在蜀汉军之中，不乏大将之才，比如魏延、马超、赵云，然而诸葛亮就是用了没有实战经验的马谡，酿成大错。而且刘备在临终之前曾说："马谡言过其实，不可大用。君其察之。"把一个不善于领兵打仗的人置于前线，本身就是领导用人上的错误，作为统帅的诸葛亮，有着不可推卸的责任。可见，街亭失守诸葛亮难辞其咎。

"智者千虑，必有一失；愚者千虑，必有一得"。作为领导，如果不能正确认识下属的能力，即使做出了最精密的战略部署，也一定有失算的时候；而有些领导虽然没有很大的才能，却能够看清下属的能力，就能正确运用其才能。居高位者，仅仅慧眼识才是不够的，还要会用才。

☕ 正确认识下属能力，做最会用才的领导

美国著名的管理学家杜拉克说："有效的管理者择人任事和升迁，都以一个人能做些什么为基础。所以，我的用人决定，不在于如何减少人的短处，而在于如何发挥人的长处。"如何实现人才资源的最佳配置，就是要正确认识下属的能力。其中下属的能力与其性格、经验都是相关的，如果领导在进行资源分配的过程中，忽略下属的性格，轻视下属的经验，勉强他们做不适合自己的事情，到最后，受挫的将是领导自己。

一个真正的人才，并不是能够把每件事情都干得好、样样都行的人，而是在某一方面能够做得特别出色的人。为什么有些企业会经营失败，就是因为领导不能知人善用，胡乱分配职责。比如让坐办公室的人去跑业务，让新进员工坐上经理的位置……资源得不到最大化的使用，又怎么会产生效益。正确认识下属的能力，不仅使每个员工都能尽其才，还能

为企业创造无限的价值。对下属能力的认识,最重要的体现就是能够合理分配其职位,合理安排其工作,做到会用善用。

美国玫琳凯化妆品公司创办人曾经讲过这样一个故事。她曾经有一位女秘书,这位秘书做事很谨慎,为人也很随和,大家都很喜欢她。但是有一点是,她已经到公司 4 个月了,却始终无法胜任秘书的工作。公司毕竟在她身上投入了那么多的时间和金钱,辞退了实在可惜。后来玫琳凯与她反复长谈了几次,发现这个秘书对数字比较敏感,更适合于财务方面的工作,于是玫琳凯就将这位秘书转到了财务部门。经过一段时间的观察,这位女秘书确实做财务比较好。

当领导在高估下属能力的情况下,将一些工作或者是任务交给下属时,首先对于下属来说,是一种压力,因为所做已经超出了自己的能力范围,能完成自然是万事大吉,但是完不成,必然会受到打击,而且认为自己在领导眼里一定是逊人一筹;其次对于领导来说,因为太相信下属的能力,所以对下属有很高的期望,然而一旦下属没有做到,立刻就会大失所望,认为自己看错人;最后对于企业而言,当下属能力在为企业创造效益低下时,损失的就不仅仅是个人,更是关系到企业的生死存亡。

李嘉诚在总结自己的用人心得时,曾说:"知人善任,大多数人都会有部分的长处,部分的短处,好像大象食量以斗计,蚁一小勺便足够。各尽所能、各得所需,以量才而用为原则。就如在战场上,每个战斗单位都有其作用,而主帅未必对每一种武器的操作都比士兵熟,但最重要的是首领应十分清楚每种武器所能发挥的作用……统帅只有明白整个局面,才能做出出色的领导和指挥下属,使他们充分发挥最大的长处以及取得最好的效果。"所以,领导不一定是最有能力的,却是最能够准确运用下属能力的人。领导用人估能力,才能最大发挥人才的作用。

职场规条

下属能力有限,潜力无限,领导权力有限,用人无限。正确认识下属的能力,使得下属尽其所用。

学会"众议"而"独决"，做"可爱的奸雄"

俗语说：三个臭皮匠顶个诸葛亮。又说：好汉难敌四手。意思是说做人不可太独断，要善于利用周围人的力量。尤其是在当今竞争激烈的形势下，作为领导者应该倾听下属的意见，多多了解下属的想法，才能使企业有所发展。但是另一方面，领导始终都是坐在企业的最高位置上，遥不可及，很多事情自己往往不能够作出精确的分析。有时下属的意见也只是参考一下，不可当真。最终的决定权还在于领导自己，但是在有助于企业发展的前提下，学会众议而独决，也是领导善于用人的一种表现。

☕自揽其权，独运其谋

优秀的领导都知道若想有一番作为，单凭自己的力量是不行的，一个人的能力毕竟有限。这就要求领导要多听取下属的意见，才能使企业有所发展。但有时候领导真的会听取下属的意见吗？其实，很多的时候，领导听取下属的意见只是表面功夫而已，可能是想与自己的意见作比较，以发现自己的不足之处。但更多的应该是人才利用和管理的一种表现，只有得到人心，才能赢取天下。

很多人都会认为这是领导一种"独裁"的表现，很不认可这种行为。但是领导应该认可这种行为，学会独决不一定会给企业的发展带来影响；听取下属的意见，也不一定能够进步。不如权衡再三，自己下决定。历史上有一位将"众议而独决"发挥到淋漓尽致的人，他就是曹操。曹操在人们眼中是"奸雄"，然而他却懂得如何赢取人心。在官渡之战中，他先是听取众人的意见，许攸献劫粮之计，这时"左右疑之"，曹操却敢于一搏，他力排众议亲自率领精兵奔袭乌巢。就当时情况来看，如果曹操不放手一搏，就只能坐以待毙。在攻乌巢战斗激烈之时，袁绍援兵来到，形势突变，胜败只在一念之间。曹操的部下开始慌乱，急劝曹操分兵抵挡。不料曹操勃然大怒，厉言"敌人到了背后再说"。由于主帅意志坚定，身先士卒，不前则亡的信念立即昭示部众，全军以一当十，终将乌巢攻破，杀死主将酒鬼淳于琼,烧掉袁军粮草,为最后消灭袁绍奠定了基础。

曹操如果优柔寡断,采取了众下属所提出的意见,一定不能消灭袁绍,又如何能实现统一。领导位高权重,听取下属意见固然是好,但有些事情一定要自己作出决定。清朝文学评论家毛宗岗是这样来形容曹操的:"孙权之兵事决于大都督,刘备之兵事决于军师,而唯曹操则自揽其权,而独运其谋。虽有众谋士以赞之,而裁断出诸臣之上,又非刘备、孙权比也。观其每运一计,其始必为众将之所未知,其后乃为众将之所叹服。"连唐太宗也说:"一将之智有余。"所以领导有时候就是要"自揽其权,独运其谋",像曹操一样做"可爱的奸雄"。

☕ 采百花而独决

虽然蜜蜂采百花而酿蜜,海纳百川而成海,但古人也说过,偏信则暗。领导们在海纳百川的同时,也要注意区分哪些是可取的,哪些是可去的,然后采百家之长,形成自己的思路。

一个优柔寡断只听不决的领导势必是要失败的。作为一个好领导要树立自己的威信就必须有独自决断的能力,如果事事靠谋士,那么这个领导做着还有什么意义呢?领导者即掌权者,古人说不在其位不谋其政,则在其位必谋其政。做领导就必须专断一些,否则一些不必要的错误就会发生。为帅者与为士者毕竟不是处在一个档次,为帅者看的是大局,谋的是全体;为士者看的是局部,谋的是个人。因此,作为一个领导在决策方面事必躬亲是必须的,更是必要的。

尹骁是一家公司的销售部经理,上级已将这一季度的销售任务下达:要比上一季度增长20%。这对于他来说无疑是一项巨大的挑战,但经过深思熟虑之后,他心里已经有了大致的框架。但是为了听取大家的意见,他还是召开了会议。在会议上,他说:"上级下达的任务比较重,各位有什么样的意见能够实现增长20%的销售额?"于是众人开始发表自己的意见,尹骁笑着一一接受。最后在实行销售战略的时候,尹骁还是自己做了决定,看似他把众人的意见听进去了,又似乎没有听进去。这就是领导的管理方式，组织众议却独决。众议而独决是领导用才的一种方式。领导需要依靠下属的力量来实现自己的企业梦，如果任何事都是自己作决定，反而会使人产生滥用职权的印象。所以领导需要"装着"听取下属的意见，自己心里更要有另一番打算。

领导要赢取人心，就必须学着众议；领导要果断，就必须学着独决。独决不是独裁，而是领导高明的用人之道。众议的时候，领导表面上是在听取下属的意见，其实是收拢人心，使人心向自己靠齐；独决的时候，恰能使领导最大地发挥自己的作用。作为领导，应该要学会众议而独决，才能利用人才，征服人心。

职场规条

商场如战场，学会众议而独决，做"奸雄"又何妨，能够唯才是用才是最重要的。

第四章

大将风采——勇往直前，敢想敢做

职权的威力是天生的也可以说是别人赋予的,但威望却要靠自己树立。上司最能让下属臣服的撒手锏就是超于常人的业务能力,而能对自己下属的工作风格了如指掌的上司能让办公室的办事效率得到更大的提高。三国时代为王的智慧在于,干大事不拘小节,能屈能伸,还要会用不同的方式管理约束不同的下属,何时对其放任,何时对其约束,对何人严格,对何人糊涂,何事追究到底,何事睁一只眼闭一只眼……

为自己的错误找个合适的理由——曹操挟天子以令诸侯

在人多是非多的办公室里,初来乍到的人难免会犯一些小错误,如此一来,被人误解和刁难的概率也会大大增加,然而对于这些刁难大家有必要忍气吞声吗? 为什么不找一个适当的理由,给自己减少一些不必要的麻烦? 也许会有人认为这是在推卸责任,其实不然,这样做的目的只不过是为了适当地保护自己不受伤害。

如果是我们的错,我们当然会敢于担当,但是如果错误的根本不在我们,我们也绝不含糊,因为大家谁都不容易,又何必互相为难对方呢? 所以,有必要为自己的错误找一个理由的时候,就不要再逞强硬撑下去,用自己的智慧把那些不必要的麻烦都踢开是一种明智的选择。

☕ 把"挟天子以令诸侯"美其名曰"奉天子以令下臣"

当初汉献帝先是被董卓劫到长安，后来又被王允和吕布劫走，之后又落到了李傕和郭汜的手里，后来李、郭二人内讧火拼，汉献帝又被迫仓皇东归，对此袁绍和曹操都表示了一定的关注，但是最终的反应却有些不同。

当时袁绍的某部将也表示过应该把汉献帝劫到邺城，以后可以达到"挟天子以令诸侯"的目的，但是被袁绍拒绝了。而曹操的某部将给出"奉迎天子都许"的建议之后，曹操就亲自赶赴洛阳朝见了汉献帝，并以洛阳无粮的借口把汉献帝接到了许昌，并改元为建安，而汉献帝也就此成为曹操手中的傀儡。

因为汉献帝在曹操手里，所以曹操无论是制服群雄还是招揽人才等，都可以打着天子的旗号，曹操"谁与争锋"的地位变得不可动摇。曹操想称帝的心路人皆知，但是他聪明地把自己的所作所为都压在汉献帝的身上，所以就算他有什么过分的行为也可以拿起"奉天子"的挡箭牌，为自己开解。如果把这种思维方式放在当今尔虞我诈的办公室里，也许大家就可以适当地保护自己了。

其实"挟天子以令诸侯"最早并不源于曹操，早在战国时期的齐桓公和晋文公都用过这样的伎俩，但是曹操却和他们的做法有所不同，因为尽管曹操有"挟天子以令诸侯"的称帝之心，但是他将此美其名曰"奉天子以令下臣"的正义之为。更何况他出于各种原因而并没有称帝，所以就算他劫持了天子、指挥了众臣，却依然可以用忠臣的名义自居。

由此也可以看出，在办公室里如果我们出了什么错误，也可以用一种出于大局考虑、未来集体利益等理论为自己争辩。但是大家应该注意的是，曹操的"挟天子以令诸侯"并不是盲目从之的，他用了很多的智慧在里面，曹操对于自己的举动考虑的相当全面，他考虑到全局的稳定，考虑到袁术等人的前车之鉴，也考虑到自己的忠臣形象，所以尽管曹操完全有称帝的条件也没有称帝。这也给大家提了一个醒，就是如果想在人际关系复杂的办公室里要些小聪明也需要适时、适地、适机,不能盲目行之。

☕ 给出你的理由

职场上大家听到最多的就是不要给自己的错误找理由,很多人会认为给自己找理由就是不负责任、不敢担当。其实很多事情都不能一概而论,为自己找理由不过是为了更好地保护自己而已,当然我们找的理由也要合情合理,要有绝对的说服力,而且找理由为自己开脱的前提是不涉及信任、责任等原则性的问题,还要记住,最好是偶尔为之,毕竟过多地为自己开脱会招致他人的非解与厌恶。

张山是公司的一名新员工,他的顶头上司是一个很刁钻、古板的人,这对于初来乍到的张山来说绝对是一个挑战,因为他必须每天去面对上司无理取闹的责难。但是张山的性格比较刚烈、好强,他当然受不了上司对自己恶劣的态度,所以他会尽自己最大的努力去做好自己分内的每一件事。除此之外张山还留意了上司平时不合情理的举动,以备不时之需,好巧妙地以子之矛攻子之盾。

总爱因为鸡毛蒜皮的小事而大发雷霆的上司又开始了他的新一轮攻击,原来是张山把公司让他寄出的邮件写错了地址,结果查无此人,邮件又被打了回来,耽误了一些工作上的进程。张山仔细地回想了一下细节,想起地址是上司亲自写在纸上给自己的,还好他还留着那张纸,于是张山出示了上司留给他的那张纸,并不卑不亢地说:"如果非要说是我的错也可以,错在我没有核实、确认一下您所提供信息的准确性,但是也希望下一次您能在给我提供了可靠信息而我却依然出错的时候,再不遗余力地批评我。还有,您总是喜欢放大别人的缺点而忽略别人的优点,所以您一直活在不开心之中,这样对您的身心健康很不利,希望您为自己的健康多考虑一下,谢谢您能耐心地听完我的讲话,我去好好工作了。"

张山的这一番话,让他上司的心里受到不小的震撼,其实这位上司也是从小员工一步一步爬上来的,所以他深知做一名员工的痛苦与无奈,并且很不喜欢大家的畏畏缩缩和逆来顺受。他颇为欣赏他这位下属不卑不亢的魄力,这让他想起了当年的自己,于是他欣然地接受了张山的建议,一改往日自己凶悍的臭脾气,并在以后的日子里和下属们打得火热,他们的业绩也开始节节高升,张山也成了他重用的人才。

职场上就是这样,充满了变数,你永远不知道自己的下一刻是什么状态,与其以畏缩胆怯的态度去躲藏,倒不如大方、勇敢、巧妙地为自己争取,只要你抓住要害就可以轻松地摆脱那些不必要的麻烦。

职场规条

用自己的智慧逃脱一些不必要的麻烦,保护自己是一件无可厚非的事情。

十八路英雄讨伐董卓各有用心

一间小小的办公室,也能算得上是小小的江湖,我们会遇到各种各样的人,要么吹嘘拍马,要么口蜜腹剑,要么搬弄是非等等,有时候这些人会弄得你措手不及,但是他们每个人都会先站在自己的立场上考虑,所以你也可以借此来对他们进行适当的反击。

十八路人马,十八条心

话说曹操在洛阳刺杀董卓未遂之后,又在陈留养精蓄锐、招兵买马,并在各地发出了讨伐董卓的檄文,此文一出就得到各地诸侯的响应。各路人马推举袁绍为盟主之后就率领各路人马浩浩荡荡地向洛阳杀去。

此时,由于各诸侯组成战线联盟,所以他们的军事力量远远在董卓之上,但是最后曾经歃血为盟要诛杀"董贼"的诸侯们,却眼睁睁地看着"董贼"安然无恙地逃出洛阳,而各诸侯之间却演变成了军阀混战的局面,这又是怎么回事呢?

通读三国的人都知道,结局最终会从各路英雄联盟讨伐董卓演变成各路英雄互相厮杀,主要原因就是因为十八路人马十八条心,各路诸侯只为自己的利益考虑而各怀鬼胎、人心不齐。由此可见,在风云叱咤的办公室里我们也可以利用每个人都只为自己利益考虑的心理,而帮助自己逃出困境,解决难题。

那么这些人究竟是哪些方面犯了迷糊呢?这些东西不仅可以成为我们破解别人围攻的要点,也可以成为我们的前车之鉴,以免我们在关键的时候犯不必要的错误。

1.济北相鲍信想争抢头号功劳,就暗中派他的弟弟鲍忠抢在孙坚之前攻取汜水关,谁料却使鲍忠丧身于此,这样一来就首先乱了十八路诸侯的阵脚。一般爱出风头、抢头功的人必定因为急功近利而粗心大意、破绽百出,所以,我们就可以抓住他的这一弱点而进行反击。

2.作为后援军队的袁术相当忌妒作为先锋在初战中获胜的孙坚,所以,他们的军事联盟还没有遭到敌人的挑拨离间就自己有"窝里斗"的倾向,不战而败的结局也就不在意料之外了。在办公室里出现各种因忌妒等原因造成的不和也是很常见的现象,所以我们可以利用这一点为自己找出路。

3.董卓逃出洛阳迁都长安之后,曹操本想趁机追去灭掉董贼,不料袁绍却按兵不动,曹操只能孤军奋战,最后带着中了埋伏的军队大败而回。曹操认为袁绍"不足与谋",就率领自己的军队下了扬州,曹操走后公孙瓒也率兵自行归去,联盟也就此走向分裂。敌人之中总会出现意见不和的时候,这个时候只要我们稍加动作就可以导致他们分裂。

4.孙坚攻下洛阳之后,得到了传国的玉玺,于是起了私心,急返江东,想自己称帝。袁绍当然不会给他这个机会,于是派刘表截击孙坚,刘、孙二人的恶战让双方就此结了怨。因为每个人都会抱有私心,所以彼此间的恩怨也就在所难免,这是他们的劣势,也就是我们的优势。

5.刘岱、乔瑁两路人马又因粮草之事而发生火拼。

6.因为各路诸侯的矛盾不断,恩怨四起,袁绍认为自己已经无法统率,就干脆自己率兵绝尘而去,十八路人马就此四分五裂,各诸侯间因城池之争的军阀混战也就接踵而来。古人云："射人先射马，擒贼先擒王。"一般只要占统帅地位的人先被降服了，下面的人就会军心涣散、溃不成军。

无论是在刀光剑影的战场上还是在无硝烟的办公室里，只要有人只从自己的利益出发，想乘机取利、勾心斗角，就必定不能形成统一的联盟。如果我们成了别人攻击的对象，那么就可以利用他们勾心斗角的心理，为自己寻找出路。如果我们的联盟攻击别人，就要注意彼此间的立场，不要让别人抓住要害。

☕ 你有计谋，我有对策

涉及职场上我们遇到的各种各样的人，大家又该做出什么样的具体对策呢？别急，你有计谋，我有对策，我们可以具体问题具体分析地把对方一一击破。

1.对付口蜜腹剑、笑里藏刀的人，不要和他翻脸，他笑，你可以笑得比他更灿烂，如果实在讨厌他也可以对他面无表情。如果他希望你能帮他做些什么，如果确定不是陷阱的话也可以考虑帮他一把，如果不能确定是否有诈，就笑着用一种轻松、无辜的方式推脱掉。尽量减少和这种人的接触，更不要单独接触以免受到威胁。

2.对付爱吹牛、拍马屁的人，尽量不要和他为敌，因为如果你与这种人为敌，他就难免会在领导面前煽风点火说你的不是，如果有机会，他们会把你当成向上爬的垫脚石。

3.对付尖酸刻薄的人，有必要和他们保持一定的距离，不要得罪他们，因为这种人天生伶牙俐齿、得理不饶人，如果让他们抓住死角，他们就会毫不留情地把你冷嘲热讽八百遍，让你颜面尽失。

4.对付挑拨离间、搬弄是非的人，除了防微杜渐、谨言慎行，就是和其他的人先建立战线联盟，以免遭到他的挑拨。

5.对付野心勃勃、自视清高的人，自己要有自己的风格和不卑不亢的本色，因为他们身上也有值得学习的地方，所以记得从他们身上学一些

実用的

実用的東西

实用的东西。

6.对付翻脸不认人的人,要给自己留好后路,因为这种人一般都是容易记仇且忘恩负义的小人,所以一旦他们翻脸就会置你于绝境之地,如果不给自己留条后路,就会被他们整得很惨。

除了这些之外,还会有很多稀奇古怪的人出现在办公室里,无论遇到哪种人,我们都能有对策应付他们。因为人心叵测,每个人都有自己的立场,所以,我们可以抓住其中的主要矛盾帮自己解围,正所谓"一物降一物",只要抓住重点和要害我们就能从容不迫地应对办公室里那些隐形的刀光剑影。

职场规条

> 世风日下,人心不古,如果不加防范它可以伤害我们,如果略加对策它也可以保护我们。

刘皇叔总是被视为上宾的秘诀

大家都知道,无论刘备走到哪里,都能得到上宾的礼遇,不要小看这样的礼遇,因为这是用智慧换来的,不是谁都能得到这样的礼遇,他能得到就说明他有自己的过人之处。而在小小的办公室里,你能不能像刘皇叔那样得到每个人的认可,让大家对你礼遇有加呢?

刘皇叔的智慧

尽管刘备是三国历史上的贤明仁君,但是到了近代很多人依然认为刘备是假仁假义、无能虚伪的君主,因为很多人"宁愿暴而真,不愿仁而假",刘皇叔真的有那么可恶吗? 难道当时那么多的文武百将就没有一个人能察觉出他是虚情假意,还依然对他恭敬有加,而让一千多年以后的我们来指出他有多么虚伪? 我们暂不去研究刘备是真的忘恩负义,还是假的真诚仁义、以德服人，他总能得到大家的上宾礼遇却也是不争的事实，刘备能让大家都围着他团团转，就自有他过人的智慧在其中操控。

最初刘备既无显赫的声名，又无人才兵马，难道就凭一个"汉室宗亲"的名号就能让张飞和关羽两位大将死心塌地的跟他闯荡天涯吗？当然不会，张飞和关羽看重的是刘备的个人气质和精神品质，刘备谦恭、仁义、坦荡、心态平和等特点，都足以让两位大将忠贞的跟随其左右，并把他视为难得的上宾。

刘备戎马一生、征战南北，过的一直都是颠沛流离的生活，投奔各地就更不在话下，但是每到一处都能得到对方的热情款待，并被待以上宾之礼，甚至连曹操也曾热情地款待过刘皇叔。因为刘备和公孙瓒是好友，所以刘备在落魄之际被公孙瓒收留，并得到热情的款待；后笑纳陶谦四千精兵，转投陶谦之后，不仅得到热情招待，还成了徐州之主；因为救过吕布一命，所以投奔吕布之后，吕布不仅否认了手下的规劝，还和刘备称兄道弟；后来刘备佯装归顺朝廷，和曹操一同在京中任官时同样受到曹操的优待，也许曹操有一种英雄惜英雄的感觉，所以还邀刘备青梅煮酒论英雄；因为刘备曾举荐过袁谭，还经常和袁绍组成联盟攻击袁术，所以刘备投奔袁绍父子的时候，也被以大礼相迎；孙权、刘璋等人也曾对刘备礼遇有加，总之刘备走到哪都能得到民众的拥戴。

除了刘备之前有意无意地做过的一些善举，到最后使他得到别人的礼遇之外，还有一些原因就是刘备用其自身所具有的一些品质征服了别人的心，才让别人把他视为上宾。其一，刘备有绝处逢生的乐观心态，遇事的从容镇定，这些都为他加了不少的印象分；其二，刘备能够不拘一格降人才，各路人才被他以义气、大将之言降服，这些又为他增添了不少的人气。其三，刘备知人善任、用人不疑，刘备不仅具有很高的战略眼光，知道谁才是真正的可用之才，把他们各置其位，各抒其才，而且还可以做到对下属的高度信任，李恢曾被诬告造反，但是刘备一句"明其不然"，就让李恢对他充满知遇之恩，并在此后死心塌地为他卖命，这些又让人佩服刘备的气量与明智。其四，刘备能够与兄弟们同甘共苦、生死与共。其五，刘备具有指点江山的豪情与霸气，这些都让人们对他的形象有了更明确的定位,别人对他上宾的礼遇也就理所当然了。

☕ 办公室里的刘皇叔

刘皇叔能够在落魄之时依然被待以上宾,不得不说与他的智慧有关,那么我们是否也可以从中稍加借鉴一些呢?

既然想要有刘皇叔这样的礼遇,那就要与办公室里的同事们搞好人际关系,这是最基本、最重要的条件。然后就要看自己的发挥了,首先是热情,如果别人对我们不冷不热,我们就很难对别人热情起来,更别提上宾礼遇了。同理,拿你的热情出来就可能得到更为热情的回应。如果你不是一个善于交际的人,不知道如何热情和人相处,那么就拿出你的真诚,只要对方感受到你的真诚,就不会对你有苛刻的要求,得到上宾礼遇也就不是一件那么难的事了。

在办公室里一定要注意自己的言行,不要以为自己什么都没说、什么都没做,别人就不了解你的秉性和为人,你的一言一行都是别人评价你为人处世的依据和标准,这也代表着别人在以后与你相处的时间里,会用什么样的态度、心态和方式对待你。刘皇叔之所以能独揽群才,就是因为他能让人看到他的贤德之处,让别人心甘情愿地跟随他征战南北,却又毫无怨言。

在办公室里也要有侠肝义胆,如果能帮到别人那就不要吝啬自己的几句解围的话,或者几句暖心的话,不要小看这些看似微不足道的举动,在别人处于困境的时候,它们就是最能深入人心的力量,也许你的几句解围或者暖心话就可以帮你渡过很多的难关。刘皇叔的一句“明其不然”,不就换来了李恢的忠心耿耿吗?

办公室就是一个小小的三国,还有很多的“道法”值得大家去参考学习,也需要大家用心地去经营,才不会一开场就被乱刀砍死,而当你的智慧能够恰当地发挥其中时,就不难在这个小小的三国里混得如鱼得水、风生水起。

能让众人都敬为上宾需要的不仅是能够以德服人的智慧,还需要指点江山的霸气。

欲除君侧宵人乱,须听朝中智士谋

无论是在鱼龙混杂的办公室,还是在纷乱复杂的社会上,总有一些人会给你劝言或建议,不要固执地一意孤行,不听忠劝。可能有些人是善意的忠劝,而有些人是恶意的挑拨离间,但是不能把所有的劝言都全盘否定。认真地去考虑意见的可行性,有些意见是值得你去借鉴和效仿的,如果不可一世地否定别人的意见,那么结果难免是自食恶果。

不听智士谋,则自食恶果

何进派人在河间暗杀了董后,然后又带她的灵柩回京,葬在了文陵。之后,何进就借口生病而足不出户。袁绍来见何进时说:"张让等人在对外宣扬是你杀了董后,现在我想和你谋划大事,如果不趁现在杀了那些宦官,日后必定会后患无穷。"窦武也曾经试图谋划杀了那些宦官,但是因为机密泄露,反而受了殃害。如今你的部下各个英勇,如果他们能够出力,那么事情就一定会在我们的掌控之中。而且现在是天助于你我,是不可失去的好机会。

于是何进就进谏了何后,请求太后杀了那些中涓,太后表示先帝刚归西就杀旧臣,实在是对宗庙制度的大不敬。何进是一个优柔寡断之人,听太后那么一说也就没再说什么,尽管袁绍一再劝说,但是何进也迟迟没拿定主意。不久这消息传到了那些宦官的耳朵里,于是他们纷纷贿赂何太后的弟弟何苗,希望他能够进言何太后阻止何进的行为。

袁绍见众人采取了行动,于是又建议召集天下英豪,并向洛阳进发以威胁何太后,何进也同意了这个计划。但是主簿陈琳则表示反对,他说如今何进有皇家的威望和兵权,对付这些宦官简直就是用炉火去烧毛发那样易如反掌。只要何进当机立断,迅速发动号令,目的就可以达到,为什么放着手中的权力不用,而去求助外援。等到对方的各路大军都聚集时,他们便可以称雄了。如此一来,不仅不能成功,还可能会酿成大祸。但是何进不听这位朝中智士的忠言,还认为他这是懦夫所为。

当时身任典军校尉的曹操也说,对付这些宦官只需要除去他们的元凶首恶就可以了,何必召集各地的部队呢,如果想把他们一网打尽,事情一定会有暴露,这么做一定会失败。何进不听曹操的意见,而是连夜向各地发了密召。何进这样不听朝中智士的劝言,一意孤行,到最后被张让等宦官联合杀死。

☕ 智士之言勿不听

对于办公室里的是是非非,也许还有很多不是你能看透的,如果此时有人对你进言,不要轻信也不要不信,考虑一下其可行性。如果是绝对的可信之人,那就认真地和他分析一下事情发生的多种可能性,以及如何应对的策略。如果进言的人不熟,就不要轻信,但是要考虑一下他的话里是否藏有什么玄机,不要放过任何一种可能性。如果别人对你的劝说不涉及其他人的利益,完全是出于对你的关心,那么就不要完全否定,如果是智士之言就更不能不听。

不要以为办公室里没有什么智士,任何人的背后都可能隐藏着别人看不到的智慧,也许他的建议并不那么吸引你,也不合你的心意,但是一旦错失良言就可能会酿成大祸。如果需要对付一个极有心计的人,就更不要对自己的能力太过自信,你再聪明都斗不过别人的狡诈与恶毒,所以这个时候就更应该多听一下智者的劝言,否则即使不至于落得像何进那样丢了性命的下场,但也难免遭到小人的暗算。

如果你是初出茅庐者,就更不要眼高手低、心高气傲,多听一下老员工的建议是不会有错的，而采纳不采纳就看你分辨是非的能力了。在人多口杂的办公室里，如果有人劝你管住自己的嘴，那就不要再肆意地去谈论自己，更不要不知好歹地议论别人，因为在办公室里一旦陷入鸡毛蒜皮的口舌之争中，就很难纠缠得清楚。

职场规条

在人多口杂的办公室里，智者的劝言是绝对有必要参考和借鉴的，如果弃之不听，就先想一下那么做可能会出现的后果。

会低头的领导——刘备哭出来的江山

做领导的人自有做领导的智慧，而他们的智慧之一就是该低头时就低头，这并不是所有的人都能做到的，也需要一定的气量和风度。就像爱哭的刘备，很多人认为刘备的江山是哭出来的，动不动就拿眼泪说事，其实我们不如理解为刘备是一个会低头办事的领导，这也是一种智慧，因为他最终达到了自己想要的目的。

☕ 用眼泪动之以情

当刘备以一个领导人的身份流泪时，我们会感受到他的仁义与感情，而他也正是用这种独特的方式征服了不少人的心，最为典型的是刘备三度落泪留徐庶。

徐庶是刘备的军师之一，是个难得的英勇果断的人才，而且曾多次施计打败了曹操的大军。不料曹操把徐庶的母亲抓进了曹营，并以假信诱骗徐庶离开刘备效劳自己，并以它的母亲作为威胁。而很重视孝道的徐庶无奈只好前往曹营，以免母亲因为自己而遭遇不测。刘备一听徐庶要走很想挽留，但是知道徐庶不可能让自己的母亲在那里受罪，所以看到徐庶极力要走就随即答应，谁知徐庶还非要当下就走，但是重感情的刘备舍不得自己的爱将就这么离开自己，所以忍不住放声大哭起来，让徐庶也是感动不已，答应再留一夜，次日再走。

夜间刘备又准备了酒席款待徐庶，并且表示徐庶一走，自己就像少了左右手，两人因为不舍而相对落泪直到天亮。第二天，刘备与徐庶并马出城，刘备送了一站又一站都不舍得与徐庶告别，最后送至长亭时，在徐庶的劝说下刘备才终于决定就此一别。刘备举起酒杯说自己的缘分浅薄，不能与徐庶再次相聚，希望徐庶能够善事新主，以成功名。

刘备所说的新主就是他的主要政治和军事对手，一个人为了成全朋友的孝情，而放手让他去与敌人为伍并服务于敌人与自己作对，这又怎么不让徐庶感动。因为如果换了别人完全可能会出于"不为我用的人，也不能便宜了对方"的心理而杀掉徐庶。刘备的这一低头之举换来的当然就是徐庶"身在曹营，心在汉"的结果，徐庶是个有情有义的人，他绝对不会背叛一个成全了自己孝情的人。身在曹营的徐庶在随曹操下江南时，尽管预料到了火烧赤壁的前景，明知自己也会受到危险，但他没有说破孔明、周瑜和庞统的计谋，只是借口离开作罢。

刘备就是这样用自己的眼泪，动之以情，这也是他低头行事的智谋之一，那么在人心复杂的办公室里，我们要做到的就是该低头时就低头，这样做会给双方一个很大的空间和余地，很多事情就会变得简单了。

☕ 低头的智慧

无论大家处于什么样的生活状态，低头都是一种智慧，在办公室这样一个特殊的环境中，作为一个领导只有学会了低头，才能够让员工更加拼命地为自己卖力。没有一个人会愿意为高傲自大的领导而拼死拼活地工作，而当一个领导能够低头，就很容易对员工动之以情，晓之以理，那么工作也就自然不是什么大问题了。其实很多的员工还都是很善良很容易被打动的，只要领导稍微低下头，丢掉自己的架子，就会发现员工们并不是自己想象中的那么无能与难以接触。

富兰克林之所以把"记得低头"作为自己毕生为人处世的座右铭，就是因为他年轻气盛时，抬头挺胸而把头狠狠地撞在了门框上，出来迎接他的前辈告诉他："这是你今天拜访我的最大收获。要想平安无事地活在这世上，你就必须时时记得低头。"富兰克林谨记这句哲理性的话，最终得以功成名就。

需要强调的是，我们所说的低头，并不是"人在屋檐下，不得不低头"的委曲求全和忍辱负重，而是"退一步海阔天空"、"小不忍则乱大谋"的清平智慧、博大心胸。低头是一种智慧，是一种主动而不是被动，低头并不代表失败，而是一种弹性的生存方式，是一种生活艺术，正所谓"大丈夫能屈能伸"。

所以，作为一个领导，向属下低头并不是一件很丢脸的事，相反它可以让员工看到作为一个领导的心胸与气量，会让员工从心里愿意去服从领导的指示与安排，这才是最重要的东西。在办公室里，无论我们作为普通的员工还是领导，只要大家都能在该低头时就低头，那么办公室里的气氛就会马上变得和谐、温暖起来，不仅有利于大家的工作，也利于大家人际关系的处理，是件两全其美的事情。

职场规条

低头，"低出来"的是气量和胸怀，"赢过来"的是身前身后名，"赚回来"的是计谋与成功。

能臣还是奸雄只能选其一

成为什么样的人物，是个人能力所左右的，但是处于什么样的外界环境就要靠个人的运气了。在人才济济的办公室里你是做才华横溢的能臣，还是做狡诈圆滑的奸雄，有时候并不是你自己所能决定的，很多人会迫于现实的无奈放弃被众人敬仰的能臣而违心地选择当一个被人质疑、被人骂的奸雄。"鱼我所欲也,熊掌亦我所欲也,二者不可得兼,舍鱼而取熊掌者也。"是做能臣还是当奸雄只能选其一,但是无论做哪种人,一个重要的前提就是你必须有指点江山的能力和气魄。

☕ 曹操的选择

当京剧舞台上白脸的曹操高唱"世人笑我奸,我笑世人偏。为人少机变,富贵怎双全"的时候,我们应该理解当初曹操的选择。他并不是不想做能臣,只是时事逼人,曹操身为奸雄也是历史的必然,但是无可否认的是他的才情和智勇使他毋庸置疑地成为"治世之能臣,乱世之奸雄"。

话说当年董卓当权,横行天下、败坏纲纪。那时还年轻的曹操是一个不折不扣的小愤青,愤世嫉俗的他曾在风高夜黑的晚上身带"七星宝刀",单枪匹马地前往行刺董贼,勇气不输给荆轲,只是后来行刺失败,有勇有谋的曹操为了不引起董卓的怀疑而随机应变地把宝刀献给了董贼。

其实如果不是身处乱世曹操定是不可多得的能臣,然而当时气数已尽的汉朝,在朋党、外戚、宦官等争权夺势之下日渐衰败。这时出现一个强有力的人来收拾残局是必然的事,曹操的巧取豪夺和横冲直闯也就变得无可厚非,而被前朝的百姓和忠臣们说成是"汉贼"、"乱臣"也就在所难免。谁让他曹操有翻手为云覆手为雨的能力呢?"破黄巾,灭袁绍,平袁术,诛吕布,败张鲁,收刘表。挟天子以令诸侯",这种高明的政治和军事手段不是谁都有的,而能够咏出"山不厌高,海不厌深。周公吐哺,天下归心"这样诗句的人,也必是胸襟开阔的人才能有的浪漫情怀。

以曹操的能力与情怀做个能臣绝对是不在话下的事,可是曹操的运气不佳,他遇到了乱世,而且是与他的"姓"不同的天下乱世,所以这残局若让刘备来收拾就是理所当然的"正道",而让他姓曹的来收拾就是千夫所指的"叛臣"。其实,一开始曹操是想做一个能臣,他曾杀一儆百地用五色棒打死公然违禁者,从此"京师敛迹,莫敢犯者",曹操也因此名震朝野。

曹操在为官的十几年里，一直做出种种努力想扭转时局，但无济于事。对于江河日下的东汉王朝来说，曹操的努力只不过是杯水车薪，他清楚地看出，天下大乱之势已不可逆转，东汉王朝已经病入膏肓、无可救药。即便是天下不乱，朝廷和官场的腐朽也是容不下他这样的"治世之能臣"的。曹操就此不得不重新思考自己的人生道路，既然治世的能臣做不了，那就当人人指责的奸雄好了，奸雄就是能而不忠的臣子，但未必不比能臣更过瘾。

你是办公室里的能臣还是奸雄

在诡谲多变、风卷残云的办公室里，无论是出现能而又忠的能臣，还是能而不忠的奸臣，他们的一个共同点就是他们的"能"，一个人必须要有相当的能力才有资格算得上是能臣或者奸雄。但是能臣与奸雄只能择其之一，没有人可以做到既忠厚又奸诈。

所谓能臣可以有很多种际遇，如果能臣在对的时间遇到对的老板，他的能力被无限地发掘运用，那么放眼望去即是大好的前程、锦绣的未来，能臣忠厚就可以被认为是理所当然的了，如果出现背叛难免被人认为是奸雄；如果能臣在对的时间遇到错的老板，尽管他的能力在顺应历史的大潮之下被开发锻炼，但是很可能会被糊涂的老板埋没了自己的才华，此时他选择在学会了各种技能之后自立门户也无可厚非，就算当了奸雄也不一定是坏事，他不当也总有人会去当；如果能臣在错的时间遇到对的老板，他的能力在老板的开明之下被一点点地挖掘出来，如果在羽毛渐满后依然跟随伯乐当然会被认为是能臣，如果就此分道扬镳，奸雄的帽子扣到他的头上也是必然的事情；如果能臣在错的时间遇到错的老板，那么还没来得及展示一下自己的才华就被打压下去，估计也没有几个人愿意继续把自己的能臣身份坚持下去，也许到时候就是人人争当奸雄了。

如此看来，做办公室里的能臣或者奸雄并非完全可以依照自己的意愿，外界的环境会对每个人的选择有很大的影响，有些能臣的身份未必就是每个人都能消受得起的，而有些奸雄却也可以当得理所当然。你是办公室里的能臣还是奸雄？无论最后自己终会作出什么样选择，可以肯定的是你的能力已经被锻炼出来了。

留得青山在，不愁没柴烧——孙坚金蝉脱壳

在当今竞争激烈的职场，会出现一系列诸如人员调整、业务重组等工作上的难题和人心巨测、勾心斗角等人际关系难题，这些难题都是诡异多变的，我们一个不小心就会把自己置身于风生水起的斗争之中。那么在我们学着如何去规避风险，稳中求进的情况下，也要学着如何更好地去面对人生的低谷与逆境，因为尽管这些不幸突如其来且会让我们陷入一阵慌乱与狼狈之中，但是如果能把它搞定，我们就有了重组一切的力量。而我们又该如何去面对人生的那些低谷，让自己在逆境中生存壮大呢？记住留得青山在，不愁没柴烧。不要冲动地耗尽自己的能量，保留一定的实力以便东山再起。

金蝉脱壳，保住你的青山

董卓废杀少帝，擅自拥立了汉献帝，并自己专制朝政，他的这一举动引起了各路英雄的共愤。不久之后，各地英雄推举袁绍为盟主一起联盟讨伐董卓，而长沙太守孙坚被任命为讨伐董卓联军的先锋。

孙坚率军在汜水一战旗开得胜，初战告捷的孙坚把部队屯扎在梁东，一边进行休息调整，一边派人向袁绍报捷并向联军的粮草官袁术处催粮，袁术志大才疏且忌妒贤能之人，见孙坚派人来催粮，了解袁术的部下就向袁术献策说："孙坚乃江东猛虎，若攻破洛阳，杀了董卓，犹如除狼

而得虎。今不发粮草给他，其军必败。"这一建议正中袁术下怀，所以袁术为了让孙坚因粮草不足而战败，故意拖延时间不发粮草。而敌军探听到这一消息后就决定夜袭孙坚的军营。

当敌军兵分两路杀入敌军后，孙坚的部队被打得措手不及，最后孙坚与少数部将冲出重围，纵马而逃，而敌军的兵马则是穷追不舍。由于孙坚头戴醒目的红头巾，所以敌军能一眼确定孙坚的位置，情急之中孙坚的部将用自己的头盔和孙坚的红头巾互换，然后两人兵分两路逃走。

孙坚就是利用这种金蝉脱壳的方法摆脱了敌人，而在现实生活中，在是非不断的办公室里，我们也可以用类似的方法迷惑对方，用摆脱、转移或撤离的分身之术来保住自己的实力，先留住青山，烧柴的事以后从长计议。

☕ 你有几座"青山"可依

在当今风生水起，诡谲多变的职场上，无论我们多么的出色，多么的谨小慎微，都很难预料和抵御外界的各种环境变化，职场上的各类问题，甚至是好像跟自己毫无瓜葛的政治斗争或个人斗争都可能把我们卷入深不可测的旋涡。在遇到那种虽算不上是命运多舛，但是也说得上是多事之秋的坎坷经历之时，我们是否深知应该如何做到"留得青山在"？有人曾说看其是否是真英雄，不要看他有多么的叱咤风云、风光无限，而要看他败走麦城、身陷绝境的时候是怎样的状态。正所谓"逆境中方显英雄本色"，看他是否留得住青山，看他究竟有几座"青山"可依？

谁都知道"留得青山在，不愁没柴烧"。但却没有几个人能够真正地理解其中的内涵，更没有几个人能达到那种洒脱不羁的境界，甚至还会有人不明白究竟什么才是他的青山。其实，所谓的青山并不一定就是你认识哪个把握大权的领导，也不是你有什么背景深厚的亲戚，更不是你有大把能使鬼推磨的金钱。真正的青山是你健康的身体、良好的心态、暖心的人情和自身的能力，其他的功名利禄都是过眼云烟的身外之物，看似有光鲜亮丽的外表，却未必就能在你需要的时候救你于水深火热之中,倒是极有可能置你于万劫不复的境地。

大家都知道身体是"革命"的本钱,却总能听到谁谁英年早逝的噩耗,生者唏嘘之余,警醒了几天后又开始我行我素地透支"革命"的本钱。如果此时你深陷"虎落平阳被犬欺"的人生低谷,不先保住东山再起的资本,怎么能够养精蓄锐、蓄势待发地"革命"一场,怎么能等到拨开云雾见月明的那一天?

当保住"革命"的本钱之后,"革命"的姿态则靠个人的心态来支持和拥护了,一个人的心态是良好还是恶劣直接影响到"革命"的效果。"革命"究竟是以兵荒马乱、军心不定的姿态展示,还是以千军万马、势不可当的姿态示人,就要看"革命者"有什么样的心态了。心态平和的人,可以从容不迫地应对一切变幻,尘埃落定后静看天高云淡,他们不是安于现状,只是静观其变。

人在郁郁不得志的时候,温暖的人情就会成为你精神支撑的最大力量,除了真正关心你的亲情和友情之外,不要小看办公室里的人情,大多数的转机就来自这些旧日的人脉人情。不要忽视办公室里的任何一个人,每一个看似不起眼的小人物都有可能在你需要的时候拉你一把。

我们"革命"的武器就是能够让我们安身立命的自身能力,若想在社会上有自己的安身立足之地,自己就必须有点别人不及的能耐,这是"革命"的主力也是"革命"的根据地。办公室是藏龙卧虎的地方,每个人的背后都有隐形的光环,所以多留意你职场上的同事、同行甚至是敌人,他们每个人的身上都有值得你学习的东西。

以上的几个方面,都可以成为我们日后拾柴烧的青山,所以不要忽略任何一个看似微不足道的方面,只有保得住这些可以依赖的青山,才能打得赢翻身做主人的仗。

职场规条

保住了青山,就保住了养精蓄锐、蓄势待发的力量,而问题的关键是要分得清究竟什么才是你可以托付的青山。

胜者为王，奸雄又何妨

有人说奸雄就是奸诈的英雄，尽管奸诈但也不失为英雄，其实做人的最高境界也就是心安理得地为自己做事，尽管这可能会得罪天下人。而做奸雄的最高境界则是：别人明知为其做事难上加难，却依然不辞辛苦地为其效劳。殊不知谁高呼一声：不做英雄，奸雄有何妨，与天下人为敌，夫复何求！胜者为王，纵是奸雄你又奈我何？

☕ 治世之能臣，乱世之奸雄

曹操小的时候任性放纵，不务正业，被史书上称为是"任侠放荡，不治行业"。但放荡的曹操却是一个有权术、有城府、有心计的人，是出了名的人精，但是他的人品一般，当时很多人并没有把他放在眼里。而随着历史的发展，曹操不再是当年那样"不治行业"的放荡任侠了，他变成了"治天下"的魏武王。

当初认为曹操有潜力"治天下"的人并不多，太尉乔玄则是一个，有一次乔太尉碰到曹操后对他说："天下大乱，能安世者，其在君乎！"估计这几句话是曹操听到过的别人对自己的最高评价，所以曹操听到后激动不已，更何况这句话出自太尉之口。桥太尉还建议曹操多结识一些当时的名人，以提高自己的名声，而他向曹操推荐的名人则是许子将。

尽管乔玄独具慧眼，在曹操还是街头混混的时候就看出他是安世英才，但是他却忽略了一个问题就是自命清高的许子将鄙视曹操的为人，所以他是不屑于与曹操这样的人做朋友的。许子将是当时的一个文化名人，他喜欢和别人评品时事地评论"乡党人物"，而曹操就是他们经常评论的"乡党人物"之一，所以尽管他们从未有过实质性的交往，但那时许子将对于曹操的为人已了如指掌，他自言"鄙其为人"，所以自是不会与曹操做朋友的。

而还沉浸在"安世英才"兴奋里的曹操当然不知道许子将对他的态度，于是他每天在许子将的家门口或者是必经的桥头耐着性子等许子将出现，有一次终于等到了许子将，而许子将则不留情面地表示自己是不会与曹操做朋友的，没想到曹操一急居然用武力劫持了许子将，曹操质问许子将为什么不和自己做朋友，自己在他眼里究竟是什么人？而许子将则鄙视地对曹操说："子，治世之能臣，乱世之奸雄！"而听了这样的评价之后，曹操则大喜而去。

很多人不明白别人骂他是乱世奸雄之后，他却为何要大喜而去，其实这也是曹操的真性情的一面。很多人都有当奸雄的心理阴暗面，只是一般人不敢道破而已，更不会在别人揭穿了自己的阴暗心理之后还大喜，曹操之所以能够在听到这样的评价之后还大喜，第一是因为他的坦荡，第二是因为他的能力得到了他认为重要之人的肯定。因为奸雄不是谁都当得起的，所以如果有人认为你有安天下的能力，当然是对你能力极大的肯定，至于究竟是忠还是奸，那又是再论的事了。如果能做一个像曹操那样既能乱世，也能治世的"奸雄"又何妨呢？

☕ "奸雄"要当的有底气

纵观历史，奸雄、枭雄辈出，其中有些人本身就是乱世的罪魁祸首，有的喜欢在国家和百姓的伤口上撒点盐，要不然就杀个人、放点火，或者趁火打个劫，浑水摸个鱼什么的。总之，他们的横空出世就是为了把百姓的生活搞得一塌糊涂，把大好的江山搞得支离破碎，这样的奸雄当然会招致万古的骂名。而像曹操那种既能乱世又能治世的奸雄，因为有治世的资本，所以奸雄当得也是底气十足，赢得世人的几分敬仰和爱戴当然不在话下。

可见，奸雄并不是那么好当的。胜者为王，做个奸雄又何妨？但是，奸雄要当的有安民于乱世的心胸，有指点江山的气魄，有让人既恨又爱的可爱之处，只有这样你才有底气面对江东父老。而在办公室这样的小天下里，如果你迫不得已做了奸雄，那么就努力把自己打造成一个有心胸、有气魄、有可爱之处的"奸诈的英雄"；毕竟只会乱世而不会治世的奸雄也不是谁都当得起的，不仅底气不足，而且需要付出惨重的代价。

当你有底气地高呼一声"奸雄又何妨"的时候，是需要以一个胜利者的姿态来说的，一个败者为寇的人没有资格也没有底气把这句话说出声情并茂、豪情四海的味道。而想做好一个办公室里的奸雄并不容易，因为无论是办公室的人情还是世故都有一定的空间性、局限性，所以，在办公室里做好奸诈容易，但做好奸诈的英雄却难。

正是因为做好办公室里奸诈的英雄不易，所以它更能锻炼一个人的素质与能力，不仅需要有一定的奸诈与圆滑，还需要有不羁的个性，有"恰同学少年"的轻狂，有天高任鸟飞的心胸，有指点江山的气魄。这样的奸雄才当得有味道、有底气、有让人爱恨交加的气场。

职场规条

把奸雄当出气魄，当出底气来，也是一种能耐。如果客观条件不能让你成为能臣，那么做个气压群雄的奸雄未必不是好的选择。

善于借用他人的智慧——刘备请诸葛亮出山

在现代职场里，如果想让自己的团队得到最大程度的发展，就要学会如何用人，如何借用他人的智慧来成就自己的大事。借用他人的智慧本身就是一种智慧，因为这样可以让我们达到事半功倍的效果。当年刘皇叔三请诸葛亮为的是什么，为的就是借用诸葛亮的智慧去完成自己得天下的大事。

刘备的智慧

很多人认为刘备是一个无能之辈，只会没完没了地投靠别人，后来居然也能混个皇帝当当，实在是不可思议。其实，非也！刘备绝对算得上是三国年代里最具实力的三人之一，最具实力的另外两人估计大家都知道，也就是曹操和孙权。三人除了自身的优势之外，曹操占的是天时之势，孙权占的是地利之势，而刘备占的则是人和之势。何谓人和？也就是刘备的和人之道，他有能力让各具才华的人都心甘情愿地效劳于他得天下的大计，这就是他的能力，这就是他是智慧。

刘备三请诸葛亮出山，虽为君臣关系，但是他们并不能排除相互利用的嫌疑。因为刘备请诸葛亮出山的目的是为了让他帮助自己成就帝王之业，而诸葛亮随刘备一起出山，则是因为他也希望自己成为留名千古有所作为的丞相。所以，也可以说他们是相互利用了对方的智慧来完成自己的心愿。

刘备未请诸葛亮出山之前，虽然有张飞、关羽、赵云等勇将，但是苦于无善用之人把他们的胆识和才华发挥出来，尽管有刘备对他们的赏识，但是作战时无运筹帷幄之人点拨就显得有勇无谋。而诸葛亮这个旷世奇才的出现不仅用活了刘备手下的一批人才，还征服了更多的有才之人为他所用。也就是说刘备之前的手下多是实干型的人才，但是如果没有智慧型的人对他们进行调度与发掘，他们的才能就不能得到充分的发挥，甚者可能会被埋没。

刘备的智慧就是借用诸葛亮的智慧把实干型的人才都一一调度、发掘出来，使自己团队的力量得到最大限度的发挥。刘备的这种智慧不仅适用于古战场上，也适用于当今的职场、商场等，不要小看一个小小的办公室，每一个不起眼的人都可能会是隐藏的龙、浅卧的虎。用你的智慧去发现他们的存在，然后为己所用。

你的智慧就是借用他人智慧

职场上，如果作为一个领导人，只知道让员工和自己都埋头苦干，或者认为只有这样一步一个脚印地踏实苦干才能获得成功，而其他所谓的计谋、策略都是胡扯，那么应该不难发现自己的工作模式并不能给工作带来明显的效率与成果。虽然这样的做法无可厚非，但也应该考虑一下自己是否应该重新审视自己的工作思路。

我们的工作当然少不了踏实苦干的人，但是如果有人有办法让我们的工作完成起更加的轻松，甚至有事半功倍的效果，那么我们也不妨一试。能够踏实苦干的人也就是实干型的人才，这种人有战略目标但是没有战略方向，所以尽管有他们的协助但是工作的进程还是会有一定的局限性。能够事半功倍的人也就是智慧型的人才，这种人有极清晰的战略目标也有清晰的战略方向，只有他给出正确的战略目标，实干型的人才才能在他的指引之下走得更远。

职场上，想要做一个有所作为的人，就要先找到这种智慧型人才，并借用他们的智慧来实现自己的目标和计划。而在小小的办公室里，遇到什么难题的时候，如果可以发挥集体的智慧和力量，可能就会有意想不到的惊喜发生。我们不仅要学会借用别人的智慧来弥补自己的不足，成就自己的大事，还要学会把别人的智慧转化为自己的智慧。古人云："下君之策尽己之力，中君之策尽人之力，上君之策尽人之智。"我们当然愿意在职场上借他人之智博出一点一劳永逸的效果，尽管不会到达一劳永逸的效果，但是换来事半功倍的结果却是绝对有可能的事情。

职场规条

借用他人的智慧为己所用本身也是自己的一种智慧，因为我们的智慧开发点就是如何把别人的智慧为己所用。

曹操嫁祸粮草官，稳定军心

听到嫁祸二字，大家马上联想到的估计就是狠心恶毒、推卸责任等，而战场之上的嫁祸于人时有发生，更有人嫁祸的不是敌人而是自己人。想当年曹操就嫁祸过别人，为的是稳定军心。那么大家有没有遇见过办公室里的嫁祸事件，在办公室里我们不去嫁祸别人，但是要小心别人的嫁祸,毕竟明枪易躲,暗箭难防。

看曹操如何嫁祸于人

当年曹操有十几万大军,可知每日消耗的粮草量有多大,而又赶上了诸郡连年的饥荒干旱,所以曹军的军粮确实有些接济不上。曹操本想速战速决,谁料对方玩的就是持久战,对方一直闭门不战,而曹操的军粮也就在慢慢地耗尽。一个多月下来粮食耗尽之后,曹操写信给孙策求救,尽管借来了十万斛粮食,但是对于人数如此多的军队来说,还是有点杯水车薪的感觉。

有一天粮草官王垕前来告急,问曹操现在兵多粮少应该怎么办?而曹操却说用小斛分发军粮给大家,先解一下燃眉之急。王垕表示如果士兵们怪怨起来怎么办,曹操却说这个他自有办法,不需要王垕操心。

王垕回去后就按照曹操的指示用小斛分发军粮给士兵们,而奸诈的曹操又暗中派人去各营寨去打探风声,各营寨果然是叫苦连天、怨声载道,大家都怀疑是不是丞相骗了大家。于是曹操就密召了王垕,狡诈的曹操说想借王垕一点东西,只有这样才可以平息众怒,希望王垕不要拒绝。单纯的王垕好奇又纳闷,不知自己究竟有什么东西可以帮丞相平息众怒,却不料曹操说是王垕的项上人头。

王垕大惊失色地为自己争辩,军中无粮也不是自己的错,自己实在是无辜。但是曹操却表示尽管他知道王垕无罪,但是如果不杀掉王垕就无法平息众怒。不等王垕申辩,曹操就命人将王垕拉出去就地处斩,然后把王垕的头悬挂在旗杆上示众,并贴出告示说王垕故意用小斛散发粮米,盗窃官粮,谨按军法,斩头示众。经过此番折腾,怨声也就此平息。

曹操因自己的决策失误,引来众人的激怒,却又阴险地把自己的过错嫁祸到粮草官的身上以平息众怒。曹操这样做不仅暂时解决了因粮草不足而引起的众怒,而且稳定了军心。因为曹操把粮草官王垕处死后,不仅把自己的过错嫁祸到他的身上,而且还起到了杀鸡给猴看的效果,让那些怨声载道的官兵们都不敢再有怨言。如此一来,他的嫁祸于人就起到了一箭双雕的效果。

☕ 防人嫁祸

在人心叵测的办公室里，不要以为我们不去嫁祸别人就万事大吉了，不是每个人都如你所想的那么单纯、善良，不要以为你和谁的关系都很好，就不会有人嫁祸于你。亲兄弟还有互相残杀的，更何况你一个无关紧要的外人！

所以，在风云善变的办公室里，害人之心不可有，但是防人之心也不可无。不要太相信自己的眼睛，当真的有人把黑锅嫁祸到你头上的时候，你眼睛里的每个人都会表现得非常无辜。而嫁祸到你头上的黑锅却可以把你置于万劫不复的深渊，让你再无出头之日，这想想都是一件很可怕的事情。

至于我们应该怎么去预防别人的嫁祸，当然不会有什么制胜的法宝，因为没人会把自己嫁祸于你的事情写在脸上。但是也不是说我们就无法避免这种事情的发生，毕竟人心都是肉长的，只要你平时多留心自己和别人的言行举止，就会总结出一些为人处世的经验。无论是工作中还是工作外，多留心注意观察哪些人是真诚坦率的，哪些人是虚情假意的，哪些人是值得信任的，哪些人是不能靠近的。

平时多注意自己的言行举止，不要过度地暴露自己的缺陷让别人抓住你的要害；记得真诚待人，毕竟人心都是肉长的，如果你够真诚坦率，就算阻止不了别人的恶意，也会使他产生更多的顾虑；如果发现了他的嫁祸行为，不要急于揭穿他，给自己足够的时间去思考接下来可能会发生的一切后果；如果你与嫁祸之人都心照不宣的知道对方的心理，那么尽量给对方一种假象，然后给他一个措手不及的反击。

职场规条

嫁祸一事不要小觑，不去做，却不得不防。人心叵测的办公室会教你很多的防身之术。

先发制人——司马懿出兵破孟达

　　所谓的"先发制人"也就是要有"出其不意，攻其不备，一招中的，不容还击"的效果，这种先发制人的策略无论是在战场还是在官场都屡见不鲜。当年李世民的"玄武门之变"采用的就是先发制人的策略，而三国中司马懿出兵破孟达采用的也是先发制人的战术。而在办公室这种小江湖里学会先发制人也很重要，把握好自己的主动权，以免陷入被动中抽身不得。

☕ 当机立断，先发制人

　　话说当年魏国的新城太守孟达密谋反魏，在得到孙吴、蜀汉的暗中支持后他就在当地举起了反曹的大旗。这种消息当然不会被各地的卧底、探子等错过，所以驻守在南阳的魏军元帅司马懿很快就得到了这个消息。

　　但是让司马懿为难的是如果按照当时的行事程序，遇到这种重大事件应该先上报朝廷，等得到朝廷的批准之后才能采取行动。但是受到当时交通和通信条件的限制，南阳和洛阳来回有 1200 里，就算是快马加鞭地赶过去来回也需要十天的时间，而且到时候如果孙权和刘备出兵相助孟达的话，事情就更难办了。但是如果自己私自采取行动的话，本来就有些人嫌自己权势，这样以来就更加重了别人对自己的误解。一面是国家的利益，一面是自己的利益，司马懿再三思量之后当机立断，以国家的利益为重。于是，他一面派人把具体的情况上报给朝廷，一面先率领大军向孟达大军的方向进发。

　　司马懿为了偷袭孟达的军队，打对方一个措手不及，就采取偃旗息鼓的方式日夜兼程、齐头并进，比他们自己预算的时间还要提前两天到了。而孟达则以为司马懿需要先请示朝廷，然后再率军至此至少需要一个月的时间，所以孟达是按照一个月的时间安排任务的。所以，当司马懿只花了八天的时间就率领大军出现的时候，孟达的军中立即大乱，因为他们的城墙还没有加固完成，他们的粮草也储备不足。孟达本以为，一个月之后司马懿长途跋涉而来，粮草一定带不足，到时候自己只需要紧闭城门不出战，等到他们粮草不济无奈退兵的时候，自己再突发袭击就能搞定对方。

当孟达还沉浸在自以为是的计划之中时，司马懿已经出现在他们的城门之外，八天就到了的司马懿不仅给孟达一个大大的"惊喜"，还把孟达原来的计划和部署都打乱了。如此一来，孟军城墙不坚固、粮草不足等弱点都暴露出来。而司马懿只是稍作调整之后，就指挥千军万马气势汹汹地杀来，孟达的两个部下见大势已去，就自作主张地开城门投了降。孟达在司马懿的大军杀进城之后，死在乱刀之下。这场叛乱在还没有来得及爆发的时候，就被司马懿斩杀在摇篮里，而司马懿也因为自己的先发制人而受到朝廷的嘉奖。正所谓出其不意，攻其不备，只有如此才能抢得先机。

☕ 抢占先机，不要受制于人

在职场上，无论你是老板还是员工，都要学会抢占先机，把握主动权，不要受制于人。作为老板就要独揽大权，把主动权把握在自己的手里，才能指挥员工完成自己想要的结果，不要被自己的员工所左右。而作为员工除非完全是合理的工作需要，否则不要受制于同事与老板，不要以为他是老板就要受制于他，没有人会考虑你被制的痛苦。

所谓抢占先机，也就是要学会先发制人，也就是以自己老板的身份优势，搞定原本可能会发生纠纷或难以解决的问题。而作为老板最逍遥的境界也就是放权给手下，但是需要注意的是所谓的放权实质上是授权，主动权还在你自己的手里，而不是无节制地放权给别人，最后却把自己陷入无奈的被动。

作为员工，若想要先发制人则需要了解老板的秉性、做事风格以及熟悉事情的操作流程等，若他向你发难就拿出早就准备好的招数对他进行反击。如果要在同事之间先发制人也需要了解对方的性格、行事风格等。作为员工最好的状态就是不受制于人，既不受制于同事也不受制于老板。所谓不要受制于同事也就是说不要总是出于情面而勉为其难地帮同事做事，因为有些人会得寸进尺，他会把你对他的容忍当成自己得寸进尺的资本，这样你就会一直处于被动之中。而不要受制于老板则是说，不要让老板有机会在工作之外的事上为难你，如果是工作以内刻意地为难，也要想办法抢占先机地把难题推回去。

如果你在不受制于人的情况下，还有条件反控的话，也可以抓住这个掌握主动权的机会，以备不时之需。抢占先机，先发制人，有可能得到天时、地利、人和的相助，而受制于人就只能在无奈中叹息。

职场规条

先发制人和受制于人的区别就在于主动与被动，主动权掌握在谁的手里，谁就可以先发制人而不是受制于人。

第 五 章

谋士之才——善谋算,不好功

拥有一批能臣良将能使一个国家迅速兴盛,同样办公室里也需要一批这样的人才。在社会竞争如此激烈的今天,人才流失是每个企业都要面临的难题,从长远的发展角度看,稳定的人力资源是企业发展的根据之所在。"魏死郭嘉"、"蜀(汉)丧庞统"、"吴亡周瑜",对魏、蜀汉、吴来说都是莫大的损失。千军易得,一将难求,一个国家失去一个能臣干将要比损失千军万马悲惨许多。

郭嘉仗义招才——终使曹操得天下各路英雄

企业的发展离不开人才,因为人才是市场竞争的资本,一个企业要想有更长远的发展,就一定要会包揽人才。每个领导都希望自己的团队强大,所以,作为员工的你不要排挤身边的有才之士,而是多向他们学习,不断提高自己。郭嘉仗义为曹操招揽人才,非但没有"失宠",反而更受器重就是这个道理。因为领导需要团队的齐心协力来壮大自己。

☕ 胸怀宽广,为领导广招人才

作为一个有才干的下属,首先要有宽广的胸怀,在帮助领导取得成就的同时,还要帮其物色各路人才,让更多的有才之士加入这个团队。

建安元年(196年),刘备在徐州被吕布袭击之后,兵败无处藏身,就

113

率领残余人马投奔曹操。当时曹操帐下不少谋士都劝说曹操要乘机除去刘备，因为刘备乃天下枭雄，素有大志，要是不及早除去，日后必定成为心腹大患。当时曹操犹豫不决，征求郭嘉的意见，郭嘉说："刘备胸怀雄才大略，志在为天下苍生，深受民众爱戴，且有关羽、张飞两名将与刘备兄弟情深，生死相随，所以刘备一定不甘心久居人下。主公是以除国贼、扶持汉室为口号仗义起兵，志向是为了天下百姓去除残暴，广招天下贤士。现在，刘备因城池被占无处安身来投奔您，如果此时您杀掉他，会落下一个难容英雄贤士的坏名号。这以后天下的英雄贤士谁还会来为你效忠？因为一个将来可能会对您不利的刘备，而失去天下豪杰、英雄之士为您效忠的机会。这其中的利弊关系，您不可不考虑。"曹操听了郭嘉的一番话，就打消了除去刘备的念头，收留了刘备，还上表朝廷任命刘备为豫州牧。

如果当时不是郭嘉的劝说，说不定曹操就会杀掉刘备以除后患，这么做的直接后果就是失去很多结识英雄豪杰和谋士的机会，实在是得不偿失。郭嘉的劝谏使曹操认识到当时的情况，杀一人而失万人之心。后来，谋士们认识到曹操是一个思贤若渴之人，纷纷前来效忠。

每个领导都希望有这样一个谋士为自己献计，而当今的职场上更是缺少像郭嘉这样胸怀宽广的贤士。管理者希望有这样一种员工，他拥有宽广的胸怀，能为公司招揽更多的人才，在关键时刻提醒领导者不要因为一时的利益而损失长远的利益，要有高瞻远瞩的眼光才能成就大事。

郭嘉精通谋略，能够正确分析事情，是曹操最信赖的谋士之一，在平定河北时病逝，年仅三十八岁。失去郭嘉让曹操感到很遗憾，在赤壁之战失败后，曹操更是叹息，如果郭嘉还在，就绝不会有这么大的损失。所以说郭嘉在曹操队伍中的地位是显而易见的，他是一个才干与胸襟并存的人才。

☕ 心胸狭窄——此非人才的表现

人们常说，"害人之心不可有，防人之心不可无"。现代社会竞争日趋激烈，多数人都会为了保全自己的地位而想方设法地阻止其他有才之士的加入，其实这并不符合发展的长远策略。如果你一味地排挤别人，处处把同事作为敌人看待，那就会让大家都远离你，领导也不会重用你。管理者需要的是一个能够团结员工，帮助自己完成大业的人，而不是一个斤斤计较，生怕被别人抢了饭碗的人。

排挤别人对自己也没有什么好处，原凤凰卫视的一个著名主持人，她主持的节目占据了人人眼红的黄金时段，收视率又名列前茅。可以说她是整个电视台的支柱，领导喜欢、同事佩服，但她就是不允许领导招聘其他有才干的主持人，只要是台里新招来的主持人，都会受到她的排挤，直到最后把人逼走。如此以来，领导也受不了，于是将她辞退。现在的她已经转嫁了多个电视台，都是时间不长。虽说很优秀，但要明白自己的职责，领导希望自己的事业越做越大，而不是将所有赌注都押在一个人身上。

所以说，即使你的才干再大，都不要独揽所有的事情，因为，领导也不见得就喜欢你这样做，相反还会给人一种功高盖主的错觉。或许你真的很优秀，但请给别人一个展现自己的机会，因为领导要的是一个整体都很优秀的团队，而不是个人。团队的力量是伟大的，没有团结精神的人不会受到领导的重视，同样也不会有大的成就。

如果你是一个排挤同事的人，不管是排挤能力强的人，还是能力弱的人，都会给领导带去一丝忧虑，领导会觉得你心怀叵测，想要霸占自己的企业，所以即使你再有才干，他也不会用。正如影视剧里清朝的乾隆皇帝，明知道和珅是一个大贪官，可还是留着他，就是为了让他牵制聪明一世的纪晓岚等人，让两方相斗，渔翁得利。

同事之间虽说没有表面的金钱关系，但却有着明显的职位权利关系，所以说斗争、排挤也是不可避免的。聪明的人就不会让自己陷入这种怪圈里，因为相互排挤间必定会产生不必要的损失。既然如此，何不退一步，与之友善相处，共同进退。心胸狭窄的人无法容忍别人比自己好，可他在排挤别人的同时，也失去很多东西。如果你希望在企业中有更大的发展，就请放下忌妒之心，多结交有才之人，这不仅是在为企业谋福利，更是在为自己的前途铺路。

职场规条

　　真正精明的人不是排挤同事，而是具有宽广的胸怀，能为领导招贤纳士，获得赏识才是发展自己的根本。

贾诩将计就计，声东击西

　　想要在办公室做好，仅仅有一点小智慧是不够的，环境要求你有三头六臂，做个近乎完美的人。在能做好工作的同时还要有一个"多余"的心去防备别人，防备公司的敌人，帮老板也帮自己。老板需要的不仅仅是一个可以吃苦耐劳的员工，更需要的是一个聪明机智，可以帮助他看清对手、破解阴谋的助手，但是绝对不要一个在自己面前耍心机的员工。

　　聪明的员工不少，他能看出"敌人"的阴谋，还能及时地对公司的损失进行补救，这样的员工老板喜欢，但是老板更喜欢那种懂得如何将计就计、声东击西的人才。

☕ 知己知彼，能破百计

　　贾诩之所以能够在这场战役中取得胜利是因为能够知己知彼。因为贾诩知道城东南的城防弱，所以他不会给敌人攻入的机会，同时他算到曹操一定也会看出城东南是可攻之地，必定会从城东南攻入，所以他将计就计在城东南设下机关陷阱只等敌人入套。贾诩有这样的才干所以才能受到张绣的重用。

　　在办公室要想识破别人的计谋你也要知己知彼，其实人才并不是生下来就有一双看穿世间的眼睛，他也要通过自己后天的努力。在办公室里如果想要长期生存下去，就要有"眼观六路，耳听八方"的能力，要懂得如何察言观色地看老板，看同事，看工作，看对手。首先，看老板。因为他是给你发工资的人。其次，看同事，因为一不小心就会有人在老板面前给你温柔的一刀，被整治之后还不知怎么回事。再次，要看对手，因为你要熟知对手的工作方向，才能知道从哪入手可以更加快速的超越他。这些工作三国中的贾诩就做得相当好。

在攻打张绣之时，曹操骑马在城边转了三日，发现城东南是弱点。此时贾诩也在城上看了曹操三日，识破了曹操的心思，便向张绣出策。让精兵藏于城东南。让村民们在城门，与曹操的大军对峙。而此时曹操自己引精兵从东南去攻，想不到中了贾诩的计，最后他折五万余精兵，丢盔弃甲逃跑。曹操失败的原因一是无视贾诩，觉得他只是一个微不足道的小将，其实那时贾诩在张绣那里已是大谋士，只是当时贾诩是个不好功、低调的将士。二是太高估自己，想要吞并一个城池不是那么简单的，没有通过仔细地研究就大胆出兵，他应该想到张绣可以占据南阳就绝非等闲之辈。

当时贾诩之所以可以胜曹操，是因为他摸清了曹操的心理，所以采取将计就计的办法让曹操攻城东南，然后自己再声东击西。其实曹操是个非常聪明的人，只是此时聪明反被聪明误。社会上聪明人很多，可以说大家都很聪明，如果你想取胜，就要把自己的聪明高居在别人的聪明之上。无论古今中外，只要是真正有才之人都会受到重用，千军易得，一将难求。所以说无论在什么地方，什么时候，谋士都会受到器重。在办公室里如果适当用些你的谋略可以帮助公司得到更多的收入，还可以得到领导重视。

其实，贾诩在三国时期是一个很聪明的人。在三国人物中他的寿命算是很长的了，他能用自己的才智在帮助主公谋图大业的同时，还能妥善地保护自己和家人。武在吕布，谋在贾诩，他们在三国里都是很出名的。

恪尽职守——并不是老板真正需要的员工

21 世纪是个多元化的社会，人才辈出，所以要在这个社会上工作是很难的，而做好自己的工作就更是难上加难。在办公室里就算你努力工作，尽量地把老板安排的事情做到完美，但仅仅这样是不够的。在当今流行全能人才的职场上,还需要你有自己的计谋和策略,能够自行的帮助老板处理一些事情,所以不管你是不是领导,都要有领导的才干。

刘畅在这几年里工作都很认真,尽力完成每一件事,和同事关系也很好,是个很实在的员工。他做财务工作,每次老板来对账的时候都是一分钱不差,老板很赏识他,不仅经常在大会上对刘畅进行表扬,还发他几次奖金,尽管奖金不多,但刘畅依然很高兴。近期的经济危机对公司也有一定的影响,为此公司还裁掉一部分员工。刘畅想剩下的应该就是精英,以后好事应该能轮到自己。

今年公司要进行局部的调整,正好财务部的主管被调走,他想这次财务部主管应该就是自己了,因为在财务部不管从勤奋程度还是工龄长短来看都是他领先,所以刘畅对自己升为主管的事情很有信心。可是到宣布主管的时候名字却不是他的,而是一个比他晚来一年的小张。他很郁闷,很纳闷,虽说小张平时工作也很认真但是工龄没有他长。他急急忙忙地去找老板问情况。老板语重心长地告诉他:"小刘,其实我也知道你是咱公司的老员工,工作也很认真负责,是个难得的好员工。当时在选择你和小张的时候我也做了很多的思想斗争,但是最后决定选择小张是有原因的。你还记得上次 A 公司跟咱们合作时拿来的报表吗?我让你们看,你们都看出来有点问题,但我让你们每人提出一个解决方案时,你们提出的都是如何防止 A 公司的阴谋,而只有小张提出的是如何利用他的阴谋将计就计,使咱们的公司得到更大的利润,所以那次我们公司不仅没有损失而且还得到了更大的利润。从这点我就看出小张具有领导才能,挺有心计,这件事你们都不知道,他为公司作了这么大的贡献也没有声张,这也是他的又一个优点。你要知道一个公司要发展并不是仅仅需要一个只会工作的人,还需要一个能帮我出谋划策的人,所以我就选择了小张。"此时刘畅才知道原来仅仅只会工作是不够的,还要有计谋。

所以当今社会要想在办公室干好,想要成为领导眼中的人才,仅仅会努力干好本职工作是不够的,还要懂得如何运用计谋。

想在办公室里干好,既要有耳听八方的本领还要有破除百计的手段。

隔岸观火——曹操袖手除二袁

三国中有很多计谋,但是很多人对"隔岸观火"一计印象最深刻,因为这个计谋曹操没有费太大周折就除去了袁氏二兄弟。因为设计者非常熟悉敌方的内部情况,并且对事情的发展趋势做了一个正确的判断,这就是设计者的高明之处。

"隔岸观火"在此事中有两层意思。一是坐观敌人因内部矛盾和冲突出现相互攻击和残杀,在他们都无暇顾及也无力顾及外部时,对他们进行毁灭性的攻击。二是坐待两方敌人出现内部矛盾和冲突时,先利用一方消灭另一方,然后自己再消灭剩下的一方。

办公室里的战争自古以来就很多,虽然没有战场上的硝烟,看不到刀光剑影,但是办公室的战争也绝不亚于战场,想要在办公室的战争中取得胜利就要先了解"敌人"的内部情况。其实在办公室里最好的斗争方式就是观虎斗,让他们两败俱伤,自己渔翁得利。

在办公室斗争的时候也要小心,自己说不定也是别人手里的"虎",这就要求你有很强的观察力了。

☕ 能明察秋毫,正确判断,成功路上得心应手

曹操能在除去二袁时那么得心应手,就是因为真正了解了他们当时的情况。在袁绍死后,他的权利就落在了其妻刘氏和谋士审配、逢纪的手里,他们立袁绍的三子袁尚为大司马将军,让他统领冀、青、幽等四州。袁

绍的长子袁谭对此很是不满,欲与袁尚一争高低。就在此时,曹操乘连胜之威,进攻黎阳。

袁谭大败,就只好向袁尚求救,但是袁尚只派去5000兵相助,并且在半路就被曹操军全部截杀。此后,袁尚就不再派兵增援,他想借曹操之手除去袁谭。袁谭看到袁尚不来增援很是生气,便想向曹操投降。消息传到冀州,袁尚怕兄长降曹后合力来攻打自己,便亲自率大军前去黎阳救援。袁谭闻讯很高兴,就打消了投降的念头。不久,袁熙、高干也带军队前来救援。四军合力,却依然不是曹操的对手,黎阳不久就被曹军攻破。袁氏兄弟与高干只好弃城逃走。

曹操引兵追赶,袁尚和袁谭都逃到了冀州;袁熙和高干则扎寨城门之外,组成椅角之势。曹军连日攻打,都没有奏效。就在这时郭嘉向曹操献上了"隔岸观火"之策,郭嘉说:"袁绍废长立幼,袁谭很是不服,而此时两人势力相当,各树党羽,互相争斗。如果我们还一直进攻,他们就会团结起来对付我们,如果暂缓攻击,他们之间就会互相争斗。我们不如向南前进,做出南征刘表的姿势,在他们内部发生变乱之后,再进攻他们,可以一举平定河北之地。"曹操认为很有道理,便采用此计。事情果然如郭嘉所料,曹军撤兵不久,袁氏二兄弟就大动干戈。袁谭敌不过袁尚,就派人向曹操求援。曹操乘机挥军北上,先打败袁尚和袁熙之后,又消灭袁谭和高干,河北就这样被一举平定。

曹操消灭袁氏二兄弟就这样简单,其实这之间就巧妙地利用了敌对两方的内部矛盾,让他们互相斗争,待两败俱伤之后曹操就乘机攻击。其实当时依曹操的实力对付他们二人绝对没有问题的,成功在于谋,而不在于武。

在办公室里就要以自己的谋略成功。自己的实力再强,可以打败很多对手,但是如果有人可以替你打败你的敌人,自己可以少费些事,何乐不为。

袁尚和袁熙被逐出冀州之后,带兵连夜投奔辽西乌桓王。但是在白狼山袁氏兄弟和乌桓王被曹操打败,乌恒王被杀,袁尚和袁熙逃向辽东投奔了公孙康。

曹操此时并没有追赶，而是退兵，按兵不动。众将都觉得此时应该火速追击，因为辽东太守公孙康，一直都反对曹操，这次袁熙和袁尚又前去投靠，他们如果结盟肯定会后患无穷。曹操却悠闲自在地说："过不了几天，公孙康定会把他们的首级送来。"众将不信，果然，几天之后，公孙康把二人的首级送来，众人大喜。

公孙康也一直认为袁氏是他的威胁，担心袁氏会袭击他。这次袁熙和袁尚的投奔，他怀疑他们会鸠占鹊巢。所以就与手下人商量决定，如果曹操派兵前来围剿，就留下他们，一起合力抗曹；不然，就把他们杀掉，献给曹操。而袁熙和袁尚也正如公孙康怀疑的那样，想要借机杀掉公孙康等人，以辽东的人马再和曹操对抗。当公孙康的探子来报说曹操并未追赶而是退兵时，公孙康立即将二人杀掉，并派人将首级送给曹操。这样曹操未费一兵一卒，就除掉了袁氏，还使公孙康归服。

这又使用了一次"隔岸观火"，这次曹操更是使用的巧妙，没费周章就除掉袁氏兄弟，并收服公孙康。这是因为曹操充分了解了当时公孙康和袁氏兄弟的情况所以才敢大胆实施此计。借公孙康的手杀掉了袁氏兄弟，同时除掉三个心腹大患。

在办公室里要学会利用别人之间的矛盾，创造机会让他们的矛盾激发出来。要想让他们互相残杀就要充分地关注他们，彻底了解他们的矛盾与利益关系，明白什么情况下对方才会大打出手。如果你能明察秋毫，正确判断事情发展的趋势，成功就近在咫尺。

☕ 常在河边走，小心别湿鞋

在办公室待的时间长了，就要多加小心，不要一不留神被别人暗算了。这要求你要认真、小心观察身边的人和事，要对事情了如指掌才能下决心去做，不要盲目地去做事，到时候可能后悔都来不及。即使你一直都很厉害，但谁都不是常胜将军，胜利并不是只属于你。

一架客机缓缓降落在 C 国最大的机场，从飞机上下来一位个子不高、身材瘦小的中年男子，此人的步伐稳健，眉宇间透漏出他的精明能干，一看就知不是等闲之辈，像是商界老手。他就是韩国某化妆用品的商务代表金先生。这次来 C 国，是为了与该国一公司签署进口化妆品事宜的，如果签署成功，该就是这种化妆用品在该国最大的代理商。这次是带着公司的指令"只许成功，不许失败"前来的。但是下了飞机后，他发现该公司并没有按约好的地点派人来接他，难道是对方工作疏忽了，忘了派人来接机？还是记错时间了？不过这么重要的事情怎么会疏忽呢？凭着多年在商界摸爬滚打的经验，他感到事情不妙，可能事情出了问题。来不及仔细考虑，他就赶紧打车前去问情况，要弄个水落石出。

果然，当他见到该国公司的老板时被告知："对不起，金先生，我们公司已经有了新的打算，暂时不准备与贵公司签约了。"说完，盛大的老板就走了。面对这突然的结果，金先生黯然伤神。想到来时公司的期望和嘱托，金先生果断决定不能沮丧，要冷静头脑，振奋精神，一定要把事情查清楚。此公司绝不会这么轻易地决定不和他们合作，因为这是考察一年多才决定签约的，怎么会在这短短两天就决定不签了呢？难道是有了新主顾？对，肯定是这样的，但是化妆品产业韩国算是最好的了，与其他国家签约是不可能的，应该还是本国的，但是另外一家公司是哪些方面吸引盛大？做好行动方案，于是他先把情况报给本公司，并请本公司协助把事情查清楚。不久，本公司就回信，证明国内确实有一家公司在从中作祟。

知道这些之后，公司同时也授权金先生，让他全权处理，一定要把合同签了。本公司在这方面从来没有失败过，如果这次失败面子上也过不去。而且这个"作祟"的公司在韩国就是他们最大的竞争对手，但是每次竞争都是他们的手下败将，这次一样还是要胜利。因此公司要求在不亏损成本的情况可以降低价格，最快签订合约。金先生知道这些情况后又去找到该国公司的老板，他们决定要降价，以最低的价钱跟其合作。就这样便和他们签约了，而且还答应以后价格只会降低而不会再升高。

其实金先生公司并没有完全了解事情的真实情况，确实有另外一个公司和该国公司在暗中联系，只是价钱并没有比他们低。这只是该国公司故意施的一计，他们故意不签合约，而他们急于打败对手，在短期内没有完全调查清楚，就决定降价。这场在与对手的竞争当中他们表面看似胜利，其实真正胜利的是该国公司。

所以无论做任何决定，都一定要看清事情真相，即使你已经做了调查，也可能会被暂时的表面现象所迷惑。就算公司实力很强，一直以来都是常胜，但是人在河边走，哪有不湿鞋。要认清情况，判断正确，常在河边走，小心别湿鞋。

职场规条

熟悉对方的内部情况，能对事情的发展趋势做正确的判断，成功不费吹灰之力。

有计谋就有转机——孔明一纸救江东

在办公室里生存除了要有实力之外更要有计谋，这里的计谋并不是要让人学着如何去算计别人，而是要有一定的办事技巧，用最简单省事的方法办到别人认为最难的事情。有些事情看似没有希望了，实则都隐含着一定的转机，只要你能充分运用技巧，就能找到方法，达到目的。

迂回策略——绕到敌人的背后去

围魏救赵是三十六计中相当精彩的一个计谋，它精彩之处就在于以逆向思维的方式，用表面看来舍近求远的方法，绕开问题的表面现象，从事物的本源上去解决问题，从而取得一招制胜的神奇效果。诸葛亮一纸救江东也是同样的道理，无须与来势凶猛的敌人硬碰硬，而是绕到敌军背后，用迂回的战术得胜。

当曹操得知周瑜病倒的消息后，就准备再次出兵攻打江东。但是，他又担心西凉州的镇东将军马腾，会乘机袭取空虚的许都。于是，曹操派特使西去凉州，以朝廷的名义给马腾封了个征南将军的头衔，命令他随军讨伐孙权。马腾带领次子马休、马铁及 5000 西凉兵卒应召来到许昌城下。不久,西凉兵就被曹操控制,马腾父子 3 人也惨遭杀害,解除了后顾之忧的曹操即时起兵 30 万,直扑江东。江东闻讯曹操要前来攻打,立即让鲁肃派使者西上荆州,向刘备求援,诸葛亮看罢江东的求救信,胸有成竹地对刘备说:"既不用动江南之兵,也不用动荆州之兵,我自有妙计使曹操不敢进兵东南。"诸葛亮让使者带回江东的信中说:"倘若曹军南犯,刘皇叔自有退兵之策。"诸葛亮深知,曹操出兵,最忌讳的就是西凉之兵,现在曹操杀了马腾,但是马腾长子马超却是西凉之众的统领,曹操的杀父之仇必定会使马超对其咬牙切齿。因此,只须修书一封派人结援马超,让马超兴兵入关。这样一来,曹操就不会再兴兵侵犯江东了。

马超听说父亲和两个兄弟被害的消息后,放声大哭,他咬牙切齿,痛骂曹贼。刘备的书信中除了大骂曹操之外,还回忆了昔日他与马腾一起受到汉帝的密诏,起誓定要诛杀曹操的往事和旧情。刘备建议马超率领西凉精兵以攻曹之右,他统荆、襄之兵以遏曹之前,此举不但曹操可擒,奸党可灭,大仇可报,而且汉室可以复兴。马超看过书信,立即挥泪回复,先让信使带回消息,随即便清点西凉兵马。正准备进发时,西凉太守韩遂使人请马超相见。韩遂告诉马超,曹操派他送来书信,表面是以封西凉侯为诱饵,实则是要韩遂擒拿马超,韩遂不忍加害,愿意与其一起联军进击曹操,以报仇雪恨。韩遂斩了曹操派遣的使者,又征调手下 8 部兵马,合自己与马超共计 10 部,20 万大军,浩浩荡荡杀奔长安。曹操收到关中的急报以后,遂放弃南下攻击孙权的计划,专力对付关中的马超、韩遂之军。诸葛亮一封书信就轻而易举地制止了曹军的南下,救了孙权。

这段故事告诉我们,当你面对来势凶猛的强敌时,一味硬碰,无异于以卵击石,所以应采用分流的办法:或者打击其薄弱的部位,或者是绕到敌人的背后打击它,如此一来,敌人就不得不放弃原来的目标,这是一种转化敌我双方地位的迂回策略。凡事不要太古板僵硬,就事论事,头痛医头,脚痛医脚,而是要致力于抓住对方的要害和薄弱环节,把强敌分散、调动开再打。办公室的生存原则也是这样,不要与比自己强大的敌人硬碰硬,这是不明智的选择,要学会采用避实击虚、避强攻弱的战术来对付职场上的强势之人。

☕ 以卵击石的结果

我们都知道，拿鸡蛋碰石头的后果只有一个，那就是鸡蛋破碎。力量微弱的人不自量力，与力量强硬的人对决无异于以卵击石。在人才济济的办公室中，无论你的能力有多强，都不要表现的太过强硬，否则，最后吃亏的一定是自己。

李文斌所在的公司要评选明星促销员，他将团队中一位最有能力、最资深候选者交到总部，并全国范围内进行通报。谁知，半路杀出个程咬金，人事部一位负责培训工作的女经理杀出来，发邮件给相关人员说，李文斌推选的此位促销员在最近的手机短信测验中有与别人互抄的违规行为，她表示反对！邮件一经发出，负责全国零售的经理和促销员管理的负责人马上紧张起来，希望李文斌彻查此事，重新考虑再行推选，因为如果促销员有诚信问题就不能参与评选。

这件事发生的很突然，李文斌也觉得很棘手。首先，在外资公司一涉及诚信问题几乎是死罪，无可申辩，尽管他知道那些测验只是无关痛痒的事情；其次，主角只是一个小小的促销员，没人会因为在乎她的死活与去留而大动干戈，一般情况下都只能够无情地将她牺牲掉。但对于李文斌来说却不是这样，他觉得这位女经理只是想借此打击自己而达到扬其气焰的目的，让李文斌的人再也不敢轻视她的作用和其负责的工作。另外，如果此时李文斌轻易认输，此促销员会大受打击，他的部下也会士气大伤。

面对几乎没有生机的难题，李文斌想到了"围魏救赵"的方法，要此事的发起人停手，并决定反攻那个女经理的漏洞或必救之处，否则她是不会罢休的。

那么，什么才是她的必救之处，只有证明她的行为是为人事部添乱，才能打消她的嚣张气焰。于是，李文斌与下属们串通，发邮件说：此人如果是有诚信问题不仅不能选为明星，而且和她一样有类似行为的人也要马上开除！如此一来，打击面马上就扩大了。下属按照李文斌教的那样委屈地阐述招人的难处，还有新人难以胜任的种种。这时，李文斌就会顺势一棒，掷地有声地说：招人是人事部的问题，你们不用担心；新人不熟产品知识，那是人事培训部的问题！顿时，李文斌将形势化被动为主动，主导权握在自己手中，对方如果继续纠缠下去，最终还是击回给自己。

遇到问题时，不能横冲直撞，要充分利用技巧，找到问题的根源，采取迂回的战术解决。倘若同样的问题用硬碰硬的方法来处理，想必会闹的两败俱伤，既然如此，为什么不用智慧的方法解决呢？有些问题看似没有转机了，但实际上都有其解决的窍门，只要你懂得运用计谋，就能转危为安。

职场规条

事情的转机就在你思考的一瞬间诞生，任何事情都有可以被破解的一面，转机被你发现，任何事情都会变得轻而易举。

谋士能抵千军万马——曹魏逐鹿中原

三国之争实际上是人才之争，人才得失，生死攸关。21世纪的竞争，归根到底也是人才之间的竞争，所谓"为官择人者治"，在现代管理中建立一个完善的用人机制也是很重要的。东汉末年，各路诸侯都想在这个乱世中留下英名，到最后曹魏集团成为最具实力的政权，其功劳在很大程度上还要归功于众多才智过人的谋士。谋士的一计良策能破敌人的千军万马，因为战场上真正较量的是智慧，只有匹夫之勇是难以取得胜利的。

当今的职场、办公室里斗争的激烈程度，毫不逊色于战乱三国时期的政治斗争和军事斗争。东汉末年各路诸侯的争权夺利是为给生存以最大的权利，而当今这个弱肉强食的时代，人们之间的名利之争依然是生死存亡的关键。小到个人的利益之争，大到集团之间的生死较量，智慧与计谋永远是最重要的。曹魏集团之所以如此强大，靠的也是诸位谋士在幕后出谋划策。

☕ 有计谋才有生存的可能

曹魏集团之所以能逐鹿中原，除了后来实施的"修耕植，储军资"以外，他政权基础的巩固还在于对人才的启用。荀彧从小就被世人称为"王佐之才"，在荀彧的计谋之下，曹操统一北方的蓝图和战略线路诞生于世；荀彧曾在战术上三破吕布，奇谋扼袁绍于官渡，奇袭荆州的建树；荀彧还心胸开阔地向曹操推举了钟繇、荀攸、司马懿、郭嘉等贤能人士。荀彧不可磨灭的功勋被曹操赞赏为"吾之子房"。

郭嘉投奔曹操以后，便为其统一北方立下了卓越功勋，史书上称之为"才策谋略，世之奇士"。郭嘉是曹操最喜爱也是最得力的谋士，他通晓事理、足智多谋、天生资质。应该说，曹操之所以用兵如神，"仿佛孙吴"，背后的力量正是郭嘉的运筹帷幄。用曹操的话来说就是："平定天下，谋功为高！"郭嘉的"十胜论"为曹操战胜袁绍平定中原奠定了思想基础。曹操曾说，"使我成大业者，必此人也！"视郭嘉为股肱，出则同车，入则同帐，对郭嘉很是敬重。郭嘉智慧渊深，通达事理，十余年为曹操出谋划策，动无遗失。后来曹操在赤壁大战中损失惨重又想起了郭嘉，还感慨假如有郭嘉在，自己也不至于落到这步田地。

再说另一个对曹魏政权有过重要贡献的谋臣，司马懿，他多次率兵成功抵抗了诸葛亮的北伐。除了这些军事贡献外，司马懿在经济上也为曹魏作出了很大的贡献，使之为恢复北方经济，解决军粮问题，曾经推行包括民屯、军屯的两类屯田制度。曹操按照司马懿的建议结果使魏国一时"务农积谷，国用丰赡"。

清代学者赵翼曾经评价说："人才莫盛于三国，亦惟三国之主各能用人，故得众力相扶，以成鼎足之势。"东汉末年，血与火的较量中，能雄霸一方关键就在于善于选用人才。而从东汉末年的烽火战乱到三国鼎立，再到后来曹魏政权的脱颖而出，三国最大的赢家无疑是曹操。曹操在"唯才是举"的人才使用观念的指导下，使其阵营中出现了"猛将如云，谋臣如雨"的盛况，这正是其实现"摧灭群逆，克定天下"之抱负的基础。

其实，早在和袁绍等一起讨伐董卓之时，曹操就已经显示出了对人才的卓越见解。当袁绍提到，应借用坚固之地作为雄起之根本时，曹操便指出"吾任天下之智力，以道御之，无所不可"。他认为，只有任用天下贤士能臣及将士才能确保无往不胜，只有能驾驭这些有智慧和才能的人，让他们充分发挥自己的作用才能打倒董卓。当曹操迎汉献帝到许昌后，便决定革新政治，并提具体的建议。其中，再一次强调了要想富国强兵就必须用贤任能，体现了他注重从能力的角度选拔人才的思想，直接激励了谋臣将士的能力发展。

曹操战胜袁绍，平定荆州之后，对人才的认识又有了更深的见解，在中国历史上第一次明确提出"唯才是举"的用人方针。针对之前东汉选官的弊端做了很大的改革，把"名节"、"门第"等迁腐无用的选才标准全部清除。他认为，有才能的人即使有一些短处也要大胆启用，如果不用，不仅他们的才能得不到合理的施展，对国家也会是一种损失，一味地求全责备往往会误大事。

曹操在其《举贤勿拘品行令》中把人无完人、慎无苛求的思想再次做出了强调，把只用人才不用庸才的思想推向了顶峰，充分显示了其超人的气魄和胆识。在光武中兴以来，由于最高统治者的大力倡导和权贵人士及士大夫的极力响应，儒风大盛，人伦俨然，重名教这样的时代精神就渐渐在中国人的思想里生根了。在这样的文化背景下，曹操能一反传统名德选举，冲破封建社会道德和最高层制度的束缚，在到处充满"任人唯亲"的环境中转而标榜"唯才是举"。在现代人看来可能没什么，顶多算得上是贤能，但在当时可谓是惊世骇俗。"拔于禁、乐进于行陈之间，取张辽、徐晃于亡虏之内，皆佐命立功，列为名将；其余拔出细微，登为牧守者，不可胜数。"凡是在当时有某一方面才能的人都会受到他的重用，既满足了很多将士们的心里渴求，也考虑到了这种做法对社会的积极影响，从而得到了众多部下对他的忠诚和信任。由于曹操的麾下收罗了一大批人才，从文到武，也不乏文武双全之人，因此在很多重要的战役中才会取得关键性的胜利，即使是自己的少数人马与敌人的多数人马对抗时，也能以谋士之智以少胜多。曹操的势力也因此逐步壮大，最终有了曹魏政权的辉煌一时。

人才在古代的战场上发挥了如此重要的作用，在如今的和平年代，也同样需要人才。即使没有军事上的战争，但商场、职场战争之残酷毫不逊色于古代真正意义上的战争。人才贵在其谋略，企业能在市场上生存，靠的是核心竞争力，而竞争力的基础就是人才的培育、拥有和能力。人才可以说是推动企业发展的力量源泉，无论是从宏观角度还是微观角度来讲，人才就是企业或其所在部门发展的决定性因素。人才的一个金点子能抵得上无数员工没有建设性的建议，正是人才的良策才能实现企业跨越性的发展。

☕ 孜孜以求用人艺术

作为管理者，选用人才显得尤其重要，能让人才发挥其才能就可以起到以一当十，当百，当千……相乘的效益除了取决于人才本身的才能外，还在于其才能是否得到了合理的利用。用才是管理人的核心，如果说管理在理论上是一门科学，那么在实践中就是一门艺术。有效的人才管理就是艺术中的艺术，因此，管理层必须孜孜以求用人艺术。

从三国的诸侯争霸到现代的各商争利，凡是成功者都离不开对人才的重视和合理利用。有一次，福特公司一部电动机坏了，公司出动了所有的技术人员，但是没有一个人能修好，公司只好另请高明。经过一番寻找，找到了坦因曼思，他原是德国工程技术人员，流落到美国后，被一家小工厂的老板看中并雇用了他。他到现场后，在电动机前听了一会，最后在电动机的一个部位用粉笔画了一个圈，并告诉技术人员，这里的线圈多了16圈，工人把多余的线圈去掉后，马达果然转了起来，又投入了正常的工作。亨利·福特欣赏坦因曼思的才能，便邀请他来福特公司工作，但坦因曼思却说："我现在的公司对我很好，我不能为了一己之私而忘恩负义。"福特马上做出决定："那我把你供职的公司买下来，你就可以为我们工作了。"福特为了得到一个人才而买下了一个公司,代价虽然很高,但这也不失为一英明之举。福特正是靠这样的"硬"才,才保证了公司的不断发展和创新,遇到困难也能顺利度过。

三国中随处可见经典的用人之道和驾驭人才的艺术,从而引导现代管理者结合企业的实际情况去思考,在正面吸取宝贵的借鉴,在负面则引起足够的警觉。"得人才者昌,失人才者亡"。在官渡之战中,曹操能以少胜多靠的是人才,而袁绍败得如此狼狈,其最大的失败就是不善用才和对人才的迫害,导致人才的流失。袁绍在起兵之初踌躇满志地对曹操说:"吾南据河,北阻燕代,兼沙漠之众,南向争天下,庶可以济乎?"显然,在他的心目中,重的是掠地扩疆,认识不到人才的宝贵,更谈不上识人才和用人了。

决定企业生存的第一因素就是人力资源,人才永远是稀缺的,正所谓"千军易得,一将难求"。随着经济的发展众多的"猎头"公司应运而生,他们不是普通的职业介绍所,而是"管理人员搜寻",其搜寻的对象就是稀缺的人才——高级管理以及技术人才。猎头的作用就是为企业挖到企业所需的稀缺资源,而不是像福特那样直接买下整个公司,这也说明随着时代的进步,用人的效率有了很大的提高,方式也有很大的进步。精明能干的猎头们能在最短的时间内挖到最合适的人才,这就是其与福特收买人才相比最大的优点。

人才在一个公司的生死关头能够发挥关键性作用,比尔·盖茨曾经说过:"如果让我带走微软的团队,我就可以再创建一个新的微软。"有个世界500强的企业,由于一个人才迟迟没有到位,导致一个上千万的项目不敢接,给公司带来的损失最少也是上百万的。这是一个高效的社会,关键的人才即使一天不在岗也会让企业损失惨重。

职场规条

三国战场上的竞争为现代职场、商场等识人、用人,提供了一部博大精深的通鉴,为官择人对于现代的竞争仍是重中之重。

一山更比一山高——周郎"赔了夫人又折兵"

也许你觉得自己的计划是最周密安全的，但是再周密的计划在实施的过程中都会有其漏洞。而这个漏洞的存在则让事情充满了变数，原本在你掌握之中的成功很容易被别人捷足先登。因此，不要自以为是地挑战别人的计谋，更不应该以一己单薄力量与公众发生冲突。

☕ 使诈大意，自会被妙计攻破

东汉末年，孙权一直想取回荆州，于是周瑜就向主公献计对刘备进行假招亲，扣人质。但此计还是被诸葛亮识破，于是让赵云陪刘备前往，先拜会周瑜的岳父乔玄，乔玄说动吴国太在甘露寺见面，吴国太也真的将孙尚香嫁给了刘备。临行之前诸葛亮送赵云三个锦囊妙计，就是这三个妙计让刘备成功逃脱吴国设的陷阱，同时又与孙尚香结下一段旷世情缘。刘备在这件事中可谓是占尽了便宜，而周瑜这边不但没有达到军事目的，还让吴国搭进一个公主，被耻笑为"周郎妙计安天下，赔了夫人又折兵"。

诸葛亮妙计攻破周瑜的诡计，这几乎是周瑜一生中最失败的一次较量。既生瑜何生亮，周瑜在愤恨中离去。这不是笑谈，值得人们深思，其实周瑜的计策也不失为一招好棋，只是遇到的对手实力太强了。要是在实施妙计之前能考虑到自己对手的分量，谦虚谨慎一点，那么结局就会是另一番景象。历史没有如果，人们只能从古人的成败当中吸取经验教训，从一件件历史事实中总结做事的计谋。

如今人们在现实生活中，仍然不乏这种赔了夫人又折兵的闹剧。比如，现在有很多企业为了省钱或省事，就私底下与员工协定，每个月多发点现金来代替社会保险费。由于能拿到现钱，很多员工与公司在一定时期内基本上相安无事。但实际上，这样的员工一旦离职，大都会再向公司追讨社会保险。王芳在上海一家美容店供职，自从上班以来一直从事销售工作，也没有与公司签署劳动合同。王芳告诉公司自己本是下岗职工,不需要单位缴纳社会保险,只要每个月多发点工资作为补助就行了。于是公司就在每个月的工资里多加240元,这也为双方省去很多琐碎的程序。但王芳在这里干了一年辞职后,又向公司追讨在职期间的社会保险费。由于公司没有任何证据证明他们之前的私人协议以及之前实际上每个月都给过王芳补助,最后仲裁决定追究公司的民事过错,公司将"省去"的一年社会保险费一次性赔偿给了王芳。

企业为了省事,受到了一定的经济损失,对自己企业的名声也有一定的影响。要是当初企业按照法律程序通过明确的渠道把钱给王芳,就不会为员工交"双份"保险费了。这种赔了夫人又折兵的事情其实是可以避免的,教训值得人深思,法律存在的意义就是为了保护每一个人以及法人的合法利益,但前提是你的行为没有与法律发生冲突。

在这个物欲横流的社会,很多人都有自己的发财梦,其中也不乏一些心术不正的人。无论是与正人君子较量还是与小人过招,失败的结局都是难以让人接受的。当你心里有一个如意算盘的时候,要想到别人也不是省油的灯。

☕ 在所难免的损失随它去,保住更重要的

失败或损失的降临是有一定间歇的,赔了夫人又折兵也不是注定要输掉全局的。只要能意识到损失,亡羊补牢或许能阻止更大损失的发生。见好就收,不好也要收。前者是为了保住胜利的果实,而后者则是为了把损失降到最底,其实都是为了能收回最大的利益。

"电话卡错误充值10万"、"戴尔标价出错"、"联想标价出错"等事件的接连发生,引发了公众的广泛关注。上述事件对于相应的企业来说,他们不仅是事情的责任人,还是事情的受害者。企业面临这种状况既想挽回经济损失,还想树立良好的企业形象几乎是不可能的,因为消费者不能被别人卖了还帮着别人数钱,被企业坑了还替它说好话。IBM面对将原价2000元的产品标错为1元的事件,为了维护自身的信誉,坚持按照

标错的价格出售产品，受到了公众的赞赏，但自身却蒙受了很大的经济损失。不过更多的企业却因采取的策略以及其他部门的介入，并没有得到公众的支持，结果既受到了经济损失又受到了名誉损失，这种赔了夫人又折兵的后果都是他们自己造成的。

在公众心目中，企业是一个强势群体，遇到这样的事情，是没有过多的权利去追究消费者的过错的，而应该自己承担所有责任。无论这是不是公平的，最重要的这是公众的心声，企业要是与之硬碰硬，吃亏的还是自己。如果企业从自己的经济效益出发，收回标错的价格，消费者不一定会罢休。既然经济损失在所难免，索性将计就计，让公众尝到甜头，全当做了一件善事，还能在公众的心里留一个好印象，给企业树立一个好形象。

公司内部，办公室里，要是想靠一个人的力量颠覆整个办公室的文化或格局，短时间内是不可能的。职场上的新人，往往在工作之初都会有很大的热情，很想通过自己的努力改变一些什么。也许办公室里的工作气氛达不到你理想中的那样，其实这与每个员工都有关，但同时与他们又都无关，包括你在内。普通员工只需要做好自己分内的事，关于集体的事情最好不要插手。否则不但会得罪同事，也可能得罪上司，出力不讨好。如果因此被扫地出门，就这样毫无面子的丢掉工作，赔了夫人又折兵。

职场规条

道高一尺魔高一丈，无论做什么事情，没有一个人是天下无敌的，高手都站在你看不见的高度等着与你过招。

成事靠的不只是匹夫之勇——过五关斩六将

在办公室里工作，不免会有意气用事，把一些事情做砸了，事后会非常的后悔。为什么总是在事情发生后才会去反省自己呢？这样不是有些太晚了吗？那在事情没有发生之前，自己又是怎么去做的呢？很多的年轻人依然改不了自己年轻气盛的架势，总会仗着那盛气凌人的锐气去做一些不理性的事情,结果呢?如果能把这样的气势放在理智后面,我想事情的结局就不会那样惨了。

☕ 意气用事,只会败事

办公室近似一个小的社会,在里面做事,要时刻小心注意为妙,可能你的一个不小心,就会被扫地出门,成为办公室里的历史人物。有些气焰过盛、个性十足的年轻人,并不懂得掩藏自己的锋芒,以为自己的我行我素就是自己的行事风格,殊不知这样的锋芒毕露最后可能会伤到自己。

在三国里,有一位人物,大家非常熟悉——张飞。张飞为人勇敢凶猛,曾经与二十骑兵一起在长坂坡吓退曹操的军队。在三国演义中,张飞动不动就要杀人,先是要杀死押送卢植的官差;后又因董卓无理,而冲动地想杀掉他以解心头之气;再就是拿鞭子抽打掌监属官,这些莽撞之举统统被刘备和关羽给拦住了。可见张飞脾气是多么暴躁,而他对士兵更是严厉。刘备常常劝说张飞:"爱卿厮杀太多,而且每天还要拿鞭打你手下的士兵,并且又是让你的左右手下去执行,这样只会让引来祸患啊。"可张飞从来没听过。最后,张飞真的死在他部下的手里。

没有哪些事情是非要用武力来解决的,物极必反,过度的意气用事到最后只会让自己陷入困境,解决问题就更是无从谈起。任何时候你的意气用事,只会给将要完工的项目带来更多的障碍。每个人的性格不一样,去看待问题的时候,思想上难免会有一些小小的差异,这是属于正常的。但是如果领导把这件事情分给你了,那么你就要用你百分百的精力去投入到解决这个问题上。此时,你不能私自地站在自己的立场上做任何决定,这样会引起同事们的误解。一旦人心不齐,接下来的工作必定会出现各种状况,失败似乎也就成了心照不宣的事实。没有任何事情,一次就可以分出胜败,只有经过多次交流,才可以从中得到一个答案。

人需要有个性,看那些成就大事的人哪个不是个性十足呢?当然,那些有个性的人,都有他们独到的见解,这是他们坚持的一个方向。同时,这样的方向在他们的眼里是正确的,没有什么人可以去改变。但是,大家做任何事情还是要接近现实的，只有接近现实才能证明我们所坚持的见解可以被人所接受，并能运用到工作当中。相反，如果是出于自己的个人情感，去做出一些让社会都不能接受的决定，是不会被实践所证实、所接受的。

所以，当我们在做出一些决定的时候，要及时地和自己的同事商量一下，结合大家的看法，做出一个小小的总结，也许这样可以避免在处理问题的时候出现的漏洞，影响处理的效果。同时也要记着，你的一时之气，不会成事，只会败事，所以在能避免的时候，最好尽量避免这种类似的事情发生。有的时候，忍一时风平浪静，何不尝试用另一种处事的方法呢？也许这会让你有意想不到的意外呢！

☕ 成功在于智取

不是所有的人都可以在这个社会生活得很好，如果你不小心碰到炸弹，就会把你自己搬倒。在办公室里工作也是一样的道理。其实生活是公平的，它不会让你在顺境中取得成功，可是它会给你这样的机会，那就要看我们是如何去抓住这个机会。是用武力把它强行留在自己的身边？还是用你的头脑让它自愿地为你留下来呢？

记得在三国时期，公元 200 年，曹操做了丞相，所以更不把皇帝放在眼里。吉平对此看在眼里，恨在心里，于是下决心要除掉曹操，可是事情没成，却被曹操杀掉。当曹操知道刘备也参与了此事时，率 20 万大军直杀徐州。刘备无计，只得张飞出马，随后刘备、张飞各自走散，刘备投奔了袁绍，张飞逃往芒砀山。曹操打下了徐州，又来攻打邳，关羽保护刘备妻小，被曹军团团围在上山。张辽上山劝关羽投降曹操，关羽思前想后，最后答应向曹军投降，不过有三个条件。当曹操得知后，为了留住关羽这样的人才，最后答应了他的要求。曹操放了刘备的两位夫人，关羽就随曹操去了许都。后袁绍起兵与曹操会战，关羽感谢曹操的照顾，于是杀了袁绍的大将颜良和文丑，曹操胜利。袁绍得知是刘备的二弟害了两位大将，于是叫人绑了刘备。刘备说："袁兄，这是曹操的阴谋，他是故意让关羽杀两位大将以此激怒你，然后借你的手来杀我。我现在就让关羽到这来投靠你，怎么样?"关羽收到刘备的书信，便和曹操辞别，曹操却故意避而不见。无奈之下，关羽只好身无一物地离开。他担心曹操有鬼，就把曹操送给他的锦袍披上，这让曹操的部分将领认为关羽太无礼了，几次要杀他，可都没成。关羽保护两位嫂嫂来到东岭关时，却受到此地守将孔秀的阻挡，说没见曹操的文书不能放人，无奈关羽只好把他杀了;随后洛阳的太守韩福阻拦，孟坦也向关羽挑战，被关羽砍为两段，不料却被韩福暗箭射中左臂，关羽气愤极了用嘴拔掉箭，斩了韩福;后杀了卞喜;到荥阳时又被一个叫王植的盯上，王植的手下胡班因佩服关羽的气概而告知了关羽，于是关羽又急忙上路，王植带兵追来，后被关羽给杀了。到了黄河口，秦琪拦路阻挠，也被关羽给杀了。

如果关羽没有这样果断的下结论，那么到最后被害的一定是他。这也是在告诉我们大家:凡事都要有一个度，在别人没有介入这个圈内时，你大可不必计较的太多，多用用智谋去处理事情，这样会给自己迈向成功的步伐增加一大步。

所以说，对于成功而言，它不一定需要你具备什么气度，你可以用智慧和勇气留它。也许对我们来说，在这一生中都在渴望知识，渴望从知识的海洋里得到成功，所以我们不断地寻求知识。可当我们去寻找智慧的时候才发现，原来它是那样的艰难。有一点是我们要知道的:知识我们可以去学习，但是智慧却得靠我们自己去努力领悟，也可以说真正的智慧在于你自己是怎么想的。那对于成功而言，也要靠你自己去努力。成功是一种智慧，而成功的智慧就在于你是如何让这些看上去很难做的事情变成你手里的方向盘，听从你的指挥。

职场规条

不顾后果的意气用事，只会让你自食恶果，适当地调整自己的态度，会让你在成功的道路上走得更顺。

工于心计，胜于谋算——吕蒙胜关羽

每个人都向往做一个没有心计的人，做事率性而为，好不洒脱！可人在职场，恐怕没有几个人敢坦荡荡了。心计并不是一件坏事，只是让人学会把"害人之心不可有，防人之心不可无"作为基本的职场潜规则。

在办公室要善于用"心计"，在人际交往中要用"心计"，对待朋友也不得不用"心计"，对待同事更得用点"心计"。这个社会永远处在一个弱肉强食的时代，古人打仗用三十六计，当今的职场上生存之道就更偏向于厚黑学，这其中都有"心计"的智慧。

☕ 工心计，四两拨千斤

水淹七军，生擒于禁、庞德，关羽被这些赫赫战绩几乎冲昏了头脑，而这点又恰恰被东吴将领陆逊看穿并利用了一番。陆逊备礼呈书给关羽，口气谦恭，这使原本就很轻视陆逊的关羽愈加放松了警惕，不再有江东之扰，于是撤走了荆州的大半兵马去攻打樊城。结果却让吕蒙有机可乘，偷袭荆州，没有费多少兵卒就拿下了这个军事重地。

听到荆州失守的消息，关羽勃然大怒，决心取回荆州。虽然东吴占领了荆州，但关羽的实力依然强大，尽管夺回荆州的志向极盛，但是形势依然严峻，双方一旦交战，结果实难预料。最后，吕蒙用瓦解军心的战术成功击溃了关羽的大军，并将其俘虏，这样一来，东吴在荆州之战中就取得了决定性的胜利。

吕蒙率军占领荆州后，便立即下军令："如有妄杀一人，妄取民间一物者，定按军法。"并且城中各级官吏，原封不动留任。他又将关羽家属专门保护起来，优厚供养。吕蒙的军纪确实严格无情。他的一位同乡士卒因为拿了百姓的箬笠盖铠甲，被抓获，吕蒙说："你虽是我同乡，但我号令已出，你既违反，当按军法。"当即推下斩首，自此三军震动，东吴兵士再也不敢骚扰百姓。过了几天，吕蒙又传下号令："凡随关羽出征的将士之家，按月供给粮米,有患病者,派医治疗。"结果"军属"们对东吴感激涕零,个个安居不动。反过来再看看关羽,一路气急败坏,派人去质问吕蒙的背信弃义。而吕蒙对关羽派来的使者却是以礼相待,并对其称,家门无恙,衣食不缺。使者将事情传到蜀汉军中后,众将士一听个个都很欣喜,无心再战。在与关羽的大军交战时,吕蒙除了派几路人马夹攻外,还将城中将士们的亲属都叫了出来,一时间战场上呼兄唤弟,寻子觅爷的,军心涣散,关羽的大军不战自溃。关羽西走麦城,终被擒杀。

夺取荆州的这场战争中,充分体现了吕蒙善于收买人心,极尽心机之能事。在实力上与关羽虽然有很大的悬殊,但凭着自己的精心策划和沉着心态打败了威名赫赫的关羽。再来看看关羽,他一直把吴军当成是自己的盟友,不会做出如此背信弃义之事,因此,在这次战役中,始终是关羽在孤军奋战,刘备从未派兵增援。关羽的心态除了焦躁之外,就是太相信自己的"盟友"了。但是在利益面前,东吴与蜀汉始终是敌人。而吕蒙的使命就是为东吴争取最大的利益,关羽没有认识到这层利害关系,最终还是因为心里没有过"义"字一关而赔上了自己的性命。

☕ 攻心为上——智慧之外的冷静

马谡曾提出的夫用兵之道:"攻心为上,攻城为下;心战为上,兵战为下。"无论是在战场上还是在职场上,心计是每个人必须具备的做事技巧。心计不一定就是阴谋,只是为达到目的而采用的一些出乎别人意料的手段,是帮助人们通向成功的谋略。

没有你,地球依然会转。你也许就是个标准的办公室达人,全心全意工作,说你鞠躬尽瘁一点也不为过。领导交给的任务总是一丝不苟地完成,即使无偿加班,也毫无怨言;同事拜托的事情也不管是分内还是分外,总是任劳任怨,即使忙得晕头转向也会强打起精神说:"没问题,交给我就行了"。这样的办公室生存之道,没人会理解你的付出与劳累,甚至还会有人认为那是你理所应当付出的。因此,这样的努力是没有任何意义的,要想体现出自己的价值就要有心计,要想让别人尤其是上司看到你的价值，更需要心计，而不是盲目受苦受累。

人们一般都认为"心计"是个贬义词，其实我们不妨把它理解为中性词，因为心计用的是否得当，关键在于人，就像刀既可以用来削水果，也可以用来犯罪杀人，那难道就是刀的错吗？关于心计，也不可片面视之。人们在交往和沟通中，要达到最终的理解，就需要一定的方式和方法，也就是潜意识里要先有个计划或策略，同时，这也是一种成熟的心理素养。常见的交往模式中，有时双方的利益是不能全部被满足的，就好像战争中的你死我活一样。

竞争是残酷的，大家各凭本事为自己的目标奋战。但战争的结果往往会出人意料，因为实力最强的一方不一定是最后胜利的一方，而能取得最后胜利的一方却往往是最善于用计的一方，并且在整个过程中表现得很冷静。有实力却拿不到胜利的果实，肯定在竞争过程中出现了焦躁、掉以轻心的情绪，否则没有理由输掉战争。吕蒙与关羽的较量就是最典型的例子，在办公室内，要警惕"吕蒙"，不做"关羽"。办公室小人心计防不胜防，无论你实力如何，只要能在公平的竞争中保持冷静的头脑，平和谦虚的心态，就能无往不胜。

职场规条

兵战为下，心战为上。利益面前心计会胜过实力。

诸葛亮病死五丈原，蜀汉军金蝉脱壳转危为安

金蝉脱壳在大自然中是很常见的，这看似是一种简单的生命现象，但对于物种的生存和进化史有很大作用。金蝉脱壳被收入三十六计中，"存其形，完其势；友不疑，敌不动。巽而止蛊。"即为了脱离险境，表面上看起来要保持原来的形态和姿势不变，但在暗中却早已脱身而去。这样的计谋让友军不生疑心，让敌军不敢轻举妄动，达到隐蔽自己的行动、迷惑对手的目的。

历史上,使用"金蝉脱壳"计谋的故事可谓是不胜枚举,现代商战、企业管理和职场上也不乏实例。这实际上是一种分身、逃遁的计谋,能在面临僵局、败局时反败为胜。

权宜之计救一时之急,解重围之困

三国时期,诸葛亮六出祁山北伐,由于遇到劲敌司马懿等原因,一直未能如愿。终于在第六次北伐时,诸葛亮积劳成疾病死五丈原。诸葛亮料事如神,在临终前就授以姜维退兵之计,为的是不让蜀汉军在撤退的过程中遭遇不测。于是姜维依照诸葛亮的吩咐,在诸葛亮死后秘不发丧,带着其灵柩秘密率军撤退。司马懿立即派部队跟踪追击蜀汉军,姜维让工匠雕刻了一个木人诸葛亮,依然"羽扇纶巾,稳坐车中"。又安排杨义率领部分人马向魏军发动进攻。敌人见蜀汉军大张旗鼓,军容整齐,还看见诸葛亮稳坐车中指挥若定。司马懿不知诸葛亮又在耍什么花招所以不敢轻举妄动。因为他知道诸葛亮一向"诡计多端",还怀疑此次退兵乃诱敌深入之计,于是命令部队后撤观察蜀汉军动向。姜维乘机立即调动主力部队安全转移,撤回汉中。等司马懿得知诸葛亮已经西去,想再次追击已经来不及了。

三国当中,这段金蝉脱壳是诸葛亮一生最后一次用计再次胜司马懿一筹。司马懿可谓是诸葛亮军事生涯中的劲敌,之所以六次北伐全部遭遇失败,关键在于司马懿的智慧是完全可以与诸葛亮媲美的。诸葛亮一生用的最后一计,可谓经典。

东晋司马绍继位后的处境与之前曹氏与司马氏之间的情况很相似,只是结果不同,关键就在于司马绍是个有很高智慧的人。王导辅政大权在握,其弟王敦以为有机可乘,就想篡位。司马绍在逃脱王敦追杀的紧急关头,来到一柳林边见有一老婆婆在茶馆前卖水,就心生一计,把自己的马鞭扔到茶摊上,等王敦的部下追过来时看到了这个马鞭,由于是帝王使用的马鞭肯定不是寻常物件,上面镶满了宝石,几个部下都看呆了,一时忘了正事,等王敦亲自赶过来时,他们才恍然大悟,但是已经晚了。司马绍用宝物转移敌人的注意，为自己的逃亡赢得了宝贵的时间，脱离了险境。

"金蝉脱壳"用于军事，通过伪装摆脱敌人，撤退或转移，能实现己方的战略目标才是最重要的。在紧急情况下不惊慌失措已经很难得，能看准时机找寻后生的希望更体现出其智慧所在。金蝉脱壳不是消极逃跑，而是先稳住敌人，伺机转移或撤退，即保留形式，抽走内容，让自己脱离危险。说到底也是权宜之计，不仅能在军事上发挥关键的作用，在现代商场之战、职场之争中也有其用武之地。

☕ 金蝉脱壳，东山再起

在残酷的商战中，"金蝉脱壳"之计也是一种不可忽视的智慧。有胆识和魄力的人并不怕遭一时之挫，他们能在万不得已的时候用权宜之计，暂时得以脱身就不怕没有翻身复出的机会，正所谓"留得青山在，不愁没柴烧"。巨人集团的史玉柱就是成功运用了"金蝉脱壳"之计而得以东山再起的。

当时，巨人集团出现财务危机，背负了巨额的债务，若是在这种困境中苦苦支撑，相信史玉柱是没有机会分身重新创业的。史玉柱做出了一个很重要的选择，他在珠海留下了一个空壳公司，而自己却转身到上海另起炉灶，成立了上海健特生物科技有限公司。为了防止原来的大债主的纠缠，史玉柱做的只是一个"影子"总裁，是一个隐身幕后的决策顾问，并且在新公司的工商注册中不占一点股份，为的就是给自己一个喘息的机会，以便日后东山再起。

公司在史玉柱的幕后领导下，经过几年的艰辛努力，研发出保健品"脑白金"，并在全国热销。随后，史玉柱就以个人名义从公司借了一个多亿，偿还了之前在珠海兴建巨人大厦时所欠下的债务，并将巨人集团在珠海的实物资产变换成各种形式还清了其他企业的所有债务。至此，史玉柱还清了欠下的所有债务并得到了社会各界的认同与赞赏，更重要的是恢复了商誉，为自己新一轮的搏击扫除了最大的障碍。

在激烈的竞争中，陷入困境或受到挫败是难免的，关键在于能否摆脱困境,寻求重新崛起的机会。"金蝉脱壳"的智慧就在于在形势对自己不利的时候不妨另辟蹊径,从原来的局势中走出来,去寻找新的胜利,只要有才华就有实力,只要有实力就有重新崛起的希望。

在三国的各大计谋中,"金蝉脱壳"的计谋可谓被很多有大智慧的人发挥运用得淋漓尽致。话说华雄与李肃兵分两路突入孙坚军营之中,孙坚的部队被杀得溃不成军。华雄紧追孙坚不放,原来是孙坚的红头巾太扎眼,无论逃到哪里都能被敌人一眼认出来。孙坚的部下祖茂使出"金蝉脱壳"之计,才使孙坚逃过一劫,自己却成为了华雄的刀下鬼。在生命攸关的时刻,"金蝉脱壳"的智慧能给人生还的契机。

无论在什么样的战争中都不能硬碰硬,当感觉自己能力不济时,适时转移或撤退就是保存实力的最佳办法。但这种撤退和转移也要讲技巧和方法,在有把握的情况下稳步撤退,不要让敌人在气势上看到自己的破绽和漏洞。

职场规条

在存亡危急之际,生死攸关之时,巧妙地运用"金蝉脱壳"之计,往往能绝处逢生,化险为夷。

抓住敌人的软肋——苦肉计破曹操

人们一般不会自我伤害,遭受伤害必然是真实情况;如果以假作真,并使敌方信而不疑,离间计就可以实现了。抓住敌人幼稚朴素的心理进行欺弄,就能利用对方柔弱的性情达到目的。此计是通过自我伤害取信于敌,以便麻痹敌人或进行间谍活动的谋略。

苦肉计,不仅用于战争中,还广泛地应用于社会生活的各个领域。在现代职场上利用人们喜欢揭人之短的心理,适当的揭示自己无碍大局的短处,更能树立自己的良好形象,也更能取信于别人,为下一步的发展埋下伏笔。

☕ 苦肉计防不胜防——周郎妙计破曹公

三国时期，著名的赤壁之战，黄盖和周瑜为了打败曹操而联合上演了一场苦肉计，诈降曹操。纵观赤壁之战的胜利，东吴与刘备军的联合以及其他方面的诸多因素都是制胜必不可少的，但毋庸置疑最重要的原因还是黄盖率兵烧掉了曹操的战船，也就是其军营的驻扎之地，最终使得曹军被打得大败而逃，曹操本人更是丢盔卸甲狼狈不堪。黄盖"投降"曹军被周瑜的50脊杖打得皮开肉绽，血肉模糊，几乎所有的东吴文武官员都被这个假象骗了。这条计谋确实不错，但曹操本人也是老谋深算，再加上他背后还有众多的谋士贤臣，要识破此计是很简单的。因此，最重要的就是此计怎样能获得曹操的信任，除了周、黄二人配合得天衣无缝外，在实施这条计策的过程中，阚泽和庞统的作用也不能小视。曹操聪明、机敏、经验丰富，可不是好欺骗的。当阚泽向曹操献上诈降书后，聪慧狡诈的曹操反复看了十余遍，突然拍案大怒曰："黄盖用苦肉计，令汝下诈降书，就中取事，却敢来戏我也？"就让身边的部下把阚泽推出去斩了。但阚泽脸不变色心不跳，对诈降书中的所谓"漏洞"做出了令曹操满意的解释，曹操才初步相信了黄盖的投降。后来，曹操通过派入东吴卧底奸细的回报，才对黄盖的投降由怀疑到坚信。因为黄盖和阚泽来自敌方，曹操不得不防。相比之下，庞统就幸运得多了。庞统是世上高人，声震环宇，与诸葛亮齐名，"卧龙、凤雏，两人得一，可安天下"。曹操对此话早有耳闻。因此，听说庞统来了，曹操亲自出帐迎接，执礼甚恭。但正是这位庞统庞先生，却有意给他出了个"连环计"的馊主意，曹操及手下众将还都不胜感激，并说："非先生良谋，安能破东吴也？"当时，虽然有人提出，如果敌人采用火攻，就会有很大的风险。曹操自信地说："方今隆冬之际，怎么会有东南风呢？"当黄盖带着满船干柴和火种驶来时，曹操还以为是来给他送粮草的呢！曹操就这样败在了苦肉计与连环计的巧妙配合中。

无疑,周瑜和黄盖的苦肉计非常成功。首先是执行苦肉计的人,必须要取得对方的信任,这是此计成功与否的关键所在。只有取得对方的充分信任,才能使之毫无防范之心。由于阚泽与庞统的表演极其逼真,使曹操对此深信不疑,把他们当成了自己人,结果上了大当。俗话说:"智者千虑,必有一失。"曹操虽然精明,但太过自信也是其软肋。所以,在赤壁之战中屡中诸葛亮与周瑜之计也不全是偶然。

视死如归的勇者才能担当此计的重任,而且要足够机敏。黄盖为获得曹操的信任自己甘受皮肉之苦,而阚泽也敢于去冒被杀头之危险。他们编排的苦肉计还有一个制胜的关键就是保密工作做得好,难怪周瑜和黄盖在定计之初,很多高级将领还被蒙在鼓里,就连鲁肃也对此毫不知情。这样的险招当然是越少人知道越好,否则走漏风声很容易前功尽弃。战斗双方,最难防的就是间谍,敌我双方往往是你中有我,我中有你,如果不高度警惕,不仅计谋会失败,说不定还会被敌人将计就计利用一番。其实,一直到现在,间谍从来没有停止过活动。各国互派的间谍,也只有该国少数几个高级领导人才知道。熊向辉隐藏在胡宗南身边多年,胡的一举一动,共产党马上知道,他为中国革命的胜利作出了重大贡献,但他的情况也只有毛泽东和周恩来等少数几个人清楚,道理是一样的。间谍活动在苦肉计中所扮演的角色也是相当重要的,很多时候,当苦肉计上升到反间计,取得成功的概率就会有很大提高。

☕ 揭己所短,攻人之软

职场如战场,如今的职场上,因为人际、人脉等因素的加入,单靠努力工作已经不是能够平步青云的秘诀了。但是锋芒毕露,就很容易遭人忌妒被人暗算。如果不努力工作就无法在单位生存,如果表现得太卖力就会有献殷勤的嫌疑,在这样的夹缝中生存,人们逐渐找到了一条微妙的生存、晋升法则,即一边让自己的才华出众得到上司的赏识,一边在适当的时机揭露自己的短处,暴露自己的不足并承认自己的"无能",减少来自周围同事的忌妒甚至陷害。

如果你当众承认自己的不足，希望大家多帮助自己改正，就相当于让很多"敌人"的心理得到了一定的平衡，自己就可以暂时安享太平，一心为更好的成绩而奋斗了。当然，使用苦肉计揭发自己的短处也要有一定的尺度，最好选择一些无关痛痒的短处，否则就会显得自己过于自卑，效果适得其反。这就需要人们把"苦肉计"运用得如"周郎破曹操"一样。"苦肉计"的本质就是先把自己折磨一番，让自己的痛苦被他人或大众感知，暗地里却另有目的。而对于普通人而言，"人不自害"是人们习惯的心理定式，"苦肉计"就是运用这一心理定式造成受迫害的假象，以迷惑或欺骗对方或大众，实行分化瓦解。"苦肉计"之所以会成功，除了用计之人的智慧外，还有个重要的原因就是"上当"的人有软肋，有可以攻击利用的空洞，而这个"缺陷"是每个人都会有的。

三国中，刘备是个善于抓人软肋的典型人物，所以很多人都说他的江山是哭出来的。桃园三结义，他用眼泪收拢了两位忠肝义胆的好兄弟，事实也证明他们两人在刘备打江山的过程中，立下的汗马功劳几乎是无人能比的。当刘备无家可归的时候，到吕布那里故伎重施，两行热泪，成功换取了吕布的信任与同情，总算没有走到绝路上。刘备，堂堂男子汉，又是一个首领，能做出这样的举动，确实取得了很好的效果，成功利用了对方最善良的那一面。

职场规条

　　每个人，每个团体都会有无法自知的漏洞，有可以趁虚而入的可乘之机。当正面的交战没有把握时，敌人的软肋就会成为己方制胜的机会。

出其不意——甘宁百骑劫魏营

孙子曰："兵者，诡道也。"要想在战争中掌握主动权就要善于根据具体情况采取灵活机动的战略战术。无论在古代的战场上，还是在现代的职场、商场上，必须掌握特殊的法则才能做到"出其不意，攻其不备"。在突然地袭击中克敌制胜。

要做到兵法中所讲的"出其不意"关键要能根据具体的客观情况，制定切实可行、行之有效的战略战术，而不只是说空话。战略家和指挥家之所以能做出高明的决策，是因为他们懂得如何"运筹帷幄之中，决胜千里之外"。

☕ 出其不意——用兵的关键

当初，孙权应诸葛亮之约，进攻曹操薄弱的东部防线。守将张辽告急，于是曹操撤掉西部大军去增援东部防线。为了先打掉曹军的锐气，孙权决定趁曹操的大军远道而来又立足不稳时，出其不意地率先出击。部将凌统主动请缨，在得到批准之后就带着 3000 人马奔向曹营。凌统与曹军先锋大将张辽大战了 50 回合也未分胜负。孙权恐凌统有所闪失再败了大计，于是让吕蒙接应他归回本阵。这一仗虽没分胜负，但对曹军也起了一定的震慑作用：吴将亦相当骁勇！

甘宁也向孙权主动请缨，希望自己可以带一百名战士夜袭曹营，并保证："要是损失了一兵一卒，也不算成功！"孙权赞赏他的勇气，就同意了。甘宁作战前动员："今天夜里，我们奉命偷袭曹营。请大家和我一起满饮一杯酒，然后努力向前！"那一百名士兵听到后，面面相觑。甘宁见状，拔剑怒喝："我作为大将，还不惜生命，你们还有什么迟疑的？"士兵们见大将甘宁变了脸，都起身行礼："愿出死力，跟您一起去。"饱食之后，夜半三更时分，甘宁让每个士兵头盔上插一根白鹅翎，作为吴兵记号，然后披甲上马，大喊一声，杀入曹营。曹兵惊慌之际，辨不出对方来了多少兵马，结果弄得十分狼狈。甘宁趁乱，率百名战士在曹营中纵横疾驰，见人就杀，迅速从南营门杀出来，也没遇到什么障碍。曹操怀疑对方是故意引诱自己追赶，为防中吴军埋伏，也就没敢追击。甘宁偷袭成功，百名战士无一受伤。回到吴军时，便命令这一百人击鼓奏乐。孙权亲自出门迎接，甘宁声名大振。

这就是三国中出其不意之计谋的一次应用，之所以能保证大捷，就是做出了让敌人意想不到的行动。想要成功就要打破俗套，一反常规，用新奇的想法和做法克胜敌人是军事家最重要的素质，在战场上是最有奇效的。

在工作中要有心计，但这也只是充分表现和保护自己的基本法则。在职业生涯中，要想脱颖而出，就要看准实际工作中影响人们的各种因素，消沉、庸俗、张扬等。善于用谋、精通心计、不露声色、善察识辨，为自己规避风险和困难，在与别人的较量中才能达到出其不意的效果。

☕ 从大局出发运筹帷幄，出奇制胜

职场、商场上的竞争与战场上的竞争哲理是相通的，其核心都在一个奇字上。俗话说："兵无常势，水无常形。"所有的战争其实都是奇正变化。要善于利用竞争对手的思维弱势，捕捉其思想空隙，突破思维的常规和法则出奇制胜。要想做到这些，首先要眼高一筹，通观全局。

著名哲学家黑格尔曾说过："世界是由一串串的偶然构成的，而贯穿其中则有一个必然的存在。"在纷杂的世界万事万物中，肯定普遍存在带有规律性的东西，存在一个整体方向性的东西，这就是统筹大局的眼光。

在这个万变的时代，要做出精透准确的判断并不是一件轻而易举的事情。很关键的一点就是具有纵观大局的战略性眼光，能够看出整个大局的发展方向，并知道如何沿着这个方向使自己立于不败之地。

微软公司的名字是由"微"和"软"组成的，按常人的理解，"微"就是微不足道，"软"就是软弱无能，无论怎样都不像大公司的名字。其实不然，"微"与"软"的真正含义表现出了比尔·盖茨所具有的鹤立鸡群的商业性眼光。"微"是微电脑的意思，而"软"是软件的意思，这正是微软公司经营的业务：给微电脑设计使用软件。比尔·盖茨当年就看到了这两者将成为未来世界发展的大趋势。号称"塑胶花王"的亿万富豪李嘉诚，在其塑料花生意处于顶峰之时，经过分析看到塑胶花的发展空间具有很大的局限性，最后必将被真花所取代。于是，李嘉诚毅然投资房地产，成功地避开了市场危机，建立了自己的"李氏王国"。

只要人们遵循一个普遍的方法，就能找出事物发展的规律，从偶然中看出其必然，并按这个规律和必然行事，从杂乱无章中找出大方向，找出事物的发展规律，并符合规律地照这个方向去做，就能常胜不败。

日军偷袭美军太平洋海军基地珍珠港，是一个较为成功的"出其不意"的战例。在偷袭珍珠港之前，还没有哪一支军队能够做到从本土出发远程袭击成功的，可是日军却以美军万万没想到的行动，使美军太平洋舰队损失惨重，一举改变了双方在太平洋上的军力平衡。因此，只要敢于打破常规，善于统筹思考、逆向思维，在平时工作中知谋、识谋、用谋，就一定能在竞争中化劣为优，给敌人以意想不到的打击。

职场规条

统筹大局，出其不意是在各种竞争中最有效的行动方式，也是敌人最难以抵抗的进攻。

不卑不亢——关羽温酒斩华雄

职场中，面对上司的言教，你是否曾经低声下气，委屈于上司的权威之下？要么你是没真才实学，只能这样，要么就是你骨子里自卑。虽然是上下级的关系，但是人格是平等的，如果你没有做错事上司却对你指东道西，说明他本身就不满你，对你有意见。这个时候你就算做得再好，也入不了他的眼，不如用自己的才华和胆识来使你的上司对你改变态度。只要你能够做好自己分内的事，不犯错误，面对他时你大可以不卑不亢，不要恃才傲物，这样会更令他厌恶，也不必过分低声下气，他是上司，你可以尊敬，但不必巴结。

☕强权面前应不卑不亢

很多人面对地位比自己高的人就比较容易害怕，最大的原因莫过于你对其有所求，人与人之间一旦有了利益冲突就不免让自己变得卑微。其实你越是这样，反而让对方看不起；相反，你若面对强权不卑不亢，也许他会敬佩你的从容大气。

曹操当初招兵买马，会合袁绍、公孙瓒、孙坚等各路人马共讨董卓，当时的刘备、关羽、张飞并没有什么势力，而是追随公孙瓒一同前往。董卓的大将华雄打败了联军的先锋孙坚，又杀了联军两员大将，所以有些得意忘形。各路诸侯都惊慌得有些束手无策，袁绍也感慨他的大将颜良和文丑不在，否则怎么会怕华雄这样的小人物。话音刚落，关羽高声叫道："小将愿意去砍下华雄的人头。"袁绍看关羽只不过是个马弓手，就生气地说："我们十八路诸侯大将几百员，却要派一个马弓手出战，岂不让华雄笑话。"关羽并没有因为身份卑微而自羞，反而不卑不亢地大声说："我如果杀不了华雄，就请砍下我的脑袋。"曹操听了十分欣赏关羽的勇气，于是就倒了一杯热酒递给关羽说："将军喝了这杯酒，再前去杀敌。"关羽接过酒杯，又放在桌子上说："等我杀了华雄回来再喝吧！"说完，提着大刀上马去了。关羽武艺高强，没一会儿，就砍下了华雄的脑袋。他回到军营，将华雄的人头掷于地上。曹操见此连忙拿起桌上的酒杯递给他，此时杯中的酒还是温的。

面对众人不屑的眼光，关羽并没有退缩，而是采取了不卑不亢的态度面对所有诸侯。他能这样从容，最重要的是有足够的自信和本领所带来的底气。他当时只是一个马弓手，但是他没有因为身份卑微而不敢在众诸侯面前献技，而是毛遂自荐；斩下华雄人头他更没有狂傲自大，但是当他把华雄人头掷于地上，从容地接过曹操为其温的酒时，其大将风度便显露无遗。

在办公室中，免不了要在各个领导之间周旋，可能其中有器重你的，有刁难你的，有看你笑话的。面对不同的人不同的心思，你还能做到从容淡定吗？其实这时候就算你再慌张还是要面对，不妨放下所有的杂念，以公为主，从容不迫地做好自己的本职工作。只要把工作做好，并且做得漂亮，大家自然会对你刮目相看。

☕ 从容不迫化解危机

办公室中，肯定有这样一种人，从来不主动和上司说话，甚至刻意躲着上司，见上司就不知道该说什么，也没有了平时和同事说话的从容。这在心理学上被称为"权威恐惧症"，就是对具有管理权利和批评权利的人会产生恐惧，一般人对上司和比自己地位高的人都会有一些紧张心理，但是如果到了刻意躲避的地步，就不太正常了。如果你不和上司交往、接触，恐怕很难得到上司的信任，那么在职场中便也没有很大的发展前景。所以一定要学会怎样才能从容不迫地面对上司，对上司的责备或刁难做到随机应变，应付自如。

尽管陈文龙已经工作多年，但是却依然不懂得怎样和上司相处。每次见到上司，他都感到紧张，当上司找他谈工作时，他也总是紧张和担心，不能从容应对，总是在上司面前结结巴巴。他在单位兢兢业业地做了那么多年，眼看着比他晚来的人都升职加薪了，而他却依然在原地踏步。对此他也很苦恼，但是却改不了自己的性格。

面对上司如果不能放松心情，只会让自己越来越紧张。最重要的是要正确评估自己，接受自己，首先要树立自信心，不要把自己看得一无是处，如果你自己都这样看自己了，那上司还敢对你委以重任吗？把自己的优点最大化，这样你就会拥有自信，从而肯定自己，在上司面前也才有底气，而不至于被上司压得喘不过气，不知所措。

刘备兵败徐州，后投奔袁绍。而关羽为了救刘备的二位夫人从而被曹操留下。曹操素来爱才，为拉拢关羽三日一小宴五日一大宴。袁绍攻打曹操，颜良、文丑二人骁勇善战，曹操将士不可敌，关羽听说后，为报曹操礼遇之恩而决定代曹出战，结果颜良、文丑皆死于关羽手下。这时关羽并不知道刘备在袁绍军中。袁绍听说自己最器重的大将是被刘备的兄弟关羽所杀，于是便要杀刘备以泄其愤。刘备欲辩之，袁绍的左右大臣知道只要刘备一开口，一流泪就可能逃脱死刑，于是都建议不让刘备辩解把其拖下去斩了。情急之下，刘备并没有慌张，他知道往常自己用哭来躲过劫难，这次要再哭袁绍肯定不理，于是他在被士兵拉下去时便大笑。这一笑使袁绍疑惑不已，于是便让士兵把他拉上来问："你都要死了，为何要笑啊？"他这一问，正中刘备下怀，便知道自己不会死了。刘备好像刚才被拉去处斩的不是他一样，从容不迫地说："颜良、文丑虽勇但是已死，你杀我也没用。如果你不杀我，待我给二弟关羽、三弟张飞写封书信让他们来投靠您，您便可得两员比颜良、文丑更厉害的大将。"于是袁绍放过了刘备。

刘备面对危难正是能够保持从容不迫的态度，才得以逃过危机，如果当袁绍要杀他时，他吓得只知道求饶，那么袁绍更不可能放过他了。

在办公室中做事，难免会遭同事或上司怀疑不信任，这是不可避免的事。这时，你越是不承认，可能大家越是不会相信你，认为你是在辩解，不如不卑不亢，拿出事实，让事实帮你说话，以从容不迫的态度坦然面对别人对你的误解，你的真诚反而更能换取别人的信任。

职场规条

面对上司越是唯唯诺诺越是不被人重视，只有不卑不亢从容不迫才更能得到别人的敬重。

虚虚实实——张飞沉着退敌兵

在战场上，所谓兵不厌诈，可以于虚虚实实之间，把握攻击的主动权。虚虚实实，它不单单是无中生有，也不能说是虚张声势，但是却又不能说毫无关系。在职场中如果能够用好这一计谋，便可以得到更多人的拥戴。职场上的新人也可以借此让别人认为你是有资历的人，从而都愿意仰仗你；没有后台的你可以让人以为你也是很有来头的，从而让人不敢责难你。

☕ 虚张声势，以震敌军

职场中难免尔虞我诈，面对真真假假的话和笑容，很多人便很容易被对方制造的假象所迷惑。所以，善于运用计谋，巧布迷魂阵，虚张声势，可以慑服对手，从而让他相信你。

曹操消灭北方群雄后，率几十万大军挥师南下前往荆州，刘琮不战而降。刘备便带不愿投降的兵将退往江陵，在长坂坡被曹军追击，刘备在张飞保护下逃走，身边只剩下一百多骑兵。而赵云、麋竺、简雍等均不知下落，正悲伤之际，忽见麋芳身带数箭，踉跄而来，并告诉刘备说："赵云投降了曹操。"刘备不信，张飞说："他见我们势力穷尽，所以投降曹操，以便图取富贵。我现在就去找他，如果撞见，就一枪刺死他。"说完不顾刘备劝阻，飞身上马率20名骑兵回到长坂坡桥边。他见桥东有一大片树林，心生一计，教那20名骑兵砍下树枝，拴在马尾上，在树林中往来奔驰，冲起尘土，作为疑兵；自己则横矛立马于桥上，向西而望。

赵云经过一天的浴血血战，先后救出简雍、麋竺、甘夫人和阿斗等人，待到长坂坡桥边时，已经是人困马乏。他见张飞立于桥上便大呼求援，张飞接到简雍的报信，得知赵云并未背叛，便让赵云他们先回营地自己来抵挡追兵。赵云率众人纵马过桥，曹军追来，见张飞纵马立于桥上，又见桥东树林之后，尘土飞扬，疑有伏兵，便不敢向前，并报与曹操。曹操闻讯赶到。张飞见曹军到来，便大喝道自己是张飞张翼德，谁敢前来决一死战？张飞的声如响雷，使得曹军心有余悸。

曹操对左右的手下说："听关羽说张飞算得上是百万大军的首将，所以不可以轻敌。"曹操的话还未说完，就又听见张飞喝道："燕人张翼德在此，谁敢来决一死战？"曹操见张飞气概如此雄壮，随有退兵之心。张飞见曹操后军阵脚移动，就故意虚张声势地喝道："战又不战，退又不退，却是何故？"谁知这时曹操身边的将领夏侯杰因害怕而突发疾病而跌倒在马下。曹操见此也心生恐惧，于是率众人往西退去。

张飞巧用虚张声势之计，骗过了曹操，让他误以为有伏兵，最终退兵。这是虚实造势的计谋。不管是在战场上、人际交往中或职场内都可以运用虚实之计，如果一个人过于实在就会吃亏。

☕ 虚实变换，无中生有

有人的地方就有争斗，特别是在职场上办公室中，每一个都会为了自己的利益而使用一些计谋。但是毕竟是同在一个屋檐下，有时候不能明刀明枪，于是更多的人是采用迂回战术。有的人处于弱势，自身不如别人，但是如果懂得计谋，便可以改变这种形势，使自己变为主动。

三国演义最为著名的空城计，便是一种无中生有、虚实结合的计谋，诸葛亮的沉着冷静将这一计谋发挥到了极致。当时因为马谡违军纪，以至于街亭失守，司马懿带大军直逼西城。此时西城只有老弱残兵不到三千人，诸葛亮大开城门，自己在城楼上弹琴唱曲。因为司马懿生性多疑，所以他怀疑是敌方设有埋伏就引兵退去。等到他得知是自己多虑而回头再战时，赵云已经回来援助并大胜司马懿。

战场中虚虚实实，兵无常势，变化无穷，如果一味地硬攻先不论输赢，且将士就要牺牲很多。但是在面对强大的敌人时，要想使用此计就一定要充分掌握对方主帅的心理和性格特征，切不可轻易出此险招。诸葛亮之所以能够兵行险棋，是因为他了解司马懿知道他向来谨慎，从来不会冒险而行，从而利用这一心理骗过了司马懿。所以说在利用计谋时一定要分析对手的心理，确定万无一失才可以实现其目的。

张俊和马随才是同时进入一家公司的职员，两个人的业绩和平时在公司的表现都令上司很满意。最近公司有一中层领导的职位空缺，他们的上司在选择谁去会更好这一问题上一直犹豫不定。当然这对张俊和马随才来说都是一个好的机会，他们都在猜测着上司的心思，但是却没有一点风声。其中马随才和公司的副总经理有一些私人交情，表面上看起来似乎局面对马随才有利。这时张俊自知自己的弱势所在，于是他想到了一个办法，就是借用别人满足上司的心愿，他的上司最爱被记者采访，以显示自己的知名度。于是张俊就先以公司的名义请来了电视台的记者,然后又对上司说自己有一个朋友正好是某电视台的记者,平时对该上司很是崇拜,想采访一下他,其上司听见有人崇拜自己并且还是媒体,就自然很高兴地做了一番采访。张俊也就和上司拉近了距离,上司自然也提升了他。

张俊就是运用虚实结合、无中生有的计谋,他本来并不认识记者,但是他却告诉上司说是他的朋友,等于说是自己为上司安排的这一场采访。而记者在不知情的情况下也被他利用了一下,从而迷惑了上司,使上司以为他真的认识记者,对自己和媒体的接触也会有很大的好处。就这样张俊不用自己费事便达到了目的。

职场规条

所谓兵不厌诈,职场中也一样,适当的虚实结合,能够迷惑对方,从而为自己争取时间和先机。

帅才之功不可忽视——孙吴守江东

在办公室里工作,同事之间肯定要分个你高我低的现象。如何发现那些不善居功的员工呢?因为埋没那些不善居功的人才可算是公司的一大损失。可如今的社会想找一个有资深能力的员工,可以说是海底捞针,十分的困难。所以,要求我们不管在任何时候,那些业绩出众,出谋划策的员工,可不能轻易忽视。

注重人才,达到双赢

有的人向往人才,可却不是人才,而有的人是做人才的料子,却一直没有被发现。如果说这是一个公司需求的人才,那么不管这样的员工在哪里,都会被领导识别出来。什么样的员工才是真正的人才呢?如果没有这方面的能力如何向这方面学习呢?

在公司里，人才是没有界线的，对于不同的公司有不同的要求。所以对于办公室里的人才，要不拘一格降人才。从单一方面来讲，所谓的人才就是那些能够出谋划策的人才，在公司安排的事情上做得井井有条，显示出大有作为的人。

三国鼎立时期，孙权的父亲孙坚曾经是乌程侯、破虏将军，哥哥孙策也在曹操栽培下提升为讨逆将军和吴侯。小时候孙权便跟着父亲和哥哥到处打仗，见过世面，并且非常喜欢历史、文学等各方面的书籍，这使得孙权初步具备了一定的后备力。孙权性格开朗，懂得容人，在父兄的军队中小有名气。在父亲战死后，时不时还给哥哥出出主意，孙策没想到弟弟竟有如此惊人的谋略。孙策高兴之极，在设宴招待宾客的时候还时不时地对他说："以后文臣武将，都将会成为你的属下，辅佐你成就大业。"没过多久，孙权继承了父兄的大业，文臣武将在张昭、周瑜同心协力的劝说下一起辅佐孙权。孙权很快稳定了江东，同时也稳固了他自己的地位。

如果孙策没有及时地发现孙权这一人才，那么在后来的历史里也许就没有他们孙家的地位。这其实也是在告诉我们：及时地发掘人才，对以后企业的发展会起到举足轻重的作用。不能总是认为自己的观点是无法改变和无可替代的，要知道代代都有人才出。任何时代都有人才辈出的时候，我们要及时地去发现他们，不能因为个人的感情夹杂在里面而让那些人才悄悄地从我们这个办公室里流走。也许在将来的某一天，企业真的遇到困难的时候，说不定这会是一张很好的底牌。

办公室里是人才聚集的地方，而在这么多人才里，总有能力突出的人才存在。这时候，作为领导就要善于用你那识金的慧眼来找了。留住人才，就是留住金。所以我们要想办法让这些人才留下来，为自己的企业奉献他们的智慧。

如何才能让这些人才留在自己的公司里做事，也是简单而复杂的问题。首先作为企业的领导可以站在员工的位置上想一些问题，那么可能问题会解决得很快；而如果领导不愿放下自己的身份，这对于留住人才是很难的一件事情。真的人才，是不会求取什么好的功名，他们只希望自己的知识能为社会所采取，能为这个社会作应有的贡献。同时，在关注人才的时候,也是在陪养人才。人才是企业的第一资源,是企业走向成功必不可缺少的能量。而在一些企业里认为,没有这个必要,人才有的是,不用为这个担心。他们很是大度,相信这个社会里的人才有的是。但是,人才也是分高低的,如果没有良好的资源也是不行的,营养还是达不到指标。而如果在你的企业里有非同寻常的员工,那对这个企业来说,可是用之不尽的财源。

☕ 英雄不问出处,用人不拘一格

企业是人才的企业。面对当今激烈的竞争市场。近几年,那些高级人才在不断地被一些发达国家的大企业以高价格挖走,让人才成为人们永远追求和议论的事实。这里提到了议论,为何会有议论这一说,这就要从人才的定义说起。

究竟什么样的人才,才会被人们所接纳? 在办公室里有这样的人存在吗?如今对于真正的人才已不再一味地追求他们的出身、学历、工作经历了。那些高学历的人才已不再是大家追求的对象,真正的人才是在社会的磨炼中提炼出来的。所以,不管在哪个位置或哪个行业都是有人才存在的,就让我们从他们的身上学点什么吧。

1.执行力。他们善于把任务进行解剖,并且留有一定的余地以防发生突发事件,同时他们对执行力的理解在于怎么去控制事情的局面,从而可以保全大局。

2.管理水平。他们会合理地处理与上司的关系,和不断地提升自己的能力,从而也可以不断地给企业创造更有利价值。

3.沟通能力。沟通对于一个有才的人来说,这是基本功,看人说话,可以和任何人打成一片,有超强的应变力和适应力。

4.性格。有内向的人没有的外向,有外向的人没有的内向。

5.理想。对于做任何事情,都喜欢最快、最强地做到让自己满意,让领导满意为止。

6.价值观。善于在团队中做一个有领导角色的人物,并且带领团队取得胜利。

7.亲和力。时刻保持着那平易近人的微笑。

8.学习力。善于从多方面学习，又懂得用什么样的学习方法让自己很快取得成功。

这是在某一个方面对人才的要求，而在另一方面也许就不会有这么多的要求了。人才是不拘一格的，何必要让这个社会一直停留在那种传统的观念里呢。以学历和职称去判定一个人是否符合标准，是合理的一种办法。毕竟学历和职称都是国家批准的一种资历，可以让人们一目了然地看到这些"人才"的教育程度和专业水平。

但我们也应该认识到，如今的社会，这样的标准是很难绝对化的，它有可能因为这样的一个事实，让诸多的人才失去了用武之地，对于企业来说也难免是一种损失。如果单从教育的文化程度来决定，往往会有很多的财源流失。为什么这样说呢？因为一个有教育水平的人，不一定会有全部的适应能力和真正的水平。人才是有针对性的，不同的领域会需要一些人发挥不同的才能，而这就是说企业要的是这样的人才，而不是那样的人才，所以说不同的人才有不同的用武之地。在这种情况下，如果单以学历和职称来划分不免显得有些过于宽泛。也许那些难得的人才，对用人单位来说也难免会有些叹息。而对于这种状况从另一种意义上来讲又是一种弊端，它对没有一定的学历和职称而又有一种武艺的人才造成浪费，对一些用人单位来说更是望而生叹。

人才的认定是没有界线，而在一些地方普遍存在着这样的倾向，仅以学历和职称这种只能反映人的片面能力的东西来划分，同时它对人才的认定是粗线条而不是细线条。他们所需要的是在部门要求的需要下而不是按实际的需要为主导。这样的选择，只会让这个社会的进步处于那种很困难的局面，同时对于那些找不到合适人才的企业来说也难免是一种无奈。

所以，作为创新世纪的人才，不应再把那些"一旦拥有、享用终身"的职称、学历当做自己寻求工作的主要衡量标准，而是要更加实事求是、因地制宜。不同的工作需要不同的人才，你也许在这个地方没有找到合适的位置,但也许下一个地点就是你的开始。

不论在任何职场上,人才是没有界线的,成功要靠自己的努力;只要你有才,你就是这个企业的主角。

158

第六章

与人相处——眼观六路，耳听八方

乱世不止是给争王者以机会，一些谋臣将相甚至是一兵一卒都能在这个战场上找到自己的价值。可以说从士兵到将帅都是这个战场上的主角，关键在于自己是否有明确和坚定的信念。当今的职场就好像三国时期的战场，每个人的存在都是合理的，但每个人存在的意义却是不同的。

母亲自杀，徐庶何必立誓不为曹操献计

职场如战场，曾经硝烟弥漫的战场，却成就了现在职场上无硝烟的战争。然而无论是哪一种，其实都是残酷而又无奈的。人要生存，自然就要面对现实中的很多艰难与坎坷。战场是拿性命在拼，而职场则是拿能力在拼。同样的生存却又是不一样的生存方式。曾经的三国，曾经的群雄逐鹿，成就了谁，又埋葬了谁。而如今的职场，究竟又是容纳了谁抛弃了谁呢？

☕ 固执的徐庶，瞬息万变的战场

纷繁复杂的社会，人才济济的职场。作为职场中的办公室人员如果刻意地选择沉默，势必会丢失很多能够表达自己思想的机会，并且还在某种程度上，阻断了与上司和同事沟通的渠道，埋没了自己表达能力的才能。久而久之，便成了办公室中碌碌无为的庸人。无人了解你，无人看

到你，只能被埋没在办公室的最底层。而表达，它是职场中办公室人员能力最简单的一种表现，同时也是证明自己最佳的途径。反之如果选择了沉默，也就意味着已经放弃了某种维护自己权益的权利。面对办公室中形形色色的人。如果只是一味地退让、沉默，难免会被人在暗地里踩一脚了。

徐庶，一代三国争雄中的名流，为世人所敬仰。然而，史册上对他作为的记载却只是寥寥数笔。他行侠仗义，他睿智有谋。却为什么会经历平平的一生，让人不得不为之叹惜！徐庶是忠诚的，却也是固执的。年少的徐庶就爱好任侠击剑，到处行侠仗义，为民除害。然而随着时势的变迁，他也意识到仅靠自己的力量是远远不够惩奸除恶的。同时又见东汉王朝日趋腐朽，诸侯割据，烽烟四起。便决心弃武从文，掌握一身治国用兵的本领，造福于天下苍生。天资聪颖的他，学习勤奋，很快便学业有成。时势造英雄，已经颇受人敬重的徐庶发现了刘备胸怀大志，才略过人，并能够善待部属，素有人望。于是就前往新野去拜见刘备。此时刘备正有意结识一些有识之士，当时已颇有名气的徐庶前来投靠于他，他自然是喜不自胜。刘备非常器重徐庶的人品和才干，当即就决定对他委以重任，让他参与整顿军事，训练士卒。

竟不曾想，决心一展宏图的徐庶，却遇到了人生中最残酷的事——抉择。在公元208年，曹操率大军南征荆州。在曹军追击到当阳长坂坡时，刘备寡不敌众，大败而逃。徐庶的母亲在这场劫难中竟不幸被曹军掳获，并被曹操派人伪造其母书信召其去许都。徐庶在得知此讯后，痛不欲生，却又不得不含泪向刘备辞行。"自古忠孝难两全"，对于顶天立地的徐庶，让他做此抉择是何等的残忍。他决绝地用手指着自己的胸口说："本打算与将军共图王霸大业，耿耿此心，唯天可表。不幸老母被掳，方寸已乱，即使我留在将军身边也无济于事，请将军允许我辞别，北上侍养老母！"刘备虽然舍不得徐庶，却也明白徐庶是出了名的孝子，做此决定已是痛彻心扉。又何苦再让他为难于此，最后只好同徐庶挥泪而别。

所有的症结便是以此展开的，导致徐庶一生平平的便是他在北上以后，加上面对母亲的自刎于世，身在曹营心中悲痛的他，毅然固执的十分依恋自己的故主刘备与好友诸葛亮。尽管他才华出众，谋略高超，却始终不愿为曹操出谋划策，与刘备、诸葛亮为敌。正是因为如此，徐庶在曹营历时数十年，却未曾在政治军事上有所作为，几乎是被湮没无闻。由此便有了后人传诵的"徐庶进曹营，一言不发"。徐庶的一生坎坷不平，面对命运的多舛，最终没有在史册上留下什么惊天动地的大业。但是他忠直坦诚、孝敬亲尊、力荐英才的人格品德却永传后世。

面对瞬息万变的战场，徐庶是不幸的，同样也是令人惋惜的，以他的才学如果想要得到曹操的赏识其实并非难事。然而，曹操是何等心思缜密之人，对于半路归顺的徐庶。他自然不可能信任如斯。再加上曹操帐下人才济济，被人排挤也是在所难免的。而徐庶本就无心争取什么，他固执地守着曾经忠诚的一切。不愿去得到曹操的认可，自然会被埋没。最后呈现出的便是籍籍无名的结局了。

其实，徐庶一直都是在曹营中做着一种绝望的反抗。绝望中就包括了对现状险恶的全部接受：曹营中的杨修以及孔融等人不合作的下场，都不得不使他意识到自己处境的危险，从而绝望，但是在绝望同时却也包括了对非人性的根本拒绝。本来曹操把徐庶逼到曹营，正是看中了他的才华。张绣的谋士贾诩、袁绍的谋士辛毗还有刘表的谋士蒯越投奔曹操后都被委以重任。这就是说，如果徐庶也肯全心全意地为曹操效力，那么他的成就自然是不可估量的。然而徐庶固执地守着一个传统的知识分子的戒条，再遇上曹操大破大立的性格，从根本上就格格不入，因此他就更不愿摧眉折腰，泯灭自己的人性了。也许没有谁能够妄加评论徐庶的选择究竟是对还是错。但是，面对时势所迫，形势所逼，很多人都会为了自己的利益而选择前一种，这在当今的职场中也是必然而为之的。

☕ 职场中沉默，究竟是金还是沙

当今职场上的是是非非也是瞬息万变，"职场沉默"自然而然就变成了一把利刃，最后被不小心泯杀的就可能是自己。因为，每个人都要生存，都要在当今竞争激烈的社会占有一席之地。所以唯有去争取，才能成长,才能游刃有余地面对职场中的尔虞我诈。

尽管"沉默是金"是大家都不否认的事情,但是在现在的职场,沉默已经不再是金子了,它只会变成是影响个人成长的一个障碍。当然沉默也是相对而言的,是对某些人的过火行为的纠偏用语,同时也是将人的言论行为控制在一定"度"的范围之内的。却不要如徐庶那般,偏执到不发一言,生生把自己的才华埋没在了那个套住自己的曹营里。

如果一个人总是选择沉默,是对团体以及企业不负责的行为。徐庶在进曹营后,不发一言,放在当今的办公室便是一种抗议形式和不想尽力的表现。在人际关系复杂的办公室里,沟通是衡量一个人能力的重要标准。每天都避免不了的要与同事们或者上司接触,如果不去表现自己又如何让别人了解你,如何让上司欣赏你。表达其实是办公室人能力的一种表现,要能说能干。如果一个公司里有一个好的上司,他会非常喜欢倾听普通员工的意见和建议。有的会通过开展合理化建议活动,借此来收集员工们的好计策。也许只是你的一句话,便会为企业降低了大量的成本,也许是生产工艺能够得到改进,又或者是管理更加完善,也可能是其他员工的利益得到了保障,等等。同样的在办公室里,也离不开与同事们的交往,每个人也都会有自己的朋友圈。如果喜欢沉默寡言,朋友就会少很多? 在团队中始终处于孤立地位,出现困难的时候,又有多少人愿意帮你? 郁闷的时候,有谁会愿意开导和理解你?

办公室中形形色色的人,不一定都是善良的,如果只是一味地选择沉默,有些人就会得寸进尺,软柿子总有人想捏一把。"大人不计小人过",但是对得寸进尺的人,适当地回击,也是维护自己尊严的必要手段。因为选择了沉默,也就意味着放弃了要维护自己权益的权力。要切记,职场中的沉默只能是沙子,它永远也变不了金子。

职场规条

要学会做一个善于表达的人, 不可一味地选择沉默。凡事都存在着利弊,在职场上,要想做一个自制力强的人,所具能力之一就是学会适当巧妙地表达。

总是讨好别人反而失去他人尊重

当今的办公室，不乏会有一些总喜欢阿谀奉承，讨好别人的人。但是，如果只是一味地去讨好他人，便会失去他人的尊重。如果是刚进入一个新的办公室，刚开始要得到其他同事的信任，需要讨好别人，也许人们还可以接受。但是，如果只是一味地迎合别人，为了讨好别人而没有一点自己的主见。久而久之，在工作中别人就会把你当做是没有真学问的空瓶，同样也会失去了别人的尊重。

☕ 一味讨好，适得其反

如果只是懂得讨好别人是没有用的，同样也是没有必要的。有时刻意地讨好一个人，反而会得罪其他的人。人与人相处中，那些"投机"去接近别人的人，不仅得不到自己想要的，最后还会适得其反。

在三国争霸天下时，刘璋曾继承了父业继续统治益州，看着基本上已经统一中国北方的曹操，他就有意讨好。当曹操的军队正准备向荆州进军时，刘璋特意派遣手下的中郎将阴溥出使许昌。曹操便聪明地投桃报李，"加璋振威将军，兄瑁平寇将军"。不曾想，刘璋继续又送出兵士三百人以及杂御物献于曹操，曹操对于这样的好处自然要做出一番回报的。

于此，刘璋不仅得到了曹操把持的朝廷的正式任命，同时名正言顺地成为益州的合法统治者。就在曹操占领了荆州，大有一统华夏之势时，刘璋又一次派遣手下去讨好曹操。没想到自己的"一番好意"却也敲响了自己的丧钟。曹操早已厌倦了刘璋的刻意逢迎，便对使者张松的到来不予理会。这也就促使了张松心中对刘璋的记恨，引发了一系列报复刘璋的事情。

正是由于刘璋的软弱，没有主见。才使得他总是一味的想着去巴结曹操，希望博得曹操的信赖。却不曾想任何人都会有厌倦的一天，更何况还是以奸雄著称的曹操呢。面对当今的办公室生存，亦是如此。有很多所谓的办公室"老好人"，为了搞好人际关系，就一味地迎合别人的观点，起初或许会得到一些好处。时间久了就无法再起到什么良好的效果，有时一不留神，适得其反，那就是得不偿失了。

☕ 办公室的"老好人"，你失去了什么

卡内基曾说过："我不知道成功的秘诀是什么，但是我却知道如果只是一味地去讨好每一个人，那么这条路继续走就必定会失败。"美国华尔街40号国际公司的前总裁马修布拉，他的心得就是，为了使公司里的每一个人都认为自己非常完美，有时自己就会感觉忐忑不安甚至是很焦虑。如果有一个人对他有怨言，他就会想尽了办法去取悦他。可是做了讨好他的事，却总会引起另外一个人生气。等我想补偿这个人的时候就又会惹恼了其他的人。最后才发现，他越是想主动地讨好取悦别人，就只会使他的敌人增加。

在人际交往中，有很多人在他们的人际关系中总是八面玲珑，仿佛是无往不胜的。不与任何人为敌，也经常去把一些小利大度地让给别人，甚至一味地去讨好别人，让别人对他产生好感。这种办公室中的"老好人"，时间久了就越来越被同事们孤立，并且也得不到别人的尊重与认可，事业自然就会受阻。

吴启刚毕业，就进入到一家有百人左右效益很不错的公司工作。在工作上他很勤奋，待人也很热情，很得大家的喜爱。但是他会对公司里的每一个人都很好，在工作上也总会先征求别人的意见。起初这种好大家都挺受用。然而时间久了以后，他的好在大家看来似乎变了味儿一样，虽然吴启在办起事来还是很会左右逢源。时间不久，公司里准备选拔一个新来的员工前去进修，这样的机会是非常难得的。当然谁都很想参加这样的培训，吴启是三个被提名的人选之一。他考虑了一下，觉得自己应该是最具竞争力的一个。因为在这三个人中，自己的业务能力不仅最强，同时业绩表现也最出众，而且人际关系也是最好的。他对自己将去参加进修还是很有把握的。然而没想到的是，投票结果出来之后，吴启竟然是最后一名，而另外两名同事的票数都比他的高。其实，吴启之所以会落选，

正是由于他平时表现出的没有主见和附和别人。这样一个没有主见的"老好人"，时间久了自然得不到人们的尊重。

人与人相处，与亲密的朋友相处并没有什么秘诀，但求彼此理解。但是与较生疏的人群相处，则应多些谅解。对亲密的朋友尺度可以放得严格一点，不要怕得罪人，即使有什么心里话都可以说出来。人与人之间总是应该维持着一定的距离，才能建立起藩篱保护自己又同时避免伤害对方。如与任何人相处的时候，缺乏自我的观念，同样会令人产生一种虚假的感觉，任何人都不会喜欢一个没有独立主见的人。天长日久，失去别人的尊重也是无可厚非的，刘璋便是一个很好的"榜样"。懂得如何在与人交往中让自己处于主要地位的人，是不会一味地去讨好别人。只是为了换取一点微薄的回报的，而拿着"尊重"做赌注的人只能说他很愚蠢。

俗话说："距离产生美"。一个懂得处理人际关系的人就会很注意这一点。与人相处，不会把距离拉得太远，同时也不会近于咫尺。恰到好处，做不卑不亢、独立自主的自己，不刻意逢迎，亦不趋炎讨好，就不会那么容易被人轻视。

职场规条

办公室与人相处，懂得标榜出自己的独立主见，不用讨好别人，最需要讨好的人就是你自己。

办公室"小人族"——张飞报仇心切，被小人暗算

古人曰："君子坦荡荡，小人常戚戚。"纵观古今，善良正直的人，总是以光明磊落、洁身自好为做人之本。而"小人"则同样有着历史上不可磨灭的一笔，也是为人所不耻的。面对当今尔虞我诈的办公室环境，更是有很多所谓的"小人"，也许一不小心就会被他们从背后捅一刀。张飞，一代驰骋沙场的猛将，最后却也是惨遭小人之手。怎能不令人感到惋惜，可是却已叹之晚矣。

暴躁的张飞，阴险的小人

古往今来的无数经验教训告诉我们，小人是防不胜防的，防范却也只是徒劳无益。即使有"防人之心不可无"之说，但是针对防小人而言，几乎是等同于白说。因为虽然我们不去得罪小人，但是小人却会故意地接近我们，这便是所有人都感到很困扰的事情。古语有云："唯女子与小人难养也！"其实小人才应该是更难养的。

古今中外，有多少天才人物、英雄豪杰的辉煌事业和灿烂前景是毁在小人手中的。人们都厌恶小人，痛恨小人，但是却又惧怕小人。因为生活中有污秽，有丑行，同样也有罪恶，更有小人。没遇上的时候，大丈夫以为，只要行得正，便不怕影子歪。"走自己的路，让别人说去吧"很无畏，也很豪迈。殊不知，江湖险恶，"明枪易躲，暗箭难防"。

张飞，一代勇猛大将。可是他的脾气却格外的暴躁，很容易动怒。当听闻关公被害，那时还在阆中镇守的他，旦夕嚎泣，血泪衣襟。很多将领都用酒来劝解他，可是竟不曾想，张飞在酒醉以后，怒气更大。对帐内帐外，但凡是有过失的士兵就鞭打他们，有很多被鞭打至死。刘备曾经劝解他，如此鞭打士兵，还如何让那些士兵鞍前马后，为国效力，这早晚都是要生祸端的。

一日，张飞下令军中，限三日内要制办好白旗白甲，三军都要挂孝伐吴。在张飞帐下名叫范疆、张达的两员末将，对张飞讲："白旗白甲，一时无可措置，须宽限才可以。"张飞大怒喝道："我心急于报仇，恨不得明日便到逆贼之境，你们竟然还敢违抗我作为将帅的命令！"说着就让武士把二人绑在树上，每人在背上鞭打了五十下。打完之后，用手指着二人道："明天一定要准备完整！如果违了期限，我就杀了你们两个人示众！"二人都被打得满口出血。他们二人回到营中商议。范疆说："今日受此刑责，我们怎么能够筹办完毕？这个人性暴如火，如果明天置办不齐，你我都是会被杀了啊！"张达却说："与其等着他杀我，倒不如我先杀他！"范疆说："只是我们该怎么接近他。"张达接着道："我两个如果不应当死，那么他就醉在床上，如果应当死，那么他就不醒好了。"二人商议停当后。张飞果然在这天夜里又喝得酩酊大醉，卧倒在帐中。范、张二人打探清楚后，在初更时分，便各怀利刀密入帐中，把张飞给杀了。他们在当夜，就拿着张飞的首级逃走了。

曾经那个所向无敌，热血挥洒战场的一代英豪，竟仅仅因为遭到小人的暗算，直至最后，尸首都未能合到一起，怎能不令人痛心疾首。所谓明枪易躲，暗箭难防，正是对小人最好的诠释了。现代也有人说，在这个世界上，唯有君子和小人是万万得罪不得的，因为得罪了小人，你便一世都不得安宁；而如果得罪了君子，自然的你就成了小人。

圣人对小人的分析是，不管你是否有得罪过他，他都不可能会让你舒服。良将张飞，虽然战功赫赫，也有过人的勇猛和杀敌武艺，却还是被两个小人所刺死。回顾自古至今如张飞者，实在是数不胜数。所以，对于小人，人人痛恨但是又无计可施。

在当今的职场中，每个人都为了自己的利益而争得头破血流。面对办公室狭小拥挤的空间，自然就不乏阴险的小人存在。小人之众，也都是人，也都会免不了要与"小人"打交道。小人能说会到，小人善于乔装打扮，小人之所以称之为小人，不是因为性格，而是缘于心计。

办公室里的"小人"嘴脸

办公室中的"小人"，就是那些会对上司拍马逢迎、造谣生事、挑拨离间、落井下石的人。然而小人却不是仇家，同样也不是敌手，如果他盯上了你，自然你就逃不掉。因为他并不是与你在信仰上对立，或者是在个性上有什么冲突。他想与你作对，或许只是在那一次酒宴上敬酒没有敬到他；或许只是在热闹的酒席上，你疏忽了少与他碰了一次杯，由此便给自己招来了祸端。遇到这样的小人，怎能不令人恼火，但是要知道"小人难养也"。我们应该清楚的是：无论什么人，其人性中都会存在着丑陋的一面，人格上也都会有不完善的地方，比如忌妒、轻狂、偏执、自大等。这些东西就像是人身体中的一种元素，与人终生相伴。当今物欲横流的社会现状,生存竞争的趋势越演越烈,在外部的诱惑以及压力下,人的心态就会很容易失衡。会莫名其妙地做出一些损人利己,甚至损人不利己的事情来。

小人似乎就是这样的一个群体,他们看不见,同样也摸不着,恍恍惚惚。外貌上拥有一张看似善良无害的面孔,实则却有一颗阴险狡诈的心。隐在行为暗处的深藏不露,隐在内心波涛万丈,脸上却是风平浪静。小人心理复杂、行为诡秘。然而正是由于小人的"小"所以一般引不起人们的重视,但是小人的杀伤力却是巨大的,他所造成的危害也是深远的。也许他整天都在琢磨人、算计人。或许是你的能力比他强,或许是你工作业绩比他高,或许是在某个方面你占有明显的优势。在他看来,这些都有可能成为威胁他的东西,尽管你与他并没有任何矛盾。可是就在你专心工作的时候,小人的眼睛却已经像发现了猎物一样盯上了你,并且是在暗处,你全然不知,你始料未及,你甚至不知道他什么时候就会突然窜出来暗算你。这便是为人所不齿的小人。

人行于世,无论一个人多么地小心谨慎,都难免会遭遇到小人的算计。要保持一颗冷静沉着的心,避免与小人针锋相对。而对待小人的最好办法就是让小人来收拾小人,不是也有句话"多行不义,必自毙",想开了这些,那就好办了。苍蝇不叮无缝的蛋,办公室总有两个小人都不敢欺负的人,就照这种先辈学习。

为什么会这么说?首先,有人做,有人看。看一个人的品质,就看他对陌生人、敌人和弱势群体的态度。小人是怎样的人老板很清楚,这类人吵架就不会输。可恨固然可恨,但只有不予理会才显得一个人的宽容与包容。可堪大任者,绝不会在此刻再痛打落水狗。

刚开始工作的时候,我对于小人当道也深恶痛绝,甚至怀疑起自己信奉的为人处世观念是不是有问题。后来年纪大了才想明白,是小人也不能不给口饭吃啊。再比如说,奸臣对于皇帝来说也是很有用处的。有奸臣,才会有忠臣。忠臣为了免受迫害,就得格外忠心与谨慎,奸臣起到了另一种激励与警示作用。小人之于领导者和奸臣之于皇帝,二者的作用,基本相同。

面对办公室里的"小人族"，日常工作中的严肃认真就是最好的斗争办法，也就是所谓的防患于未然。

有人把黑锅给你，请背好——曹操盛葬关羽头

在办公室中，没有人会愿意背黑锅，但是，很多时候并不是说不想背就可以不背的，因为总是有太多来自四面八方的黑锅等着向没有准备或是没有职场经验的新人砸来。历史上的三国逐鹿天下时，一代枭雄曹操就把黑锅背得甚是漂亮。俗话说，既然避之不及，那就努力担着。机会只降临在有准备的人身上，而黑锅却不会，在平时多做些功课，如果有黑锅砸来，那就好好背着别让它掉下来。

☕ 曹操背的黑锅"妙"在哪里

背黑锅，在办公室中已不是什么新鲜的话题。也许一不留神便会背上黑锅而不自知。即使已经在尽心尽力做好自己的本职工作了，却还是会意外地遭遇到"黑锅"事件。究竟是该忍气吞声背下去，还是找准时机，反被动为主动地利用好它？历史上的伟人已经做出了很好的榜样，比如在三国中叱咤风云、指点江山的一代枭雄——曹操，即使背了黑锅，却也背得心甘情愿。于是，被写入史册成为闻名于世的"将计就计"。

原本还在志得意满地庆贺擒杀关羽的孙权，却不曾料到，自己已经临近祸端。关羽深受百姓爱戴，并且还是刘备结义的兄弟，曾誓同生死。刘备拥有众多谋士和战将，如果他知道关羽父子遇害又怎么会善罢甘休呢？待孙权恍然大悟时，才大惊失色起来。但其座下谋士张昭却想到了一个计策，可保他们转危为安。张昭说现在的曹操拥有百万大军，如果刘备要兴兵报仇，必定要与曹操讲和。一旦他们强强联合吴国就危在旦夕了，如果

现在先派人把关羽的头送给曹操，就可以制造出擒杀关羽是曹操指使的假象。这样，刘备必定以为曹操才是幕后的主谋，西蜀之兵自然也就不会再攻打吴国，他们只会转而进攻曹操。吴国只需坐山观虎斗，然后从中取利就可以了。

孙权听后按照张昭的计策，把关羽之头盛入木匣中，然后派使者送到曹操那里。曹操本来一直因为不久前关羽水淹七军，又大挫曹仁，而正坐不安席，看到关羽头颅时顿觉解除了心中大患，心生喜悦，"这下云长已死，终于可以睡个安稳觉啦！"然而他话音未落，阶下司马懿便大声说："这是东吴意欲嫁祸给我们的奸计！"

"当年刘、关、张桃园三结义，誓同生死。现在东吴却杀了关羽，他们正是怕刘备报仇，所以才把关羽首级献给您，以使刘备迁怒于我们，不再攻打东吴，而是找我们算账。东吴想在我们与刘备打得两败俱伤时，再坐收渔翁之利啊！"曹操这才顿觉事情并没有那么简单，原来东吴就是想让自己背这个黑锅，然后再损兵折将。曹操想到这里心中不免气愤异常。对于曹操这样工于心计的人，怎么肯吃这个哑巴亏呢。于是他和众人商议，该怎么有力反击东吴，让他们也尝尝自食其果的滋味。

司马懿建议把关羽的首级配上香木刻成的身躯，以大臣之礼隆重安葬，以消除刘备对曹操的恼怒，而全力东征。如果刘备胜则曹军也攻东吴，如果刘备败则同东吴一起灭刘备。曹操听后甚是赞同，然后立刻召见东吴使臣，收下木匣，又紧接着命工匠迅速雕刻了一具香木躯体，与关羽头颅配在一起。一切俱备后，曹操便率领文武百官，以王侯之礼隆重地为关羽安葬。曹操还亲自在灵前拜祭，并追赠关羽为荆王，派专门官员长期守护关羽之墓。对于这种葬礼，在魏国，可以说是绝无仅有的；以曹操的身份和人格，对关羽的尊崇和礼敬也可以说是无以复加了。

刘备闻知此事，心中悲戚，却还是对曹操怀有感激之情的。也正因为如此，他立刻率兵，发誓要倾国出动讨伐东吴，与东吴不共戴天，这便是闻名于世的将计就计之说。

曹操原本背起的这个黑锅甚是无辜，只是缘由孙权想嫁祸于他，却没有想到他能反被动为主动地重挫孙权。将计就计，厚葬关羽后，孙权的计谋也就跟着破产，刘备还是要与孙权拼命。所以对于那些蓄意让你背黑锅的人，是绝对不能仁慈的。因为如果处理不当吃苦头的便是你自己了。如果不小心接到别人扔过来的烫手山芋时，要冷静下来，认真思考识破敌人的计谋和他们想要达到的目的。只有这样，才能反其道而行之，使对手吃苦头，而且往往苦头还是对手自己找的。

☕ 有了"黑锅"，那就背着

对于背黑锅，不妨多学点圆通的智慧。黑锅，在常人看来，似乎是倒霉到极点的事情，谁都不想背。然而杰出的人却往往愿意用背黑锅来获得新的机遇，曹操便是很好的榜样。对自己有利的时刻，即使背了也背得心甘情愿。比如说，一个团队的工作出了问题，上司希望把问题搞清楚杜绝后患。然而所有人都缄口不言，都害怕全部责任被趁机推到自己身上。这时就会有人能审清形势，站出来打破沉默，率先承认是自己在某方面的工作过失，同时声明在整个出现问题的事情中自己的责任较大，并且希望能担负起全部责任。这就给所有的人一个很大的台阶。然后同事们跟着来承认自己的过失，上司也会看在大家勇于自责的分儿上而减轻处罚。那么，第一个把"黑锅"背起来的人因此也获得了同事以及上司的认同。其实对于杰出的人而言，有些事情怎么会是在背"黑锅"呢？只是他在勇于承担的"责任"而已。

面对办公室会出现的各种各样"黑锅"事件，关键是看你如何来解决它。在无法避免它发生时，就要静下心来，想好对策。有人的地方就有职场，而有职场的地方就有江湖。人在江湖漂，岂能不挨刀。有时发生了一个小小的意外，背了一个小小的黑锅，受一点点委屈，实际上都是很寻常的。关键是要看背黑锅的人用什么心态和方法去处理。很多职场中的年轻人，尤其是独生子女，无法忍受自己受一点的委屈，然而却不曾想实际上他们错失了多少可以施展才华的机会。

人在职场，身不由己。小兰毕业后在一家私营企业做总经理助理。有一次总经理安排她翻译一份重要的文件，并且强调说很紧急，要求她必

171

须尽快完成。谁知她正翻译的时候，董事长夫人来到了公司，看见办公室招财树的几片叶子掉落，当即责怪小兰："为什么不给树浇水？你太不负责任了！"小兰听完后觉得特别委屈，因为总经理曾经特别交代过，招财树由公司的销售经理负责，其他人都不许碰的。这个黑锅到底背不背？在面对这种问题时，首先要做的就是一定要保持一个好的心态。为什么要格外地强调心态视角？因为只有当你有了一个好的心态才能够用开阔的视角去寻找事物的正面因素。特别是在面对突发事情时，要能够多角度地去看待问题它是接下来一系列可能都会想到并且做到的基础。

当心态调整好后，就是在成熟度中以另一个更重要的纬度所决定的，要讲究方法和策略。怎样既能够完成经理布置的翻译工作，同时又不得罪董事长夫人，还要把给树浇水的事情解决好。如果都做到了，不仅能安心完成自己的本职工作，同时在替销售经理背了黑锅以后，或许自己就获得了一次意想不到的机会。

其实类似这样的办公室背黑锅事情很多，最重要的就是要摆正心态，冷静地去处理，或许，最后你会发现其实那不是黑锅而是天上掉馅饼了呢！

职场规条

具备良好的心态，是事业成功的一半。人与人相处，亦是如此，有快乐才有工作，才能工作，才做得好工作！

英雄不问出身——刘、关、张三兄弟救董卓后发生了什么

"英雄不问出身"这句话，一般都会用在出身低微的英雄身上。古语有云："英雄不问出处"，就是英雄不怕出身单薄贫寒，只要肯奋斗，一样能成大业。而对当今的办公室人员来说，亦是如此。也许某个人心中踌躇满志，却还没有等到施展的机会。切不可如董卓那般轻视别人。英雄这个名词在每个人的前身都不可能会标榜在谁的身上，敢做敢当是英雄，而如果刻意地奚落别人就不能被称为是"英雄"了。

☕ 英雄不论出处

古往今来被评为英雄的人不胜枚举,古代的三国里面,平民英雄更是比比皆是。那么职场上风云变幻的办公室里,那些位居高职的人也不一定都是出身显赫。那些身份卑微,却有着远大抱负的人,又怎能说他们没有英雄之相,没有实现宏伟目标的一天?英雄不论出处。称得上是英雄的,就是为人们所敬仰的。俗话说:"英雄至高无上,莫以出处论英雄!"

刘、关、张都曾是一介布衣,然而却也都是被后世人所敬仰的英雄。曾经三人在山间时,听到山后喊声大震,他们纵马上高冈一观时,才看见董卓所带领的汉军大败,后面漫山遍野之中,已是黄巾衔尾而来,旗上写着"天公将军"四个字。善良的他们,本着原始淳朴的袍泽之情,立刻决定向着张角开战。

刘、关、张三人都是本领非凡,所向披靡,黄巾军中自然无人能敌。而得到外援的董卓大军,在站稳阵脚后又向张角大军杀了个回马枪。四雄合力,杀得黄巾军连连败退,汉军则赢得了这次战役。没想到的是,战后,董卓接见了他们三人,但是却囿于身份门户之见,他首先就问了三人现在官居何职,并且归于何人麾下,在听到刘备回答是"均为一介布衣"之后,董卓的脸上就露出了明显的轻蔑神色。原本打算好好答谢他们三人的董卓,仅仅因为他们的出身就摆出了傲慢的态度,只是给了他们微不足道的纹银五百两作为他们的劳务费,就想打发他们,推说自己因为战事困乏就去休息了。却不曾想到后来那几个在战场上叱咤风云、逐鹿天下、与其争锋的人,恰恰就是当初自己所摒弃的人。

英雄不问出身。他们成功之后,便没有人再去过问他们的出身,甚至相反的是,他们成功前的卑微身份就更加证明了他们成功的不易以及成功的价值,同时也使得他们更加受到世人的尊重和崇高的评价。

☕ 成功者,便是英雄

面对中国漫长的封建主义时代,曾经门阀氏族观念的根深蒂固,董卓自然的就会起了轻视之心。因为当时除了极少数能够依靠暴力登上最高权力宝座的人，真正的布衣只有靠"选举"入仕或者是军功做官，否则别无他途。而对于现在的职场上，还有那些持着出身论、出处论观点的人，他们省略了一个人全部的奋斗过程，而只是把一个人的起点和他的终点直接联系起来。用一个人的起点来否定他的终点，同时也是用一个人的过去来否定他的现在，这不仅仅是犯了逻辑上的错误，并且也会令人生厌感觉可笑。英雄不论出处。如果一个人可以做到成功，做出了成绩，也都应该被称为英雄。

成功的英雄莫要问出处。出身也同样不能限制一个人成为英雄；但是出身却会对成为英雄的可能性带来很大的阻力。古语有云："天将降大任于斯人也，必先苦其心志，劳其筋骨，饿其体肤，空乏其身……"如果一个人有足够的毅力，那么他便可以战胜一切站上成功的巅峰。在办公室中或许会有很多成就很高出身卑微的人。这就需要我们能把目光放到一个人的闪光点上，而不是去在意一个人背后卑微的起点。

任晓全只是公司的一名农民合同制工人。曾有多少资历地位高的人都对他投去不屑的眼光。而他就是在这样一个充满竞争的环境中，仍然刻苦地钻研技术，并且合理化建议一个接着一个，改革措施一个连着一个。自己也从一般员工提升到班长。然后，他又为企业降耗34万多元，由班长晋升为车间主任，成为那些曾经不屑于他的人的上司。

这便是职场，每个企业都不缺人才，同样地，每个人都是人才，关键问题在于一个人是否将自己最优秀的品质和潜能充分发挥出来。懂得如此做的人，即使出身如何的卑微，他也同样会有光芒万丈的一天。一个人的成就有多高才是值得被称颂的，而不是他曾经卑微低下的过往。

职场规条

英雄不问出身，处于办公室环境中，每个人的竞争都能够上升到精神层次的竞争。如果一个人的心中始终装着事业，不断进取，就可以始终立于不败之地。

笑里藏刀的阴险人物——曹操笑为权谋，工于心计

笑，简单地说，就是一个人内心情绪形诸表情的一种自然流露。然，有一种笑，却被蒙上了一层特殊的色彩。

有"治世之能臣，乱世之奸雄"称谓的一代枭雄曹操，就把笑几乎用到了杀人不见血的地步。他那善于权谋并且工于心计的性格，总是能够在笑中体现得淋漓尽致。职场中的办公室笑容亦是如此，学会识别那些"笑里藏刀"的人，才不至于因为善良和仁慈而伤得体无完肤。要懂得笑容不仅能悦人，同样也是把利刃。

☕ 一代枭雄之笑里藏刀

古兵法曾有云："信则按之，阴以图之；备则后动，勿使有变，外柔内刚也。"大致原意就是：首先要使敌人相信我方的"友好诚意"，敌方便会麻痹松懈；然后我方就趁机暗中谋划，积极准备，伺机而动，切不要让它发生变化。我们这里所说的笑里藏刀既是暗藏杀机、表面示好的谋略，同样也是指那些看似表面和气、实则内心阴险、口蜜腹剑的两面派。

一直被后世众说纷纭的一代枭雄曹操曾扬言："宁可我负天下人，也不使天下人负我。"性格过于张扬的他，笑里藏刀，阴毒狠辣都成了标榜他的代名词。曹操心机甚重，待人城府极深。这些他都能在自己的笑容里发挥的酣畅淋漓。但是曹操却并不把心里的厌恶或者是恼恨形诸于脸上，而都是以"大笑"了之。表面上看似十分豁达，实际却是阴枭狠毒的。

在曹操当权之前，曾有过两次笑都初露了其过人的善于玩心计、谋权术的性格。一次是何进谋划诛除宦官，曹操"鼓掌大笑"，以此希冀引起何进的重视。还有一次是在董卓专权、吕布为助，百官无可奈何时，于是众官皆哭。在座的人中只有曹操一人在抚掌大笑，还很不怕死地说："满

朝公卿,夜哭到明,明哭到夜,还能哭死董卓否?"因为曹操曾被何进斥为是"小辈",笑其乃"小儿之见"。曹操那时只不过是一个骁骑校尉,官卑职低。如果他不反其道而行,不"独抚掌大笑",则很难显出与众不同的才能,便更加难以引起众人的重视。只有在"众人皆哭我独笑"别出心裁的表现下,才能引起众人的注意。

而在曹操逐鹿中原当权以后,更是把笑里藏刀表现得出神入化。渭水之战曹操便是"以笑施",直接体现为军事谋略的奸诈;变怒为笑而不杀张辽,则体现了"赦一人而得天下之心"的政治手腕。每每都是笑中出权谋,处处显心机。即使是在面对与平常人的应酬中,也是在他那看似充满人情味的笑容里,隐藏着深奥的心机和权谋,让人防不胜防。

在刘备还处于曹操的掌握之下时,他还在监视中恃韬晦计地在后园种菜,以防被曹操知道自己的宏图大计而惹上杀身之祸。有一次曹操来到刘备的后园,曹操大笑曰:"在家做得好大事!"这一笑,当即把刘备唬得面如土色,正是因为分不清这笑容真假。真真假假中,假以乱真,假作亦真,同时也能蒙人、唬人、吓人或者是套人。刘备幸而没有乱了阵脚,没有泄出自己的秘密,否则后果是不堪设想的。可见,曹操"笑"中着实藏着很锋利的刀子——杀机。在"青梅煮酒论英雄"里,刘备听曹操说自己也是英雄的时候,就差点以为曹操知道了自己内心的韬略,心惊得手里的匙箸也掉到了地上,结果就被曹操有所怀疑了,气氛顿增危急。虽然刘备还是随机应变推说是因为雷声所致,但是对于曹操心中沟壑井然的人,又怎么会那么轻易地就相信刘备这一可疑的表现?但是却又因没有找到刘备谋反的把柄,于是他便一语双关地大笑曰:"丈夫亦畏雷乎?"虽然曹操表面上看似笑得很坦荡,背地里却早已暗藏疑忌和杀机了。"丈夫"有"英雄"意。其实曹操本来就是想借青梅煮酒之名,来考察刘备政治抱负之实。如果刘备不小心在酒后吐真言,并且对着曹操一抒自己的政治抱负,后果将不堪设想。

其实,很多喜怒皆形于色的人比喜怒不形于色的人要恐怖得多,因为这样会让我们面对面善心恶的人缺少防备。谁也不知道谁的笑容背后是什么,是白是黑,也唯有那个笑得欢畅的人自己心里才明白。面对职场中办公室的尔虞我诈，有时笑容就像是一把利刃，稍有不慎就会被伤到了。

办公室笑容背后的利刃

笑容，本是人类一种美好的表情。俗话说，拳头不打笑人脸。笑里藏刀之所以能够成为一个屡试不爽的计谋，正是因为它击中了人性中最常见的弱点。在办公室中，那些当面一套，背后另一套的两面派其实是大有人在的。如果想要相信一个人，就要学会对他进行全面的观察和考验，而不是一味地给自己一个"对方是善良的"这类假设，因为每个人都是自私的，你无法阻止一个人可能会利用你的善良去达到自己的某些目的。当然善良并不是无知，如果职场中有人利用你的善良和信任去做一些对公司或者是对你不利的事情，就要学会有所防备了！

对于办公室中那些"笑里藏刀"的人，有时他可能会用甜言蜜语和你套近乎，却只是为了窃取你的劳动成果；他也可能是当面把你夸得飘飘然的，背后却会拿你不经意透露的信息去跟领导告密；还有可能是在你面前装得可怜兮兮的，只是为了让你主动让出升职的机会等。诸如此类，就像曹操那般，看似表面上笑得很无害的一个人，实则背地里却已经部署好了一切，正等着受害的那个人往坑里跳呢。大家都知道"害人之心不可有，防人之心不可无"，很多时候我们都提倡以诚相待，但是却不能因此而让你的善良成了他人可以利用的对象。

冉尤没有想到跟自己两年友情的同事兼死党陈然竟会在同行业跟自己公然竞争。陈然是一个离了婚的女人，在她刚到冉尤公司的时候，对这个行业几乎是什么经验也没有。作为部门主管的冉尤自然就成了她的入行老师。那时的陈然总是讨好冉尤，对冉尤总是亲切地称呼"冉姐"，下班后还会经常到冉尤家里串门。冉尤是个很善良并且还很人性化的上司，她对于别人的好意总是不懂得如何拒绝，比如陈然会常给她两岁的儿子买一些小礼物，冉尤便会手把手地教陈然一些经验。后来，陈然辞职到了另一家公司，不曾想她却变成了冉尤公司最大的竞争对手，她把冉尤透露给她的公司计划用在了自己的工作上，来了一个"先下手为强"，搞得冉尤措手不及。

其实，在办公室中的每个人都应该是客观、公正并且明朗的。但是因为渗入了朋友成分，人就有可能缺乏公正性，变得主观或者是情绪化。这样就会很容易被那些口蜜腹剑的人所欺骗，所以一定要清醒地保持距离，不要给那些"笑里藏刀"的人有机可乘。曹操的笑容背后，便是缠绕着种种阴谋的圈套。有的大笑是为了引起别人的重视，有的是为了试探人的虚实，每次都笑的看起来坦荡诚挚，不容易令人心生防备，实则都是杀人于无形的。而当今的办公室亦是如此，平常大家看起来都是和和气气的，亲如一家，然而一旦面临到晋升、加薪或者是裁员等利益问题的时候，彼此之间的合作关系就很有可能立马演变成了竞争关系。如果还是没心没肺地以为只要"你好我好大家好"就是和谐与共了，那就真的大错特错了。因此在办公室中，不要显得过于善良，更不要等到别人已经把笑容背后的利刃伸向你，戳到你痛处之后才翻然醒悟。同样的，要有正确的职业操守，才能使自己在办公室竞争中立于不败之地。

职场规条

笑里藏刀，正是由于它有特别的伪装，所以才显得格外凶险。很多人用起来可以说都是无师自通，因为笑是最好的伪装，最好的迷彩。

可以不精明但不可以不小心

面对职场，你可以不精明，但是却不可以不小心。因为精明并不是职场中安身立命的必要条件。当然也不是说一个人越笨越好，而是并不需要有超越大部分人的精明，只要有和你理想相匹配的智慧就可以。三国中人称"小霸王"的孙策，精明如他，一个驰骋疆场的英雄，最后却还是惨遭敌人之手，不禁让人为之叹惋。而面对当今尔虞我诈的办公室环境，一个人的失误，并不是因为他不够聪明，更为致命的却是他不够小心。

☕ 精明却不小心，为孙策叹惋

每个人都知道，职场如战场。同样地，这都是需要理想与智慧匹配的，古代的战场如此，当今的办公室亦是如此。如果你的聪明能够赚一百万，那就订下赚百万的计划，不要超过。

而如果你的理想超过了智慧能达到的程度，那就意味着你进入了一个比你想象中更要险恶的竞争环境，如果周围的人聪明都超过了你，那么你只会败得很惨。

但是相对而言，这还并不是最危险的。尤其是处在基层的位置，很多时候你完全可以忽略聪明这个指标，因为所有人都是平级的，你们做的是同样简单的事情，赚着那些无须花费智力就能拿到的钱。这就需要一点，你可以不精明，但不可以不小心。

三国逐鹿天下时，人称"小霸王"的孙策不仅胆识过人，容貌雄伟，并且果断刚毅颇有当年西楚霸王的风范。然而一提到他的死，总是会令人扼腕叹息，年轻的生命旦夕间便驾鹤西天。对于这样一位驰骋疆场的英雄，他精明干练，足智多谋，然而却仅仅因为一个不小心便葬送了自己的生命，怎不令人惋惜。原本可以施展宏图抱负的他，顷刻间便长眠于地下，天地间再无此人可以血战沙场，终成憾事。

孙策，武艺高强，胆识过人，并且治军很严，是一位英俊的少年英雄。军中都很爱戴他，并称他为"孙郎"。英气勃勃的他，猛锐冠世，胸中自是览奇取异，志在华夏。他仅仅用了不到九年的时间，便开拓出了六郡的版图，并且招揽了大批人才，比如周瑜、鲁肃、诸葛瑾以及太史慈等人都为日后东吴开国奠定了根基。孙策的精明睿智让他成了一方霸主，然而爱好打猎的孙策，却失命于打猎之上。由于他骑的是上等的骏马，驰驱逐鹿，跟从的人自然也绝对跟随不上。正在他快如疾风地奔驰时，竟突然从路边的草丛中跃出了三个人，弯弓搭箭，向他射来。仓促间，孙策避之不及，面颊中箭。待到后面的护从骑兵赶到时，他已经受伤，而那三个人自然也被骑兵杀死。谁曾想到英勇天下的孙策会因一时的粗心大意而遭了小人的暗算。

中箭的孙策，自然创痛甚剧，心中自知不久于人世，便请来张昭等人，托以后事。尽管箭伤能够治愈，但是对于心高气昂的他无论如何也不能接受这个现实。遭遇暗算，是英雄最为不齿，同样也是最羞于接受的。孙策用他年轻的生命，留给历史的定格永远都是 26 岁的孙郎。

仅仅因为不小心便葬送了自己所有的一切，孙策心中的悔恨自是人们无法体会的。面对当今的职场，也是如此，职场中需要精明的人，同时也要学会精明的谨言慎行。要想在办公室中游刃有余地存活，小心才是能够安身立命的根本。

☕ 办公室安身，要懂得"聪明"着小心

其实聪明并不是职场中可以安身立命的必要条件，但是如果不够谨慎小心那就会吃大亏了。因为小心才是一个人在职场上最大的聪明，对于每个人来说，安全才是最重要的。当然这不是说一个人可以越笨越好，而是你完全不需要拥有超越大部分人的聪明，只是需要有与你理想相匹配的智慧就可以。

身在职场，我们要学会不可直言快语，职场不是江湖，不是可以快意恩仇的地方。这里是需要动心计并且会玩手段的地方。也许你并不工于心计，但是却要时刻小心提防他人如此对你。看到孙策便是一个典型的例子。即使聪明绝顶的人也会因为一不小心而下马中招，我们由此就可以看出：小心才是一个人在职场上最大的聪明。

俗话说："逢人只说三分话，未可全抛一片心。"这是古人给我们的谆谆教诲。面对职场，不可以因为一时兴起，就把自己的心思与想法和盘托出。要学会根据对象，不同的场合要说不同的话。这并不是要你做个虚伪的或者是城府很深的人，也不是说要你去撒谎，只是在提醒你千万不可把心掏出来给对方。用心和他交往，那就很有可能会"受伤"，就是要小心

行事、小心说话。

杜立在企业工作的时候，和另外一个同事都是为领导服务，他们自然也成了关系不错的朋友。由于他的表现很出色，逐渐取得了领导的信任。失宠的那个同事心里感到很不平衡，便设了个圈套。一天二人闲聊时，那人就对杜立说领导这样爱惜他的才学，应该请客答谢一下领导的，并且还推荐了一个很有名的"春来福"饭店。

杜立听了也觉得挺有道理，就准备了 400 元钱，请该领导和这位同事一起到了这家饭店。小姐过来点菜时，那个同事便问他准备请领导吃什么，说多了也拿不起，说少了却丢面子，杜立想领导应该不会为难他，400 元的饭菜也差不多了。所以就让领导想吃什么就点什么，领导还没表态，那个同事就抢先说既然他那么有诚意，他就代替领导报了菜名。虽然领导也推辞了一番，但还是把菜定下了。没想到最后结账时，竟是 680 元的饭费，而这家饭店对陌生人也是从来不赊账的，便不让他走。杜立拽了同事一把，想借点钱，那人却说也没带，闹得杜立很尴尬，正不知如何是好时，领导补上了 200 多元钱，人家饭店才放行。但是第二天杜立给领导还钱，领导婉言拒绝了他。在两个月以后，杜立就被领导下放到车间劳动。因为无法适应，他便自己提出辞职了。

这正是由于杜立的不小心，才中了同事的圈套。那个人只是想踩着杜立往上爬，也就达到了牺牲杜立成全自己的目的。面对职场中的办公室环境，这样的小人不在少数，即使关系好也难免不会被人利用。所以在职场上一定要学会小心提防，所谓"小心驶得万年船"正是这个道理。

有很多做投资的人经常会说，只有保住本金才是最重要的。而在职场上，保护好自己同样应该排在第一位。保护自己，比做好工作，赚更多的钱以及升职加薪都要重要得多。也正是基于这个原因，所以没有人会赞同人们去做些犯法的事情。历史上的英豪孙策，以及很多阴沟里翻船的人都不胜枚举。这些无时无刻不在告诉我们，没有什么能比稳定和安全的生存更重要的。与人相处，更要学会保护自己。也就是人们常说的"害人之心不可有，防人之心不可无"。

职场规条

在职场上,你的敌人永远都会在意想不到的地方出现,并且还会用你想不到的方法给你致命一击。因为无法预测,所以才要小心提防。管好自己,尽量不留任何把柄于人手。

粗中有细——张飞使诈

在办公室中与人相处,不一定看起来粗鲁不堪就是一个不精明的人。看一个人也并不是只看表象不看本质的。就好像在三国中,很多人历来对张飞的看法都有偏颇。表面上看张飞就是个粗人或者说是个野人,但是却没有人知道他也通笔墨。同时在为刘备打天下的实际斗争中,他同样也是个学习文化、懂得策略并且具有战略头脑的人。职场亦是如此,看一个人要从内而外地去评判,而不仅仅只是靠一个粗略的概念。也许一不小心,便掉进了这种人的圈套里,后悔也是为时晚已。

☕ 看似粗鲁,实则谨慎的张飞

三国时的虎将张飞,给人们的印象总是一个头脑简单、四肢发达并且性情还很暴躁的人。似乎看上去只是一员会舞枪弄棒,却以"大老粗"自居的猛将。因此,许多人常常会不假思索只盯着他脸黑,便轻信了文学家的描述。其实,张飞是粗中有细的人。在蜀汉建立的过程中,他就是颇有一番造就的。人们之所以只见其粗而忘其细,大概就在于他的文化底子薄,而这却成了衡量其粗细的标准。

当今我们正处于一个信息膨胀和知识爆炸的时代。办公室里的竞争更是显得尤为浓烈。而这一时代的特征其实也是对我们构建和谐社会的一个挑战。迎接这场挑战,最重要的准备之一就是努力钻研以及掌握各个领域的新知识。如果只是凭着一股热情和蛮干精神是不行的。面对世界新的技术革命的挑战，每个人也都学会了用新知识、新技术来武装自己，也许一个看似粗俗的人，恰恰心中却是城府极深的人。因此，我们看一个人不能只是看他的表象而不看本质。

从古至今，历来人们对张飞的看法都有偏颇。很多人只知道他是个粗人、野人，并不知道他也通笔墨，在马背上逐鹿天下时，他同样懂得策略，同样是个有着战略头脑的人。张飞的粗中有细就可以启发我们在看人时，不要门缝里瞧人把人看扁了。要防止识才时引起的思路乱、思路偏颇以及思路阻断的倾向发生。

当初刘备在刚见到马超的时候，就非常看重他。让他做了平西将军，并且封他为都亭侯。马超则不懂君臣之道，常常称刘备为"玄德"。关羽对此很生气，几次请求说要杀掉马超，而刘备却不允许。没想张飞却献计曰："如果是这样的话，就应该做出个样子，让他明白应该如何去遵守礼仪。"在第二天召集将领会议时，关羽与张飞都持刀直立两旁。马超进来，往坐席上一看，不见关羽、张飞入座，却见二人直立于刘备身旁侍候，大吃一惊。这才意识到自己以前的失礼，从此后对刘备都表现得恭恭敬敬。张飞在长坂坡时，面对着洪水般冲杀而至的曹操数十万大军，曾挥手命令手下的骑兵，每人都拖着树枝往来驰骋，冲起了漫天的尘土，令曹操以为真的有一支兵马埋伏在这里，因此再也不敢贸然进攻，使得刘备得以苟延残喘的机会。这些都可以说是张飞有勇有谋并且粗中有细的地方。

把张飞有勇有谋，粗中有细的性格，表现得最为充分的，是在他奉军师诸葛亮之命，前去西川支援刘备时。在巴郡镇守的蜀中名将严颜由于中了张飞的计谋被俘后为张飞的诚恳感动，严颜劝降了45个关口，使得张飞便顺利地到达了雒城，为征服西川夺得了头功。其实之所以会成功，正是因为在当时，巴郡太守严颜听到张飞带兵将至，便要迎敌。可是他手下的人却劝他说素闻张飞只是一名莽夫，有勇无谋，而我们正好深沟高垒，如果坚守不出，便会激怒他。然后让张飞军中生变，可乘机擒获张飞。在刚开始的时候，张飞见屡攻巴郡不下，心中确实暴怒。但是后来，他就明白这种地势硬攻是难以奏效的。所以就让军士们开始叫骂,想骂出严颜再交战,可是严颜却死活不肯上当。张飞又想到令军士乔装成上山打柴的樵夫,顺便寻找出可以突破的路径。严颜感到很奇怪,便想到让自己的军士扮作张飞军士的模样,也上山打柴,并乘机混入张飞营中,打探消息。而张飞却故意放话要在三更时分从小路上山的消息。严颜听得士兵回报,三更立即率军出城,想要夺得张飞粮草。可是张飞早已经算好了严颜的图谋,冷不防杀了出来,打得严颜措手不及,最后被张飞给擒获了。但是张飞却又放了严颜。严颜为了报答张飞的不杀之恩,所以才劝降了那么多城池,使得张飞畅通无阻。

其实张飞的目的就是要引诱严颜出城,自己是个粗人,这是天下皆知的事实。严颜打探到的张飞所谓的"军情",哪里会想得到是张飞这个粗人在使诈呢?所以就信以为真了。严颜出城偷袭刚好正中张飞下怀。还有一句俗话,是人伴贤良品自高,张飞在抓了严颜之后亲自为他松绑,并且替他披上衣服,扶他在正中高坐,低头便拜。这是多么难能可贵的,严颜惊诧之余,又怎能不服,便投降了张飞。张飞不仅对严颜仁义至此,并且还很懂得收拢人心,在夺下城池之后他下令休杀百姓,还出示榜文安抚民众。这种仁义的做法同样也使张飞收益多多,严颜不但自己投降,还将自己管辖的人马,全部都唤出来投降,即使遇到有迟疑的,也都被严颜说服出降了。到了最后,张飞不仅比诸葛亮和赵云先到,而且在刘备危急时,还救了驾,功劳自然无人可比。

张飞一生与人交战无数,几乎总是直来直去。一马当先的他,很少使用诈计,同样的这与他直爽豪迈的性格也是分不开的,所以很多人就会产生误解。很多人都会松懈对张飞心中沟壑的认知,一旦张飞使诈,对手自然就会招架不住。

针对类似张飞的这种人,其实在办公室中有很多。看似粗狂无忌,大智若愚的人不在少数。所以看一个人并不是只看到一个人简单的一面。要学会从内而外地去判断接触每个人。这样才能在办公室尔虞我诈的环境中,游刃有余地处理好人际关系,方能"知己知彼,百战不殆"。

小心看人，方能知己知彼

古语中有"知己知彼，百战不殆"的话，在当今的职场，虽然没有战场上那般生死拼杀的血腥场面，然而却同样事关重大。尤其是在这个竞争激烈、不进则退的时代。如果你刚刚走进一个新的工作环境；或者，只是从一个办公室调往另一个办公室；也有可能是在升职、换新搭档时，都需要细致地去了解与你朝夕相处的同事以及上下级，这样才能更顺利地进入角色，并且能够尽快得到打开局面的钥匙。

在办公室中，与一个人就一些相关的争论性话题进行争辩，有时就可以看出一个人的机敏反应能力以及他的心境是否开阔。曾经有个外国人在中国做生意时，就认为与中国人交流最大的问题就在于人心。是的，每个人的心都是复杂多变的，你看到的一个人的表象不一定就是他的本质。无论与任何人沟通，都要看清楚他的本来面目，小心谨慎地去注意他的细微点。这样才能知己知彼，无论做任何事都会有十足的把握，不让自己处于失利的地位。

王潇是一个名牌大学的毕业生，家境也很优越。毕业后，她通过自己的努力与父母的推荐，进入一家全国数一数二的通讯公司工作。而与她一起分配来的还有张倩。张倩来自西部一个小城市，并且还只是个师范生。无论学历还是长相、家境，张倩都是不及王潇的。然而，没想到只过了两年，王潇和张倩所在办公室的主任在荣升为副经理后，副主任便跟着荣升为主任，而空缺的副主任一职竟然落到了张倩的手里，而王潇却依旧是普通职员。其实原因就在于张倩善于"装傻充愣"，也就是所谓的粗中有细，一个看似很愚笨的人，其实心中却是沟壑万千的。

当王潇与张倩一起进入公司第二个月时，主任就让王潇和张倩统计公司的总销售情况。并且，主任还诲人不倦地告诉她们应该如何去按照区域划分，制定表格。而在接下来的一个星期里，王潇运用统计原理设计出了一个非常科学的表格，然后再用 Excel 做了出来。而张倩却三番五次地向主任请教，然后还按照主任的意思在 Word 里做了一个琐碎而繁杂的表格。最后,当两个人将各自的表格交给主任的时候,主任明显地对于王潇的表格感到很不满意。他只是说看不懂王潇做的是什么,尽管王潇费尽口舌跟主任说了好久她的统计法则,主任还是坚持让她按照张倩的格式再做一遍。

张倩之所以能得到领导的赏识,正是因为,虽然她表面上看并不及王潇优秀,但是她懂得从细微处出发去做好自己的事。如果一个人还不能在领导眼中有充分的地位,就要学会顺从领导的思想。特别是在你还没有摸清领导脾气时,贸然地表现出你的聪明或者是过人之处都是很愚蠢的。

一个粗中有细的人,一般是看不出来的。很多人都会被他的表象蒙蔽了双眼,从而产生错误的判断,如张飞。办公室中不乏这样的人,常常也会令你看不透他而不小心掉进了假象的陷阱里去。所以看一个人应该从细微处出发,小心谨慎,才能知己知彼立于不败之地。

"看一个人的底牌,要看他身边的好友"也很重要,所谓物以类聚,人以群分,应该说他周围的好友的品行决定了其人的品性。

职场规条

办公室生存,谨慎小心是第一。如果是一个看不清底牌的人,更应该从各方面去评判其本性。

小心成为上司的牺牲品——粮草官的悲惨命运

曹操曾说:"宁可负天下人,也不使天下人负我。"而在当今的职场中,虽然企业需要人才,人才更需要平台。但是在现实面前,还是会有许多的激情在离职时冷却。因为生杀大权同样掌握在领导的手里。或许一不小心就如三国里的粮草官般,被当成了无辜的牺牲品。办公室生存如何避免成为上司的牺牲品,这就需要我们能够眼观六路、耳听八方,加以小心提防了。

☕ 命运叵测，悲哀的粮草官

在办公室里生存，每个人都面临着如何与上司相处，如何能在合适的时机，为自己赢取更有利的发展空间，但是，也要时刻提防成为别人的牺牲品。每个人都有自己职业规划的未来，同样也都想做自己职业发展的主人。然而，现实的残酷，命运的叵测，都会造成极坏的局面。人要生存，身不由己自是难免，唯有小心提防才是上策。不要像三国中的粮草官那般，落到如此凄惨的下场，自己却毫不知情地做了冤魂，岂不悲哀。

一代枭雄曹操，作为领导者，胸中自有谋略。打着不使天下人负自己的旗号，他一人，曾制造了多少冤案。但并不是因为他不知内情、错杀好人，而是他明知实情，但还是会为了达到某些目的而故意制造冤案。在曹操看来别人的生命都是无足轻重的，只要在他需要时便可以信手拈来。率兵出征的他，正好遇上了连日大雨，由于粮道难行，粮草紧张引起了军心浮动。不曾想他竟突然心生一计，把那个正在忙于筹划的粮草官叫来，大言不惭地说了一句："借你颗人头来安抚军心。"便不由分说，就令人砍掉了粮草官的脑袋，挂在旗杆上，并且宣布说，主要是因为粮草官贪污军粮，所以被处罚致死，后续粮草马上运到，请将士们安心。谁也不曾想到兢兢业业工作的粮草官，就这样被残虐的曹操杀了，最后还要落一个"腐败分子"的罪名。这便是一个领导者实施的策略，宁愿牺牲一个人而获得最有利的目的，粮草官就这样成了他手底下的亡魂。

其实，办公室生存本身就是一个强者的舞台，然而综合素质的较量也是一种文明的丛林法则。冲突是常态，也许永恒和谐同样不可能。所以总会有人把办公室中人称为是办公室动物。很多上司或许会为了一己之私而把别人当成了牺牲品，同样也有可能只是为了杀鸡儆猴。所以要学会小心提防才是上策。

☕ "伴君如伴虎",谨慎小心才是

在职场中,每个人都想成为被上司赏识的人,同时也都想得到上司或老板的关注。殊不知,办公室里生存,那些被上司或者是老板赏识重用的人,却会很轻易地就被炒鱿鱼,也有可能在你不经意时就做了"无知"的牺牲品。古人有云:"伴君如伴虎。"其实职场里的上下级关系,同样也是最好的写照。然而面对职场中种种残酷的现实,几乎任何人都没有特权,哪怕你是老板的心腹爱将,不二忠臣。老板对经理人拥有恩威并济的赏罚筹码,而你每时每刻,只能小心翼翼地伺候在老板身边,又怎么能不感觉到伴君如伴虎呢?

在大多数时候,小心提防往往是凌驾于你的专业能力或者是事实真相本身的。当权力的刀锋一挥,也许只是一句话就足以让你陷入到水深火热之中。在某一家保险公司投资部工作的张洋,也在主管公司市场投资工作。但是他当时的主管经理并没有完全放权给他做,每一笔投资,都要他详情汇报并说明理由。而这个经理偏偏又是外行来管内行,张洋认为市场投资讲究的是时效性,如果天天只是忙于早请示或者是晚汇报的作业模式,那么成败到最后究竟有谁来负责?所以,他几乎天天都因为不能说服上司而情绪低落,甚至有时还会与上司争吵起来,而争吵的最终结果就演变成了整个部门与主管的对立,最后不得不以集体辞职的方式一了百了。继而却又要为重新找工作而烦恼万分,几经周折,如今的张洋已经成为了独当一面的经理。但是他并不认为自己当时的做法是正确的,因为,如果天天都在忙于争执对错,势必有一天就会被上司辞掉。而对于老板已经有定论的事,再去反驳,这样只会提早让自己阵亡或者是列入黑名单。

同样,古代的君王主宰生杀大权,粮草官悲惨的命运着实令人叹惋。而在当今的职场中,对待企业的"君王",也许并不像古代那般,但是他同样也是你在职场上立身的主宰者。"伴君如伴虎",学会谨慎小心才不至于落得悲惨下场。学会在工作中多做一些必要的"换位思考"。设身处地地站在上司的角度，揣摩上司会需要怎样的下属，也要能够站在自己的角度觉察上司的工作方式、领导风格以及价值标准、生活规律等。最后综合两方面的内容找出缺点，然后不断地去适应，就能轻易地相容共存。

职场规条

面对办公室生存，与人相处脑筋活络一点。学会审时度势，正确看待眼前的一切，才不至于被"吃"掉。

第七章

利益之争——成事在天，谋事在人

哪里有人，哪里就有江湖，有江湖的地方就会有规则。办公室就是一个充满规则的地方。每个办公室都会有一套规章制度，在这种正规制度的背后还会有一套不成文的规则。无论是同事之间还是上下级之间，遵守规则才能把事情办好。能博得同事以及上司的好感有助于自己的工作进步和职位高升，这是办公室人际较量中不争的事实。

决不允许别人负自己——曹操杀吕家

办公室就是一个小江湖，充满了潜规则，如果不重视这些规则，轻则会影响到你的工作，重则会被扫地出门。

在办公室里如果发现别人有陷害自己或排挤自己的迹象时，就要学习曹操杀吕家的那种"宁可我负天下人，也不使天下人负我"的精神，快刀斩乱麻，以防别人伤害到自己。如果优柔寡断，或者没有这种绝不允许别人负我的精神，相信你总会被人欺负，这样势必会影响到你的工作和前途。

对有利于自己的事情自然要大力支持，但对一些不利于自己的事情，则要将其扼杀在萌芽阶段，否则，遭殃的只会是你自己。

☕ 先发制人，谨防同事负己

在职场中，要防的是那些嘴巴像涂了蜂蜜一样的人，这些人往往是一口一个大哥和你称兄道弟，一口一句同甘共苦，而到了利害关头却总会把你当做垫脚石，用暗器伤你或专攻你的"软肋"，直到你威胁不到他的利益为止。对于这类人就要学习当年曹操杀吕家，先发制人、快刀斩乱麻的精神。当然在历史上这缘于一场误会，但曹操那种绝不让别人负自己的精神却是值得借鉴的。

曹操虽十分奸诈，但董卓却一直很欣赏他的才能，也有意重用他，因此上表推荐他做骁骑校尉。然而，对于董卓的一片好心，曹操并不领情，也不愿意与他合作，还想借献刀之机谋杀董卓，事情败露后就逃离了京城。

逃走后的曹操立即遭到了通缉，搞得十分狼狈，他不但不敢走通衢大道，甚至还为此改名换姓。在逃亡的过程中，路过成皋（今河南荥阳汜水镇）时，前去拜访故友吕伯奢，吕伯奢对于曹操的突然造访甚是欢喜，便要用好酒好菜招待他，但一时家中无酒，于是便对曹操说要出去买酒，然而去了很久却不见回。逃亡中的曹操可谓是草木皆兵，当他听到后院的磨刀声，起了疑心，便持刀杀了吕家上下十几口人。杀完后才发现有只猪绑着待杀。曹操知道是自己误杀了好人，但人已经死了，他只能再次出逃。恰好又在路上遇见了刚刚买酒归来的吕伯奢，为了避免留下后患，曹操又将他杀了。随后便说了那句流传千古的话："宁可负天下人，也不使天下人负我。"便继续出逃。

曹操心狠手辣和斩草除根的做事风格是世人皆知的。他为了不让别人伤害到自己，就采取了先发制人的做法，心狠手辣地杀光了吕伯奢的全家人。虽然在这件事情上，曹操做得太绝，但从当时的情形来看，一个逃亡中的人做出这样的事也是可以理解的。

虽然当今社会不会再出现这样的事情，但对于职场人士在遇到办公室内有同事在做一些危害自己利益的事情时，就要先发制人。

☕ 坐以待毙只会让自己受伤

现代职场的办公室就是一个小三国，虽没有战火纷争、刀光剑影的场面,但却有很多可以伤人于无形的规则。所以职场中的每个人都应该处处小心,小心同事的诽谤和排挤,小心领导的一言一行,因为只有处处小心,才能早日发现对自己不利的因素,以先发制人。否则坐以待毙,等待你的只会是更大的损伤。也许会有人反问,这样疑心是不是太重了。其实,小心完全是有必要的。俗语"小心驶得万年船",说的正是这个道理。如果你太粗心,一不留神说不定就为他人当了一次箭靶。自己一旦处于被动,再想返身就已经来不及了。

曹操为了防范吕伯奢一家出卖自己,便处处小心,吕伯奢出去买酒,久未归来,就想他是不是去报官来缉捕自己了。而听到后院的磨刀声就认为他的家人是要抓捕自己,于是便先发制人,杀了吕伯奢全家。虽然他的小心,造成了一大冤案,但在当时他的这种小心完全是有必要的。在战火纷飞的年代,为了保全自己,以防坐以待毙,凡事多长个心眼,还是有必要的。对于现代的职场,也是一样的道理,同事之间照样会为了各自的利益而钩心斗角。他们往往不会明枪实炮地进行争夺,但常常会在背后,趁你毫无防备之时,冷不防给你致命的一击。也许你不会为了一点利益而去伤害人,但却不能保证他人不会为了一点利益而出卖你,所以凡事还是小心为妙,在利益面前没有永远的朋友。

王峰和陈刚作为公司的新人,虽然刚刚来到公司,但表现却极为出色,因此也深得领导的青睐。然而却遭到了杨志的忌妒,虽然他来公司已经三年了,工作也很努力,但一直没有得到提拔。而现在部门经理正好缺少一名助理,原来他以为这次自己肯定是有希望了,可自从王峰和陈刚来之后,他突然感觉领导在有意培养他们,这样看来自己担任助理这一职位的可能性又不大了。于是在以后的工作中,他总是处处为难两人,王峰为人十分聪明,很快意识到了这一点。他清楚如果想在这个公司继续待下去,就不能得罪杨志,因为他毕竟来公司三年了,公司上上下下都有他十分熟悉的人。

之后,王峰利用一切可以利用的机会主动向杨志示好,甚至曾向领导提议让杨志担任助理一职。这一招果然有效,在以后的工作中,杨志对王峰总是很客气,再也没有为难过他。

而陈刚就不同了，面对杨志的有意为难，他并没有采取任何措施。因为他认为自己只要没做错什么，就不会得罪到谁。岂不知自己的这种态度只能让他坐以待毙。在以后的日子里，只要有机会杨志就会跑到领导面前说陈刚的种种不是，还鼓动一些和自己关系不错的人一同诋毁陈刚。正所谓众口铄金，恰好有次陈刚因一时疏忽，在工作中犯了一点错误。而领导却小题大做，把他调到了另一个部门。从此杨志轻松了，他再也没威胁了。

办公室就是这样一个关系复杂，潜规则众多的地方。陈刚就是太过于大意，又不懂得人情世故，结果只能坐以待毙，让杨志把自己排挤出去。这样就算你有再大的才能，也是得不到施展的机会的，所以身在职场就要多向王峰学习，先发制人，先保全自己，只有这样，才不会让他人做出有负自己的事情。

职场规条

面对同事的排挤一定要做到先发制人，决不让他人有负自己，因为坐以待毙等待自己的只有遭受更大的损失。

不给别人可乘之机——陆逊火烧连营的教训

凡事都不可急于求成，因为在情急之下，一不小心就会暴露出自己的弱点，从而让对方有机可乘。无论是古战场还是今天的职场，都是一个不可急于求成的地方，否则只能让自己埋葬于战场或失足于江湖。

办公室就如一个没有硝烟的战场，里面有钩心斗角，也有尔虞我诈，更有暗枪暗箭……如果有人做出了有损你利益的事，无论是你的上司，还是你的同事，都不可急于挽回损失，因为急于求成往往最容易暴露出自己的弱点，这样无疑是给了对方乘虚而入的机会，从而让自己遭受更大的损失。

正如当初刘备急于给关羽报仇,在攻打吴军的过程中暴露出了自己的弱点,从而给了吴军将领陆逊一个可乘之机,酿成了"陆逊火烧连营"的惨局,使蜀汉元气大伤,从此也改变了三国鼎力的局面。

蜀汉军的惨败留给办公室人士一个教训:君子报仇十年不晚。

☕ "急于求战"只会给对方可乘之机

办公室虽是个看似平静、和谐的地方,可背地里也存在着许多明争暗斗。如果一方做出了有损自己利益的事情,切不可学当年的刘备,因报复心切,急于向对方求战,结果却使自己大军溃败。

当年刘备闻听与自己出生入死的二弟关羽被杀,一时悲愤交加,他不听诸葛亮等人的苦苦劝谏,亲自率领了 70 多万大军出川伐吴。当时的蜀汉军十分强大,一路连战皆胜、势如破竹。东吴上下无不十分恐慌,孙权拜年轻小将陆逊为兵马大都督,应对刘备的攻击。面对刘备的强盛攻势,陆逊采取了坚守不出、拖垮敌军的战术。他采取的这一战术,使得东吴一班急于出战的老将大为不满,他们原本就不屑陆逊,而今又见其如此怯懦,无不嘲笑陆逊一介书生的懦弱,无奈陆逊手中持有上方宝剑,他们不得不听从他的指挥。

见陆逊坚守不应战,刘备为了逼他应战,便派了一些老弱兵士在关前辱骂向其搦战,后面暗藏重兵,想以此诱敌深入,然后围而歼之。东吴将领被蜀汉军骂得火冒三丈,纷纷请命出战,而精明的陆逊已看出刘备的计策,坚决不让出战。见自己的计策失败,出于无奈,刘备只好率大军出走。而这时那些请战的将领看到了武装齐备的蜀汉军经过,无不胆战心惊,心中暗暗佩服陆逊的远见和胸有成竹。

当时正值酷暑难耐的夏日,蜀汉军既累又热,刘备见久攻不下,只好下令傍山林下寨,养精蓄锐,待秋天时再出击。陆逊见蜀军树栅相连,纵横 700 里下营,正中下怀。如此宿营,首尾兼顾,确实非常坚固,但却也有一个致命的弱点,即最怕火攻。一旦火起,无法营救,损失自然是十分惨痛的。而陆逊正希望蜀军如此，以一举灭之。当时远在成都的诸葛亮虽也看到了这一点，但再前去通知已是来不及了。

虽然时机已到，但陆逊却并没有像他人想象的那样急于出兵，而是首先进行了一次试兵，以骄敌志。他派末将淳于丹率5000兵马攻击敌营，这是东吴坚守以来的第一次出击，结果大败而归。得胜后的蜀军，变得骄傲，愈发不把陆逊放在眼里，于是也渐渐地放松了警惕。第二天夜里，陆逊又派主力来到蜀军安营的地方，蜀营的一些将士虽已察觉先兆，但刘备却毫不介意地对他们说："昨夜已杀尽，他们还敢再来吗？"听刘备这么说，其他人便也不再警惕了。陆逊首先在大营前后纵火，火借风势，迅速蔓延开来，无法自救的蜀汉兵大乱阵脚，四处奔窜。陆逊这时又派兵马四处夹攻，结果蜀汉军大败，死伤无数。幸亏赵云从川中赶来搭救了刘备，逃到了白帝城。经此大败后，蜀汉军受到了重创，而刘备也因此一病不起，最终死于白帝城。

从"陆逊火烧连营"这一战例中可以看出，刘备拥有70多万大军，之所以会得此下场，正是因为不听诸葛亮等人的苦劝而太急于求战，结果在安营扎寨之时，暴露出了自己的弱点，给了陆逊可乘之机，以至于使蜀汉军惨遭失败。

从刘备的惨败中可以看出，凡事太急于求战只会给对方可乘之机，从而使自己遭受更惨痛的损失。对于身处办公室的人士，如果你知道了同事或上司对你有不怀好意的举动，千万不可过于急躁，急于找对方讲理，或做出一些攻击对方的举动，因为这样的行动只会给对方抓住你把柄的机会，从而使自己无处立身。

☕沉着应对，让同事和上司无机可乘

与急于求战形成鲜明对比的就是沉着应对，如果在办公室内遇到一些有损自己利益的事情时，一定要沉着应对，冷静地分析情况，在采取措施时让对方无机可乘，以免犯下刘备当初的错误。

作为一个新员工，在你刚进入一家公司时，肯定会受到一些恶意排

挤或故意刁难。这时千万不要过于着急,你应不断让他人知道你具有做好这项工作应有的技能。要让同伴和别人了解你究竟是怎么得到这份工作的。也许这种做法并不一定能使你周围的人成为支持你的成员,但至少可以使他们取消伤害你的念头。

也许由于你的能力突出,常常能够做出一些有利于公司发展的方案,但这又会引起一些上司的忌妒,他们有时甚至会把你的工作成绩占为己用。这时知道情况的你又该怎么办?是急于找你的上司评理,还是对领导打他的小报告?其实这两种方法都不利于自己。找上司评理,其他的人自然是帮助上司说话的,结果就是你有理说不清;去找领导打小报告,很容易引起领导的反感,搞不好还被你的上司反咬一口。所以在遇到此类的事情时,不可过于急躁,一定要心平气和地应对,这样既能防止上司把自己的工作成绩占为己用,又不会与他发生任何冲突。

王志是一家公司新上任的经理。有次领导要求他做一份策划案,由于王志平时工作表现极好,成绩十分突出,所以做这样一个策划案,对别人来说也许是十分困难的,但对于他来说则是轻而易举的。三天后,王志交出一份令总经理十分满意的策划案,总经理连连夸奖他。然而令王志怎么也没想到的是,自己竟被总经理利用了。

一次,在开董事会时,董事长将总经理大大夸奖了一番,说他上次写的那个策划案十分有创意。董事长说的明明是自己的策划案,怎么全部成了总经理的功劳了呢?王志这才明白,自己的工作成绩被总经理独吞了。王志心中自是十分不满,但他能怎么办?去找总经理讲理,自然是不行的,因为他在做那份策划案的时候只有总经理和自己知道,搞不好总经理还会趁机给自己加个诬陷的罪名。他暗想君子报仇十年不晚,急于一时只会让别人有机可乘,倒不如沉着应对,想个两全其美之策也好使自己免受更多的损失。

机会终于来了,一次王志又接到命令,让他起草一个方案。王志吸取了上次的教训,在做方案时,他几乎让所有的同事都知道他是在准备一份报告。而且在做方案时将自己的名字直接写在了策划案的封面。这一招还真灵,当他把方案交到总经理的手中时,他分明看到了总经理脸上露出了一丝惊讶。从此再也没有发生过总经理独占他成绩的事。王志心中不由庆幸，幸好自己上次没有冲动，要不然得罪了他，自己也许就再也没有展示自己才华的机会了。

办公室也是个明争暗斗的地方，同事与同事之间，领导与领导之间，下属与领导之间都存在着利益的纷争。但遇事一定不可冲动，一定要冷静下来，沉着应对，以防止在冲动和慌乱之时，给他人更多的可乘之机，不但不能解决问题，反而会为自己招惹更多的麻烦。

在办公室里工作，如果受到来自同事和领导的恶意伤害，一定要保持冷静，待冷静后一定要认真地分析一下问题的原因所在。同时还要学会建立和维持一个支持自己的网络关系，在你的周围筑起一座坚不可摧的城墙，这样就能有效地减弱别人对你的伤害。就算不能百分百地防止他人对你的伤害，但最少可以在矛盾发生时，有人能与你保持同盟的关系，以把损失降到最低。

职场规条

面对他人的陷害，首先要做的不是急于争回自己的利益和名誉，而是制订出最严密的方案，伺机行动。

将权力之争进行到底——曹丕是最终的胜者

办公室内既是个展示才华和激情的地方，同时也是个充满了权力之争的地方。在这里，没有永远的朋友，谁能将权力之争进行到底，谁就是强者和最终的胜利者。正如三国时期的曹丕，坚持不懈与其弟曹植争夺权位，最终成了魏王，自然成了这场权力之争的胜利者。而对于那些不懂坚持，半途而废的人，无论是古代的帝位相争，还是当今办公室内的权力相争，他们都永远只能错失成为帝王或领导的机会。

☕ 胜利只属于坚持到最后的人

当今社会竞争如此激烈,大到一个行业,小到一个公司,就连小小的办公室内每天也在上演着一场场激烈的权力之争。正所谓"适者生存"、"坚持就是胜利",在办公室的权力之争中,无论是同事与同事之间的角逐,还是领导与领导之间的竞争,谁最能适应当前的局势,谁最能坚持,谁就能成为最终的胜利者。

曹植天生聪慧,深得曹操的宠爱,曹操甚至曾一度想过要废曹丕而立其为世子,于是曹丕嫉恨曹植也是情理之中的事情。

其实,早在曹植十几岁的时候,曹丕与曹植的权力之争就已经开始了。曹植小小年纪就能下笔成章,曹操看到曹植的文章甚至有点儿怀疑,认为他是请人代写的,而曹植请父亲当面测试,经过几番测试,曹操发现曹植的确能"出口成文,下笔成章"。因此,曹操更加喜爱曹植了,若不是遭到一些大臣的反对,曹植也许真的就被立为太子了。曹丕年龄虽小,但看到父亲如此偏爱曹植,自然是心生恨意。他知道自己不去争取的话,最后世子肯定就是曹植的了,于是他决定把这场世子之位的战争进行到底。

一次,曹操欲率兵前去打仗,曹植、曹丕都来为其父送行,临别时,曹植高声朗读了为其父歌功颂德的文章,深得曹操的赞赏,而这时曹丕并没有用什么文章为父送行,反而泪流满面地向父亲告别,这不由很让曹操感动,随之也掉下泪来。也正是这一小小的举动才把曹丕与父亲的距离拉近,从而加深了父子感情。曹操也突然感觉到,父子之间更需要的是真情,而非表面上的拍马屁。在这次如何送别父亲的较量中,曹丕显然是胜过了曹植。

还有一次,曹操打算派曹植出兵,在当时能够带兵出征就是一种掌握军权的象征,自然也说明了曹植是曹操重点培养的对象。曹丕得到消息后,自然是十分恼火的,怎么办呢? 最终曹丕想出一个计策,他带着好酒好菜,以恭喜曹植出征之由要求与其一起喝酒,曹植自然不知其中有诈,便爽快地答应了。结果曹植被曹丕灌得酩酊大醉,以至于当曹操派人前来传曹植时，连着催了几次都不见清醒，一气之下，曹操取消了让曹植带兵的决定。

曹植由于善于吟诗作赋，自此之后，总是与一些朋友饮酒作诗，不再与曹丕争夺世子之位。

由此看来，曹植太缺少心机，只能当一个不拘小节的文学家，而政治家需要的是足智多谋和凡事都要坚持到底的精神，显然这两点曹植都是不具备的，自然世子之位他也是难以担当的。在曹植与曹丕的这场世子之位相争中，曹丕把权力之争进行到底，于是自然就成了这场权力之争的胜利者，最终继承了世子之位。

从曹植与曹丕的这场世子之位相争中，我们可以得到一些启示：在办公室内的权力相争，不要管对方是谁，你只要懂得运用心机，只要能将权力之争进行到底，那么你就能成为最终的胜利者。

☕ "半途而废"只能错失夺取目标权力的机会

无论做什么事，只要认定了就不能"半途而废"，否则只能永远与成功失之交臂。办公室的权力之争也是如此，谁能坚持到最后，谁就是最终的胜利者。谁不懂得持之以恒，半途而废，谁就只能错失夺取目标权力的机会，从而遗憾终生。

对于身在职场的人士，也许你有远大的理想，清晰的目标，但要想实现理想，达到目标，就必须懂得坚持。尤其是在权力之争中，如果你不懂得坚持，就会被排出局外，永远与目标权力无缘。

李力于两年前应聘到了一家民营企业，由于工作表现突出，又敢于吃苦，一年多后便被公司委任为副经理一职。从此李力负责公司市场营销这一业务模块，管着公司上百名员工。李力是个典型的工作狂，他身边虽然有助理，但他还是差不多天天加班，完全把公司当成了自己的一样对待。这一点很快也被公司的最高领导人看到了眼里，心中对李力自然是十分赞赏。而只有李力明白，自己之所以工作如此努力，只是希望能早日把自己副经理一职前面的那个副字去掉，成为真正的总经理。

　　如果不是公司董事会发生了一些变化，总经理一职也许真是李力的了。然而董事会变革后，他却多了一位新的竞争对手马副总经理。据打探，这位马副总经理是公司通过猎头公司从一家著名的外企挖来的高级人才。他的年纪与李力相当，可谓年轻有为，刚一来就和李力较上了劲，想把李力负责的市场营销这一块夺过去，好在这一块取得突破，证明自己的实力。这位马副总经理心机十分重，仗着自己是从外企挖来的高级人才，常常不把李力的话放在眼里，找到机会便为难李力。然而对此李力并不示弱，两人就这样一直进行着明争暗斗。一次，他们的斗争甚至进入"刺刀见红"的阶段，但谁都不肯示弱。

　　一天，在公司的高层开完会后，李力脸色铁青地走了出来。原来由于李力前段时间的一时疏忽，在工作上出了点错误，虽然他纠正了这一错误，但还是被时时与他作对的马副总经理知道了，于是便小题大做地在会议上毫不留情地指出了李力的错误，还说了他一大堆的不是，这令公司领导人很是恼火，又把李力批评了一顿。李力知道自己这次是彻底栽到马副总经理手里了。谁让自己有错在先呢，现在纵使有一百张嘴也解释不清楚了。

　　从那件事情之后，李力工作开始变得没有了激情，一个月后自动离职了。而看到李力离职了，马副总经理不由得偷偷笑了笑，如愿以偿地接管了李力负责的业务模块。两个月后，又升职成了总经理。

　　由此可以看到，在权力之争中，如果你不懂运用心机，不懂得坚持，无疑就是这场斗争的失败者，从而永远与自己的目标权力失之交臂。虽然有时那些竞争对手采取的手段甚是恶劣，但他们却懂得一点，那就是要想成功，要想实现自己的目标，就必须坚持。如果不能适应这一点，如果"半途而废"，就只能败于他人手中。

　　的确，身在职场，无论做任何事情都必须懂得坚持。永不放弃，把斗争进行到底，这也是成就大事的人所必须具备的一种品质。

　　在三国中还有一个说明不放弃就能成为胜利者的经典例子，就是刘备不放弃诸葛亮，"三顾茅庐"方请出诸葛亮，也正是自己当初的坚持，才得到诸葛亮的辅佐，从而成就一番大业。试想，如果当初刘备不懂得坚持,而诸葛亮被他人请出山去,虽然不能说他一定不能成功,至少会走许多弯路。

职场规条

懂得坚持的人,懂得把权力之争进行到底的人就会成为最终的胜利者,但如果选择了放弃,那么只能永远与目标权力失之交臂。

志在未来——七擒孟获

办公室是个人才集聚的地方,要想成为这里的佼佼者,让每个人都对你心悦诚服,为你工作,你就不可急于求成,一定要把眼光放长远,正如当年诸葛亮"七擒孟获",一定要着眼于未来。

要想成为办公室的领导者就必须让所有人看到你的实力和能力,让他们对你心悦诚服,只有这样,他们才甘心为你出力。如果你以权压制他们,强迫他们服从于你,那样只会影响工作的进展,不利于办公室内部的团结。因此,凡事切不可心急,志在未来乃是作为领导者应有的风范。

欲擒故纵,着眼于未来

办公室也是个会因利益而引发纷争的地方,权力之争,金钱之争,要想在这场纷争中成为最终的赢家,就必须懂得运用"心计"——"欲擒故纵",懂得着眼于未来的大利益,只有舍得一些小利益,才能在未来换取更大的利益。

东汉末年,天下大乱,魏、蜀汉、吴三国鼎立,各占据一方。当时蜀汉丞相诸葛亮受刘备托孤遗诏,立志北伐,以图振兴汉室。就在这时,蜀汉南方之南蛮来犯,诸葛亮当即点兵南征,双方首战诸葛亮就大获全胜,生擒了南蛮首领孟获。但孟获却很不服气,对诸葛亮说胜败乃兵家常事。诸

葛亮闻得此言,只是笑了笑便令人放了他。

放走孟获后,诸葛亮又施离间计,激怒了其副将,结果其副将将孟获捆绑送至汉营。这是第二次生擒了孟获,可孟获却仍是不服,诸葛亮从长远出发还是放了他。

被诸葛亮再次放回后,孟获的弟弟孟优给他献了个计谋,即自己先带人诈降,刺杀诸葛亮后,孟获再带人前去劫营。半夜时分,孟优带人来到汉营诈降,可是诸葛亮一眼就识破了他的诡计,于是诸葛亮便将计就计,下令赏了大量的美酒给南蛮之兵,使孟优带来的人喝得酩酊大醉。这时孟获以为孟优事已成功,就按原先的计划前来劫营,却不料自投罗网,再次被诸葛亮擒获。可固执的孟获哪肯心服,于是诸葛亮第三次放虎归山。

第三次被诸葛亮放回的孟获,立即整顿军队,待机再次反叛。一天得知诸葛亮正独自在阵前察看地形,闻听消息后的孟获大喜,立即带了人赶去捉拿诸葛亮。不料这次竟是诸葛亮设的圈套,孟获又一次成了瓮中之鳖。诸葛亮看其仍不服气,于是又放了他。就这样,孟获先后七次与诸葛亮斗法都被对方擒住,但诸葛亮是个有远见卓识的人,并没有对孟获有任何伤害或轻视的行为。

诸葛亮平定南中,所至必胜。但诸葛亮考虑到孟获在西南地区有很高的威望和影响,如果能让他心悦诚服,主动投降,必定能使后方真正稳固,否则,西南各少数民族仍会不断骚乱,蜀汉的后方就不会安宁,不能集中力量和精力去对付北方的魏国。于是诸葛亮演绎了七纵七擒孟获,最终使孟获彻底诚服。可见,诸葛亮对孟获使用的攻心术,是出于蜀汉未来对南中的长久安定。

从诸葛亮"七擒七放孟获"这个故事中可以看出,无论是下属还是领导者,在争取一些利益之时,一定要有足够的耐力,切不可只顾眼前的利益。如果时机不成熟就强行取得利益,只会招致祸乱,不利于办公室内部的稳定和发展。因此,凡事都要像诸葛亮一样着眼于未来,要懂得运用一定的"心计",懂得运用"欲擒故纵",以在未来获取更大的利益。

☕ 志在未来，获取更大的利益

孟获说得十分正确，"七擒七放"，从古至今都是没有人能够做到的，但是诸葛亮却做到了，这是为什么？正是因为诸葛亮拥有宽广的胸襟、拥有远大的眼光。他懂得只有适当舍弃，才能有大收获，正所谓志在未来，才不失作为成大事者应有的风范。

在办公室内，有的人往往会为了一点利益而变得斤斤计较，其实，这样的人往往成不了大事。真正成大事的人，往往不会为眼前的利益所动，他们更多注重的是未来的大志向、大利益。

孙平作为公司新来的员工，由于工作能力强、经验丰富，在来公司两个月的时间里，就替公司攻克了许多技术难关，因此深得公司领导的重视。看到公司领导如此器重孙平，乔勇的心中十分不是滋味，因为自己来公司的时间远远比孙平长，虽然自己的经验不如孙平丰富，但论技术也不逊于孙平多少，可自己来公司的这半年里，一直都没得到任何重视。在孙平没来的时候，他常常安慰自己说是时机未到，可自从孙平来后，他便把自己没有得到重视的原因归咎于孙平的身上，为此乔勇一直闷闷不乐。

三个月后，机会终于来了，乔勇和孙平所在的部门经理走了。于是合适的人选自然就落在了他们两个人的身上。自从部门经理走后，乔勇完全像换了个人似的，总是第一个来上班，最后一个离开，在工作上也表现得尤为努力。而孙平还是和以前一样，并没有看出有丝毫的异常。然而奇怪的是，对于部门经理一职，公司领导似乎都没有提过。乔勇也一直十分郁闷，但这种事情自己又不好"毛遂自荐"，于是只好干等着。其实孙平也注意到了乔勇的用意，而自己又何尝不想呢？但出于以下的原因考虑，他知道自己当部门经理的时机还不成熟。一是自己来公司的时间并不长，只有半年的时间；二是自己在公司的人脉远不及乔勇；三是做部门经理远不是自己的目标。

两天后，孙平直接找到了公司的领导，向领导推荐了乔勇为部门经理。其实公司领导之所以让部门经理一职一直空缺，正是想让孙平上任，

但又担心让他担任经理,肯定会引起部门很多人的不满,所以一直不敢轻易做决定。而现在既然孙平都主动推荐了乔勇,公司领导便不再犹豫了。第三天,公司宣布让乔勇出任部门经理一职。当乔勇得知是孙平推荐了自己后,十分感激,责怪自己以前心胸太小了,还把孙平作为竞争对手,岂知人家根本就没有要与自己争的意思,反而主动推荐了他。

从此之后,乔勇对孙平表现得十分友好,处处帮他说话。半年后,公司总经理一职空了出来,乔勇还没来得及为自己打算,却得知消息:公司决定让孙平担任总经理一职。一时间乔勇的心里像打翻了五味瓶一样,这时他才意识到孙平的厉害,他不给自己争部门经理一职,原来是有更大的目标。他当初推荐自己,深得公司领导的好感,而且后来自己又十分帮他,领导对他更是信任了。这一切无疑把孙平送到了总经理一职上,现在自己又有什么好争的呢?

人一定要有长远的眼光,一定要有志在未来的胸襟,一定要舍得眼前的一些小利益,只有这样,才能换来未来更大的利益。而与此相反的是,那些没有长远眼光的人,是永远不会成就大事的。

职场规条

"欲擒故纵"是着眼于未来大利益的一种计谋,只有这种志在未来,不为眼前利益计较的人方有资格成为领导,可成就一番大事业。

诱敌深入——周瑜诈死

如今的职场生涯已不再是单纯地做好自己的工作那么简单了,做好自己的本职工作仅仅是在办公室内生存所需具备的一种基本技能。要想在办公室内长久地生存下去就需要懂得现代职场的一些人情世故,更要懂得运用"心计"。当然这里的"心计",更多的是指一种生存技能。当遇到一些有损自己利益行为的事情时,就要懂得运用一些"战术",如学习

"周瑜诈死——诱敌深入"的做法，由被动转为主动，从而可以顺利击败对手。

☕ "诱敌深入"乃是办公室之争制胜的良策

办公室的职位自然有高低之分，也有实力强弱之别，如果适逢较强的对手，无论是你的同事还是你的领导，都不可"强攻"，否则只会让自己"死无葬身之地"，因为这样无疑于是"以卵击石"。而要想打败那些竞争对手，或暗藏的敌人，就要采取"诱敌深入"的计策，在对方毫无防备的情况下，给对方以沉重的打击，从而出奇制胜地赢得这场没有硝烟的战争。正如三国时期周瑜诈死的目的就是诱曹军深入，以趁其不备击垮敌人，从而取得了胜利。

赤壁之战结束后，周瑜亲自率军准备夺取南郡。而曹操大败回到许都之前，就已预料到周瑜会出兵夺取南郡，向来以"奸诈"著称的曹操在离开南郡之前，就留给了南郡守将曹仁一条密计，并嘱咐他可在危急时拆阅，以全力保卫南郡无事。

果然，周瑜大军首先攻占了彝陵，因彝陵与南郡成犄角之势，所以攻占了彝陵就使南郡陷入了一种孤立无援的境地。形势已十分危急，曹仁便拆开曹操的密信阅读，心中大喜，传令全军五更造饭用餐。天亮之时，曹仁兵分三路，从三座城门出走，而城上则遍插旌旗，以掩人耳目、虚张声势。

周瑜远远望见曹仁三军都已撤出城外，便登上高处继续观察。只见城墙插着旌旗，但并无士兵守护，又看到曹仁的军士都束缚包裹。心里暗想：曹仁定是准备弃城撤退。便走下将台号令进军，让军队分列左右两翼。如前军取胜，可向前奋力追杀，等到收兵的号角吹响之时，方许退回。周瑜又命程普统率后军，而自己则亲率主力夺城。

曹洪出马挑战周瑜，与周瑜的大将韩当交锋，打了 30 个回合，曹洪败下阵来。见曹洪败走，曹仁亲自接战，周泰纵马相迎，打了 10 个回合，曹仁败走，阵势错乱。周瑜指挥两翼军队杀出，曹军大败。周瑜乘胜追击，

一直追曹军到南郡城下，然而曹军并不进城，只是往西北方向退走。此时被胜利冲昏了头脑的周瑜，见南郡城门大开，城上又无一人，便长驱直入，令士兵抢城，却不知已经中了曹操的诡计。

曹军知周瑜已中计，便下令放箭，顿时两边弓弩齐发，箭如雨下。周瑜这才意识到自己中计了，于是急忙勒马准备返回，却不料被一支弩箭射中左胸肋骨，翻身落马。曹将牛金趁势从城里杀出，来捉周瑜，徐盛、丁奉二将拼命去救。城中曹仁伏兵突出，吴兵自相践踏，跌入堑沟的不计其数。程普慌忙收兵，曹仁、曹洪兵分两路杀回，吴兵大败。得徐盛、丁奉二人相救，回到营寨后的周瑜，因箭伤痛不可当，几日茶饭不思。

死里逃生的周瑜好不容易回到营寨进行养伤，可曹仁却乘胜追击至周瑜寨前摆阵叫骂挑战。一天，曹仁又率军在寨前骂战，气急败坏的周瑜不顾伤情爬下床来，披挂上马，率数百骑兵冲出寨外，迎战曹军。曹仁挥舞马鞭道："周瑜，这回你一定完了，量你再也不敢小看我军了！"

这时只见周瑜从骑兵内骑马跃出，呵斥曹仁道："匹夫，你看见我周郎吗？"曹军见了，又惊又怕。曹仁回看部将："骂他！"曹军厉声叫骂，周瑜大怒，派潘璋出战。还没交锋，周瑜忽然大叫一声，口喷鲜血，跌落马下。见状，曹兵趁机冲来，周瑜部将拼命抵敌，才得以救起周瑜。

回到营寨后的周瑜悄悄告诉程普："不用担心我的身体，我本无性命之忧，之所以在阵前佯装吐血落马，目的是让曹军知道我病情危急，他们必然轻敌。你叫可靠的士兵去南郡城里假投降，说我已死。这样一来，曹仁今晚必会前来劫我寨。我们可四下埋下伏兵杀他个措手不及，相信定能活捉曹仁。"程普听后大喜："此计大妙。"于是对外传说周瑜因箭伤复发而身亡，令全军举哀，于是各寨全部挂戴白孝。

且说曹仁等人与周瑜等人厮杀一番后，回城正与众将商议军情，说周瑜箭疮迸裂，以致口吐鲜血落马，肯定不久便会身亡。正议论间，忽报有十多吴军士兵前来投降，其中两人原是被俘虏过的曹兵。曹仁急忙叫进询问，士兵们答道："今天周瑜由于在阵前箭疮复发，回到营寨后不久便死了，全军上下正在穿戴孝衣举哀呢。我们看周瑜气数已尽，又曾都受过程普的凌辱，所以决定前来投降曹军，并附带报告这个消息。"

听说周瑜死了，曹仁不由心中大喜，便率全部主力前去对战吴军。然而当他们来到寨门时，不见一人，但见虚插旗枪而已。曹仁猛然醒悟："我中计了！"于是急忙退军。这时只听四下鼓声大响，吴军从四面杀来。曹兵无力突围，曹仁只身领十多名骑兵冲出重围，后又遇士兵阻截，不能回南郡，只得向襄阳方向逃命去了。

从上述事例不难看出，对于办公室的利益之争，采取"诱敌深入"的做法不失为一个良策。因为"诱敌深入"，可以变被动为主动，给对手一个出其不意的打击，从而成为这场利益之争的胜利者。

☕ 利益之争要懂得运用"计策"

办公室是个存在利益纷争的地方，权力和金钱之争，都会令昔日的朋友变成敌人，但办公室毕竟是个文明的场所，所以自然不会发生一些明争明抢的事情，因此，要想赢得这场战争，而且又赢得光明磊落，就必须要懂得运用一定的"心计"，寻找机遇，一举取得利益。

如两个同样想做经理一职的人，由于实力相当，自然都会把对方看成是自己最大的竞争对手。然而两个人所采取的策略却有所不同，一个人采取强攻，处处为难对方，还动不动就对领导说对方的不是；另一个不仅处处退让对手的进攻，还让对手看到自己的缺点，其实，这些都是假象，其目的就是故意诱惑对方，让其变本加厉地攻击自己。最后，采取退让态度的人得到了经理一职，而采取强攻态度的人被公司开除了，理由是：恶意伤害同事，且变本加厉，严重损害公司形象。

这就是"诱敌深入"的一种计策，让对方看到自己的弱点，而这种弱点往往都是故意给对方设的一种假象，以让其变得更加肆意，更加得意忘形，以让人都看清其真面目。而自己的忍让也会得到周围人的好感，认为自己宽厚，不斤斤计较。

如今的职场就是一个充满利益纷争的地方，在这里面，不懂运用"计策"、盲目进攻的人，往往会错失机会，而且还会落得个身败名裂的下场。但对于那些懂得运用"计策"，又十分懂得引诱敌人于无形之中的人，往

往是这场利益之争的胜利者。

善于"诱敌深入"的人往往会毫无疑问地成为这场利益之争的胜利者,而那些不懂得职场潜规则,又不懂运用其道的人只能悄然退出。

做事要沉着冷静——刘备三让徐州

做事沉着冷静是一个成功者所必备的基本素质。而在办公室的利益之争中,是不是能成为这场利益之争的最终胜利者,很大一部分原因就要归结于你能不能保持一个冷静、清醒的头脑。因为只有遇事保持一个冷静、清醒的头脑,才有助于你分清当前局势的利弊,以助你做出正确的判断。正如三国时的刘备三让徐州一样,不到适当的时机切不可盲目、急躁地做出选择。否则只会让自己陷入险境,从而失去更有利于自己的机会。

☕ 遇事沉着冷静,做出利于自己的判断

办公室内有许多潜在的规则,因此凡事更应该谨慎、小心,而要想凡事做到谨慎就需要时时保持一个冷静、清醒的头脑。只有这样才能避免违背这些潜规则,以做出利于自己的选择。而三国时的刘备就是一个时时能保持清醒头脑的人,他基于当时的利弊分析,在陶谦三让徐州后,真正得到人心之时才答应接管徐州。

当时曹操实力渐强,已经开始在兖州招贤纳士,以展宏图大业。出于孝心,他派人前去接隐居的父亲来兖州相聚。当时曹家老小四十余人,一起随从而来。路经徐州时,身为徐州牧的陶谦出境相迎,并大设筵宴款待。两日后他派部将张闿带兵护送曹家人去兖州。哪知半路上,张闿起了

祸心，把曹家几十人尽皆杀害后取了财物逃跑了。

得知消息后的曹操，痛哭不止，并切齿发誓："陶谦纵兵杀我父，我一定要亲率大军，洗荡徐州，为父报仇雪恨！"随起大兵杀奔徐州而来。当时的徐州势单力薄，哪里是曹操的对手？陶谦见曹操大军所到之处，杀戮百姓，挖掘坟墓，乃仰天恸哭，决定自缚前往曹营请罪，以救徐州百姓之命。然而陶谦的此举却遭到了谋士糜竺的极力劝阻，并献计给陶谦，说自己可以向北海太守孔融处求援。

得知情况后，孔融约刘备、关羽、张飞三兄弟一同前往徐州进行救援。刘备和张飞率兵先来到徐州城下，杀散曹兵后冲入城内与陶谦相见。陶谦见刘备仪表轩昂，语言豁达，心中大喜，命糜竺取徐州大印，让与刘备。刘备从没想陶谦会让徐州给自己，哪敢接受。陶谦真诚地说道："现在天下大乱，汉室不保。公乃汉室宗亲，正宜力扶社稷。老夫年迈无能，情愿将徐州相让。公勿推辞。"刘备道："我来徐州援救乃出于大义，您莫非怀疑我有吞并之心？"陶谦道："此是老夫实情。"待陶谦再三相让，刘备仍是不肯接受。这时曹操大军兵临城下，徐州相让之事只好再做商议。刘备因与曹操是故交，于是当此写下书信，劝曹操退兵。

接到刘备的书信后，曹操原本打算是不理会刘备的，但正在这时，吕布在北方攻下曹操老巢兖州，曹操不得不放弃攻打徐州的计划去救兖州，于是就顺便卖了个人情给刘备，即日引兵退去。

曹操引兵退去后，陶谦在城中设宴款待刘备等人。他请刘备坐于上席，并对众人说道："老夫年迈，二子不才，不堪重任。刘备是皇室后代，德广才高，可坐领徐州。老夫情愿乞闲养病。"刘备见状，连忙起身道："刘备实不敢担当此重任！这样做，刘备只会成为天下不义之人。"虽然众人都劝刘备坐领徐州，但刘备就是不从。陶谦泣道："君若不答应，并舍我而去，我死不瞑目！"尽管陶谦真心相让徐州，但刘备就是执意不受。陶谦见刘备如此执意不愿接受，只好说道："君若不弃，此间近邑小沛，足可屯军，足下可暂时驻军于此，以保徐州。"由于刘备当时没有固定的驻军地盘，在众人的相劝下就勉强答应了下来。

不久，陶谦病危，临终前请刘备前来议事。待刘备入内问安后，陶谦

说道:"此次请玄德公来,不为别事,老夫病已危笃,朝夕难保,万望明公以汉家城池及百姓为重,受领徐州大印,这样老夫死也瞑目了。"刘备仍是推托,陶谦以手指心而死。陶谦死后,徐州的大小官员和军民百姓捧着大印都拥挤在府前哭拜:"刘使君若不领此郡,我等皆不能安生矣!"刘备见时机已到,正所谓天命人心不可违,这才答应接受了徐州太守的大印。

刘备三让徐州给了我们这样一个启示:做事一定要冷静,切不可急躁或操之过急。在办公室的利益相争中,谁能够保持头脑的冷静和清醒,谁就能赢到最后。

遇事操之过急只会错失良机

遇事切不可操之过急,不然只会让自己错失良机。在办公室中的各职位之间都会或多或少地存在着一些利益上的纷争,但是如若操之过急,只会让你在这场利益之争中错失良机。这样一来,在这场利益之争中,你不仅会成为最终的失败者,而且还极有可能会使自己陷于不仁不义之中。

试想,如若刘备不是在陶谦三让徐州后再接管徐州,那么恐怕就不是上述那样的结果了。如若在陶谦一让徐州后,刘备就接管了徐州,这样徐州的大小官员及黎民百姓肯定会误以为他此次前来救援的目的就是趁势夺取徐州。待他接管徐州后势必会引起民心大怒,这样无疑是使自己陷于不仁不义的危难之中。

办公室就是一个没有硝烟的战场,时刻可能会爆发因各种利益而引发的战争。在这场斗争中,也许会有力量的强弱,势力的大小之分,但保持沉着冷静则是赢者必备的一项基本素质。如果你有一次赢得这场战争的机会,然而却因自己一时的操之过急而错失良机,那么就只能是自己的过错了。

办公室的经理离职了,眼下可以担任此职的人就只有曾可与李仪了。两人的能力相当,且在公司的时间都三年有余了。曾可是个遇事沉着冷静的人,而李仪则不同,性子较为急躁一点。等经理走后,李仪处处表现得十分积极,有时难免会越俎代庖,这样一来就引起了一些同事的不满。很多人都在私下里议论她之所以会如此积极就是为了表现给领导看,以获得经理一职。李仪这才意识到可能是自己过于心急了,可是她并没有去纠正自己的过错,反而把这种怨恨发在了曾可的身上,一次甚至和曾可发生了口角,然而曾可并不是个斤斤计较的人,对于李仪不怀好意的挑衅,她并没有放在心上,更没有和她针锋相对,她仍和以往一样,默默地做好自己的本职工作。

其实,曾可也想得到经理一职,只是她知道凡事一定要沉着冷静,切不可操之过急。因此她仍一如既往地做好自己的工作,而不像李仪那样表现得过于积极,过于急躁。两个月后,曾可如愿以偿地荣升为经理,得到消息后的李仪追悔莫及,她知道正是操之过急害了自己,自己的积极并没有得到领导的赏识和同事的认同,反而让同事们都远离自己,正所谓"搬起石头砸了自己的脚"。

操之过急只会影响自己的思绪,从而让自己在急躁的情绪下做出不利于自己的举动。

职场规条

在办公室的利益之争中,切不可表现得过于心急,这样只会使自己陷于险境之中。只有遇事沉着冷静才能让自己在平静的情绪下做出有利于自己的决策或举动。

先下手为强,后下手遭殃

在办公室里,胜者为王,败者为寇。这是真理,如果你出手够快,你就会很快从中获益,相反如果你出手较慢,那吃亏的人自然就是你。刘备反应机敏,成功在握,吕布做事优柔寡断,自己的前程被断……强者懂得主动出击,弱者总是守株待兔,二者的胜败可想而知。

☕赢得主动权，先发制人

如何才能让自己在办公室中有机可得，这是一个让很多人都困惑的问题。因为人们总是找不到机会，抑或在机会到来时被别人抢先一步，从而使自己与绝好的成功机会失之交臂。因此，无论机会是否是冲着你来的，都要尽自己最大的努力让属于自己的机会给自己带来好的结果，让本属于别人的机会也变成自己成功的契机。主动权是要靠自己争取的，只要事情没有到令人绝望的地步，只要你懂得借势造势，主动出击，就能抢得成功的先机。

赤壁之战后，东吴虽然收回很多失地，但依旧被刘备夺取荆州南四郡。刘备此举关键在于诸葛亮的英明部署，这也为刘备集团的稳固和扩大打下了坚实的基础。历史上"借荆州不还"的事件中，诸葛亮始终认为，孙权对荆州早已垂涎三尺，而此地的军事重要性是中国人皆知的。战争之中，谁先获得主动权，先发制人，谁就可能取胜，相反的那一方，会落得很惨，甚至会失去已得到的成就。当时，刘璋邀刘备入川，其实是抛砖引玉。天公作美，天时与人和，仅差地利一步。刘璋拱手送给刘备一个天府之国，这千载难逢的机会对刘备来说真是天赐之福。也难怪诸葛亮要力谏刘备放弃一贯的仁义作风。之后，诸葛亮在已顾不得孙权和曹操对荆州造成威胁的情况下，毅然亲自率领军队入川。刘备和诸葛亮正是抓住了这个好机会，抢先于孙权和曹操一步占据益州，为成就大业夺得了立足之地。

办公室里也是一样，晋升的机会是有限的，众人面临这种狼多肉少的局面时，相信没有一个人会示弱。大家各凭本事，这是公平的，但不公平的是在能力的背后总会有一些"阴暗"的因素决定谁能得到这个机会。很明显，就是计谋在背后起着很关键的作用。竞争某一个职位的人，通过几轮的筛选后，到最后的关键时刻剩下的往往是几个能力相当的人，就连上级也很难决定由谁来获得这个晋升的机会。这时，就要看工作之外的能力了，看谁出击得更快更有效了，所谓的先下手为强就会在此刻起到关键作用。

同时也应认识到，对对手要有充分的了解。运用这个计策，往往是对手比较强大或者某些方面比较占优势，如果对对手的意图一点都不了解而去硬拼，只会吃亏。作为办公室里的一员，没有先人一步、快人一招的想法，就会被别人压制得没有可伸展之地。如果人人皆知这个制胜法宝，那么成功的提升对人们来说已不是遥不可及。

无论做什么事，都要有先发制人的优势，只有掌握主动权，失败才不会找上门来。如果留心观察一下那些优秀的人，就会发现他们在做事的时候，大都是多谋善断，从不拖泥带水。他们懂得"先下手为强，后下手遭殃"，所以，他们勇往直前，想得到，做得到，从不落人于后，这样的人才能获得真正的成功。看准的事，要先下手，抓住机会，该出手时就出手，否则本该属于你的，由于你下手太慢，它就会成为别人的囊中之物。

机会是给有准备的人的，下手快必最先得到机会。有的人本是可以在从事的行业中成为领导人物的，可偏偏自己的怠慢让别人抢占了先机。而那些有才干的人总是以别出心裁、另辟蹊径的办法在确保安全的条件下取得成功。

在职场里，机会是给那些有先见之明的人的，就看人们以什么样的心态去面对，每个人都有很多机会，甚至会遇到千载难逢的良机。有些机会稍不留意，就会稍纵即逝。因此，成功不能纸上谈兵，它需要的是敏捷而快速的反应，要知道抢先手之利，才可以掌握成功的主动权。

☕ 速战速决，永立不败

如何才能在公司有稳定而长远的立足之地，尤其是在办公室中，每时每刻都有很多双眼睛在注视着你的工作。在竞争中，有成功者就有失败者，成功者的道路上，除了其不争的工作能力之外，往往还有失败者的牺牲。也可以说某些人的失败成全了某些人的成功，在职场中，一不小心就会成为成功者的垫脚石。如果没有一定的策略，那么下一个替罪羊可能就是你了。就像在战争年代，如何才能在战斗中取胜，该如何做出自己

的决策呢?

建安十六年,凉州刺史韦康被马超杀死。当马超准备谋反时,史韦康旧部赵衢、尹奉、姜叙等人起兵征讨马超,马超逃至汉中。可是姜叙将兵较少,致使他不敢贸然追随,于是便向夏侯渊求助。夏侯渊速与部下探讨此事,将士们在没有曹操的命令下不敢轻易行动。可夏侯渊没有多想,便命张郃率五千步骑兵,从一条小路追击马超,并且亲自在后面押运粮草,同时督阵。追到时,马超已逃。当时,和马超一起叛乱的另一个人叫韩遂,在不远处的显亲那里,夏侯渊想袭击显亲,斩杀韩遂。韩遂得到消息后,连夜逃走。夏侯渊与部将们商量下一步计划,并做出一整套的作战计划。夏侯渊的部下见韩遂的兵马较多,想挖壕沟打持久战,却被夏侯渊否绝了,说:"现在我们围战千里,如果挖沟扎营,士兵们定会很劳累,不是长久之计。韩遂兵马虽多,但他有致命的弱点一击必破。"于是夏侯渊下令将士要擂起战鼓,大声高喊冲向韩遂阵地,此时韩遂将士因突遇奇袭而人心散乱,根本没有了斗志,一时乱了阵脚,各自逃命去了。

要在这个社会上给自己找到一个位置,可是却没有机会,那么自己是否想过为何这样的机会总是和自己擦肩而过呢。要想在办公室有你的位置,做事要当机立断,速战速决,千万不能拖泥带水,快、准、狠就是成功,相反则会成为别人手中的"俘虏"。就像夏侯渊,他果断地做出袭击韩遂的决定,做出一套完整的计划,成功将韩遂的阵势打破,取得了胜利。如果当时夏侯渊和他的属下一样认为对方势力大而选择挖壕沟,那么被打败的那个人肯定是夏侯渊。

如今的办公室里,如果你做事不能"速战速决",很多先机就会被别人抢去,所以更多的时候应该学习夏侯渊那样果断的判断力,自己在以后的表现中才会取得很好的效果。很多人做事的时候,总是担心做错或做不好,从而表现出低声细语,底气不足,不敢发表意见,总是希望能从别人那里得到帮助,自己却没有一点能完成目标的自信,这样的人很难在以后的工作中有大的作为。

有时候那些机会就在自己面前,可总觉得还不够好,要等到最好的机会出现时再做出决定。而当遇到好的机会在自己面前走动的时候,突然一个身影出现,这个机会就没有了,原来是被别的人抢走了⋯⋯有时机遇正与我们擦肩而过,这时候你该出手时就出手,看准了方向,就主动出击,不要犹豫徘徊,左右观望。当断不断就算是煮熟的鸭子也会飞走的。

任何时候都不应该犹豫不决,而应该全力奋战,不然机会就会成为别人嘴里的肥肉,自己却只能在一旁看着流口水。有志向的人不应该在原地转圈,要让自己走出不同的道路来,一个圈圈只有一条路,何不走"米"字形的道路呢? 拿出行动,不然一切都还是零,如果只是坐在一旁空想自己的计划,就只能在原地跳两下而已,不移动自己的部分,注定会成为失败者。

职场规条

在机会来临时,果断出击,速战速决,才是走向成功的强者。

不做小人也会被小人算计

世界上,无绝对公平的竞争。社会上,总会遇到一些不公现象,办公室也不例外,个人身处其中,总是无法伸张正义,只会感觉憋闷,十分压抑。这是抱怨和诋毁等排斥性的行为。其实,世界上的事情没什么大不了的,很多本来都只是一种选择而已,无所谓生存上的困境,关键看自己是否能在这个复杂的社会中看出哪些是小人而已。

办公室中,君子与小人之间的较量,一直没有偃旗息鼓,从来都是波澜壮阔、此消彼长。武力,早就让位于计谋。虽然不可有害人之心,但是能防患于未然,才是成功的基石。

☕切不可轻敌,防人之心要时时有

办公室相当于半个社会,里面的钩心斗角,很难看得出来,即使你做得很好,当有些小人想运用你的功劳时,都会不顾任何情面用各种手段达到他们的目的,最后被小人给利用。三国历史人物里孙坚是一位勇士,却也曾被小人算计。那是在一天上午,孙坚率军到汜水关,在汜水关前列阵,自己带着程普、黄盖、韩当、祖茂来到关下叫阵,守将胡轸前夜看华雄轻松斩了鲍忠,认为关东联军只不过是乌合之众,于是没有上报华雄便自领引五千人马迎敌。胡轸在阵前嚣张地对孙坚一通嘲笑,韩当气不过挺矛上前。开始韩当看胡轸如此嚣张以为他武力不凡,于是处处小心,结果交手了五个回合,发现胡轸枪法凌乱,全无章法,于是不再浪费时间,一矛将他刺下马去。后面五千士卒急忙跑回关去,闭门不出,孙坚挥军攻城,几乎就要登上城楼,但城上箭如雨下,孙坚无奈只好引兵退回梁东,准备来日再战,同时派兵去袁术处催粮。袁术想着孙坚出身低下,经常嘲笑他,如果这次让他得了首功,必然会嘲笑自己,于是秘不发粮。三日后,孙坚大营中士卒开始恐慌。孙坚缺粮的消息被汜水关中的华雄侦得,于是华雄和李肃秘计,夜晚偷袭孙坚大营。当晚,华雄先自领大军冲正门杀进。孙坚听到喊杀声,慌忙披挂迎敌,战不到几回合,李肃领兵在后寨放起火来,孙坚只好败退。

战争结束了,恨天下怎么会有如此之人。可是回过头来想想自己身边的琐事,是否也有这样的事情呢? 在办公室里,你很努力地工作,可是到头来却落下一个业绩不合格的结果,这时候的你即使有千张嘴都没法挽回。仔细想想这一段的工作内容,不免会笑自己被别人利用了,却还被蒙在鼓里。这样的事件是如今社会里的普遍之事。自己向来认真工作,到最后功劳却被别人拿去,是气愤更是无奈。不是小人却被小人利用。

因此,在办公室中切不可轻敌,要时刻做好心理和行动上的准备。狡猾的人就在身边,他们往往有很高的谋略水平。与小人相斗是很危险的,千万不要掉以轻心,即使取得了一时的胜利,也不能麻痹大意。在办公室里，眼睛看的是光明，墙角里是黑暗，现实的社会就是这样，一些黑暗在无意中伤害你，让你遍体鳞伤，难得再有翻身之时。一次重重的打击，就会让人们大耗体力和心力，精神严重受挫，前进的步伐受到了巨大的抗击，未来的成功也就在这次打击中受到了阻碍。这时候就需要勇敢和自信，但不能轻敌。多数人总是自以为是，觉得自己最聪明，但是在与人接触的过程中，却不免把自己的情况如实让对方有所了解，也成为对方手里的把柄。有时候自己认为不会发生的事情却会在无意间发生，让自己一时不知道如何收场。如果在还没有做出这个决定时能对自己的对手有一定的防备，也不至于走到今天的地步。

☕ 能力——制胜的根本

在办公室中，小人的伎俩往往让人措手不及，但自古邪不压正，要想在这场竞争中取得胜利还是有转机的，只要你有充分的准备和过硬的战斗力，一切威胁都会不攻自破。在工作中要时刻注意自己的言行举止，不断提高自己的业务能力，同时也对敌人的动向留心观察。谋略再高深，说到底，工作能力才是制胜的根本。但人际运转能力差，会让你的才能在还没展开之前，就已经被排斥和隔离，只能占据下风。每个人都有自己的优点、缺点。有的人精明能干、反应机灵、办事爽快、果断、手婉娴熟老练、不拖泥带水；有的人深思熟虑、敏感于周围的局势、居高见远、变幻莫测。只有强化自己，才会有运筹帷幄，决胜千里的实力。做人，不要自以为是，目空一切，这种肤浅的自满会让生命步入失败的深渊。在办公室里，就是这样，只有从实力、知识、水平、策略全面提升，才能在与小人的较量中取得胜利。

办公室里的竞争是残酷的，你弱我就压，你强我就闪。这时候就要学习应该如何和那些小人抗衡，而不至于弄得遍体鳞伤。人千万不要自以为是，时刻警惕他人的实力，才能将自己放在与小人较量的客观平台。不要低估他人的实力，只有知己知彼，方能百战不殆。小人的招数繁多，扰心神、暗伤人，防不胜防。这就要求人们不断提升能力，在防御和攻击中

占领先锋,方可施展自己的才能,取得成功。

能力让你在小人面前充满自信,具备良好的心态是不可缺少的因素。要意识到小人奸诈的程度,首先从心态上不能轻视,往往有些人在他们的潜意识里认为小人不可能嚣张到什么程度,可到最后却后悔自己当时的掉以轻心。这种认知是十分必要的,它能让人的心态发生微妙的变化。小人阴谋、耍手段的伎俩是不容小看的,有时候一些行为举止并不是你个人所能想得到的,这就让小人抓住了你的缺点,让其有机可乘。

君子为人之道时总有小人挡道,要想走得更远只有改变对小人的道义。

谋士也需要好主公——郭嘉"弃袁投曹"

在职业生涯中不得志的人,并不一定是因为能力差,而是没有遇到赏识自己的伯乐或没有得到施展的机会。人常说"千里马常有,而伯乐不常有",当发现自己所处的环境不能让自己的实力得到充分展示的时候,就要主动去寻找人生中的伯乐,主动为自己找一个可以施展抱负的舞台。郭嘉从袁绍之处转投到曹操麾下不失是一个英明之举,不仅让自己的才能得到施展,还成为主公心中最重要的谋士之一,一个满腹经纶的人能得到如此的待遇才是最好的结局。

优柔寡断的管理之道使下属选择离开

郭嘉身为袁绍的谋士,凭借自己的远见卓识看到了袁绍的致命弱点,并大胆预言袁绍不会有大的作为,然后毅然决然投到了曹操的麾下。其实郭嘉另投明主时正是袁绍政权强大的时候,天下豪杰都来投奔,唯有郭嘉做出如此"愚蠢"的举动,但之后发生的事证明他的做法是对的。

一天夜里，郭嘉弃袁绍而奔曹操，中间经过荀彧的大力举荐，与曹操相识，曹操与郭嘉连夜谈论天下形势，曹操非常欣赏郭嘉，认为郭嘉是他得到的天下一大将才，而郭嘉看准曹操，死心塌地为他效命疆场，出谋划策，甚至不顾生死。当时郭嘉曾对曹操说自己身体虚弱，水土不服，如果到南方或者偏北的地方作战必定命不长久，但是郭嘉却不要命地为曹操出谋划策，又时时刻刻提醒曹操要准备进军北方消灭袁绍，南下征服刘表。之后，郭嘉在曹操逐袁术、败张绣、灭吕布、破袁绍、击刘备、北征乌桓等战争中都立下了汗马功劳，进一步加快了曹操稳定中原，建立北方根据地的脚步，但他从不注重功名和金钱，曹操曾经封赏他很多土地、黄金，他都不怎么看重，曹操对其深为敬佩。他立志一生帮助曹操夺得天下，他在曹操军中的价值可以跟刘备手下的诸葛亮相提并论。

天意弄人，郭嘉37岁时就为曹操献出了自己的生命，当曹操听说郭嘉逝死的消息以后号啕大哭，痛心不已，并在悲哀中指天而言："天地广阔，博纳万物，遂容不下我郭奉孝！岂天妒英才乎！"后来曹操在赤壁之战大败后又想起郭嘉，感叹郭嘉的才能，流涕痛哭地说道："若奉孝在，孤何以至此！"后郭嘉与荀彧、程昱、贾栩、荀悠一并被认为是曹操开国初期的五大谋士，郭嘉被奉为首功之臣。

职场与战场上的相似之处很多，在选择主公时要有理智的分析，也许放弃一时之安可以得来日后的一世安宁。此外，人们思考问题要站在更高更长远的角度，才能看到世界最光明的地方，看到自己职业生涯最辉煌的角落。

从管理者的角度思考，应该有慧眼去识别人才的可用之处，并为其提供可以施展的机会。袁绍"礼敬"人才，招募了诸多名士，如田丰、审配、辛评、郭图、沮授，手下能人如云，而却没有认识到自己自身的本质——优柔寡断，没有对这些人才进行合理的运用。发挥人才的作用，提高人才的地位，这是人才管理的目标和价值所在。显然，袁绍缺乏重用，最终造成郭嘉的抱负迟迟不能实现而投靠了曹操，原本属于自己的谋士却成了自己的敌人，这样的局面是十分可怕的，因为，谋士对主公的了解是十分透彻的。

从郭嘉的立场上看，显示出郭嘉的当机立断，观察准确，做事处处注意细节，以至于成就了一番大事业。反过来讲，袁绍手下的其他谋士目光短浅，贪图一时之强大而不愿离开，而死于袁绍两个儿子的内讧。

办公室里同事之间的一些观点极可能影响到自己的决定，在工作中不可一味听取别人的言辞，应该慎重考虑后方，不然会给自己带来不利，影响自己的一生。

那么站在高度看团队，郭嘉由荀彧向曹操举荐。荀彧老成持重，深谋远虑，却能够虚怀若谷地推荐了年轻有为、锋芒毕露的郭嘉。其伯乐之心令人佩服。而曹操知人善任，打造了如此强大的团队，体现了他的雄才大略。

在职场中，办公室的领头羊，没有一定的能力和资力很难让自己的下属接受和认可，只有切合现实和未来，让下属在自己的带领下看到希望，看到前所未有的光芒，相信下面的员工一样会用敬重的眼光去学习和工作。

☕ 实力和自信都是有所为的基础

在职场中，要想得到重用必须有实力，这才是领导对你另眼相看的基础。实力加上优越的施展条件，会让你的事业一帆风顺。郭嘉纵使有过人的才能，但在袁绍之处照样没有顺心的事业，而经过荀彧的举荐才来到曹操这里，遇到了伯乐。在办公室中，有才华的不只一个人，重要的是能不能找到被赏识的机会和被举荐的渠道。

很多刚入职场的新人，把过多的精力放在办公室"政治斗争"上，忽略了最重要的东西，往往得不偿失。因为，这样做就等于把自己的未来寄托在别人身上，而别人的动向是你无法掌控的。

陈怡总是对副总唯命是从，处处显示"自己是副总的人"，所谓一朝天子一朝臣，当副总被解聘后，她也随之被辞退。新人要明白的是，刚入职场最被上级看重的是实力，企业对你的承认需要你的技能来证明；同事对你价值的认可，需要你的沟通能力来证明。你完全没有必要去参与

"办公室政治"，尽可能少地陷入人事纷争，而应该全力寻找与自己的价值观和目标相近的东西，这是新人要证明自己的第一步，也是最关键的一步。

当年曹操的麾下，人才数量之多如过江之鲫，郭嘉作为一个"外人"之所以能脱颖而出得到重用，靠的还是其真才实学。

如今职场竞争之冷酷，人人皆知，有时候不是企业不适合你，而是你如何选择企业。无论走到哪里，企业都是一样的，不一样的是处在企业高层的领导者。他们提出的总战略和对你的运用是否合理往往能决定你的成败。当你有一定的实力后就要有一定的自信和决断能力，不要让自己的才能毁在昏庸的领导人手里，更不要让自己的前途毁在自己错误的判断中。

职场规条

优柔寡断的管理定会使有实力的下属选择离开！

第八章

发展策略——将相和睦，共振朝纲

团结就是力量至今仍是众多成功人士的座右铭，对于一个国家或团队来说，没有什么比团结能使之有更大的力量。即使是两个毫不相干的团队，只要两者有共同的志向和目标，完全可以站在同一条战线上。俗话说："智者千虑，必有一失；愚者千虑，必有一得。"无论是智者还是愚者都有过人之处和不足之处，但只要能达成联盟就能互补有无。

没有打不败的敌人——孙刘联盟破曹操

俗话说："没有永远的朋友，也没有永远的敌人，只有永远的利益。"办公室的利益关系也是相同的道理，当某一个人成为他人共同的目标时，不论实力多么雄厚、势力多么强大都敌不过众人齐心合力的攻击。三国时代，孙权和刘备联手对抗曹操大获全胜就是一个很好的事例。

在办公室的潜规则当中有很多禁忌，当某一个人触犯众怒时，就会受到大家的一致抵抗，就像曹操为了自己的野心一心要平定各诸侯的征战行为一样。为了抵抗曹操百万大军的进攻，孙权和刘备协商组成联盟军，最终在赤壁之战中以少胜多，成功打败了曹操大军，保住了自己的地盘和势力。

☕ 联合制敌，团队力量无穷大

在办公室这个奇妙的生活区域中，如果不能及早明白自己在这个场所中所占据的位置和起的作用，就会在无意间触犯隐藏的规则，从而成为众怒之源，成为同事心中共同的敌人。不论你是实力多么大，能力多么超群的人，都敌不过众人的集体攻击，最终只能落得失败的下场，就好比在赤壁之战中大败的曹操。

三国是一个群雄逐鹿、征战不断的年代，名存实亡的刘氏江山分布着大大小小十几个诸侯国。曹操时任丞相，凭借"挟天子以令诸侯"的权术，率领几十万大军横扫中原。一路南下，在横扫了以袁氏二兄弟为首的几大诸侯后，气势高涨。

建安十三年（公元208年）七月，刘备向刘表建议，偷袭曹操，北攻许昌，刘表不听。待知道曹操将要发兵征讨荆州时，才后悔没有听从刘备的建议。八月，刘表病逝，其子刘琮继承王位，并向曹操投降。刘备知道后带着家眷逃离荆州，投奔江东孙权，并与其定约形成联盟共同对付曹军。

曹军和孙刘联军在赤壁交战，因为曹军中的大多数官兵都是北方人，不懂水性，并且不擅长水上交战，因此曹军的船只都是连在一起的。孙刘联军也是利用这点，一把大火就将曹操的百万大军打得节节败退，解除了曹操对孙刘两军的威胁。

在这场大战中，曹操的百万雄师之所以会败，其中有很大一部分原因是曹操轻敌造成的。在曹操看来，孙刘联军与他的军队比起来根本就是乌合之众，不堪一击。而事实也的确和曹操所想的差不了多少，刘备带领的军队在投奔孙权之前，已经被曹操打得四处躲藏，只剩下一些残兵旧部；而孙权虽然坐拥江东，但是其军队根本不可能和曹操的百万大军相提并论。孙刘联军也知道自己的实力，同时也猜测到了曹操的轻敌心理，于是就利用这一点，先是用反间计，让曹操自己亲手杀死了蔡瑁这名十分熟悉水战的优秀将领，致使曹军在水战中失去了可以获胜的重大筹码。孙刘联军借东风之势，轻松拿下曹操的百万雄师，最终获得了赤壁大战的胜利。

俗话说："三个臭皮匠，顶个诸葛亮。"在办公室竞争中，当人们面对同一个强劲对手时，就会联合在一起，建立起一种隐藏型的同盟关系，共

同出谋划策,想方设法打败对手。要看清时局,选择正确的联盟伙伴,只有这样才能在竞争中保住自己的"一席之地",为自己今后的发展打下坚实的基础。

☕ 携手合作,共享双赢

合作是一种智慧,一种可以确保合作方实现双赢的智慧。不论是在纷乱的历史长河中,还是在繁忙的日常生活中,人们都可以看到携手合作带来的影响和结果。无数的事实证明,每一个获得成功的人都知道合作可以带来怎样的结果,寻找到合适的合作伙伴,就可以给双方带来双赢。

在办公室这个集体中,能否做好一项工作,占主导地位的往往不是团队中某一个人的能力,而是各成员之间的团结协作配合是否完美。在这个大集体中,与大家团结在一起共同努力,共同进退,这在无形中就能提升自身的工作能力。每一个人都有不同的长处和短处,与他人的合作,不仅可以提升个体的战斗力,还可以在潜意识中学习他人身上的优点,看清楚自己平常不注意的坏习惯,并将其改掉。

在需要团体合作的工作环境中,一个独立的个体是不可能独自完成一个项目的,一个人只能完成所有工作环节中的一部分。企业发展需要所有人共同合作努力,因此领导者更加看重下属之间的合作关系和团队精神。那些和其他同事合不来,认为独自一人可以完成上级部署的工作,不愿和他人组队合作,做任何事都是独来独往的员工,没有一个会得到公司领导的喜欢。

很多人在处理与同事之间的关系时,不知道该处处胜人一筹,还是应该合作互助。在职场中有这样一种说法,假设有一场比赛,参与者可以选择与对手合作还是竞争。如果采取合作策略,可以像鸽子一样瓜分战利品,那么对手之间浪费时间和精力的争斗不存在了;如果采取竞争策略,像老鹰一样互相争斗,那么胜利者往往只有一个,而且即使是获得胜利,也要被啄掉不少羽毛。

在办公室竞争中,单纯的竞争只会导致同事与同事之间的关系不断恶化,使双方的能力成长停滞。只有互相合作,才能使同事之间的关系和睦融洽,办公室氛围健康向上,不论是对个人,还是办公室中的其他同事都是一件莫大的好事,对公司的正常运转和利益增收也会产生良性影响,这才是真正的双赢。

职场规条

　　单独的个体力量单薄,与他人合作可以增强双方的竞争实力,在打败对手的同时,实现双赢局面。

打造最优秀的团队——桃园三结义

　　俗话说:"一个好汉三个帮,一个篱笆三个桩。"单靠一个人的力量想要有一番成就是很难的,这时不妨和几个志同道合的伙伴结成一个小团体,共同组成合作先锋。刘备、关羽、张飞三人"桃园结义",在誓词中明确地表达了三人的共同愿景,即"同心协力,救困扶危;上报国家,下安黎庶。不求同年同月同日生,只愿同年同月同日死"。在三人结拜成为兄弟的同时,就已经确立了强强联手的"战略联盟"。

　　团队精神对于办公室整体来说是非常重要的,这直接影响到办公室的整体发展。因此,人们不仅要注重自身能力的培养,还要注重保持整个办公室内部的团结合作。

☕ 桃园结义,共组奋斗团队

　　在办公室中,最重要的就是员工之间的团队合作,以及每一个员工的能力在团队中的影响。刘备、关羽、张飞三个志同道合的人在桃花盛开的桃园中义结金兰,组建成一个在乱世中奋斗的小团体,然后再通过不断的努力终成为一支强大的集团,并建立了蜀汉,成为三分天下的政权

之一。

桃园结义是刘氏集团建立蜀汉帝国的第一步,而引发刘备、关羽、张飞桃园结义的主因是朝廷昏庸无能,奸臣把持朝政,整个大汉朝堂上一片混乱。因为各个诸侯之间纷争不断,各地百姓民不聊生,到处都是颠沛流离的难民。刘备最初只是一个依靠卖草鞋为生的底层百姓,但是他具有平常百姓所没有的远大志向和长远眼光,在无意间结识了武艺超凡的关羽、张飞二人。在短暂的接触后,三人因为具有共同的理想而结成兄弟,立志要做出一番事业,造福天下苍生。

刘备虽然只是一个织席贩履的商贩,但是他一直坚称自己是中山靖王刘胜之后,汉景帝玄孙,王孙贵族后代。在和关羽、张飞二人结成兄弟后,在有枪就是草头王的东汉乱世,组建了一支为大众谋安康的正义之师。

对于初入职场的每一个人来说,与在桃园中结义的刘、关、张具有很多相似的地方,他们结义率众起事,就是踏进东汉乱世这个职场的第一步。

初入职场,首先要为自己树立一个远大的目标。最重要的是分阶段确立明确的短期目标,因为只有短期目标才是切实可行的。而长期目标则是通过不断的短期目标达成之后才有可能达成的终极目标。不同时期的短期目标是不一样的,而长期目标则相对固定。

其次,就是要为每一个奋斗目标制订切实可行的计划及实施手则。人们都知道再宏伟的目标,再远大的理想,如果不付诸实践,都只能算是空想。而制订计划谨记"切实可行"这四个字,一定要力所能及,留有余地。切不可制订一些好高骛远、力不能及的计划,否则实施起来很困难,容易形成挫败感,进而打击做事的信心。要根据自身的能力制订些可实行的计划,保证在完成后,觉得游刃有余,不会形成懈怠感,不会有筋疲力尽的感觉。这样可以让人经常体会到成就感,从而拥有更多的自信。

最后,要学会团结他人的力量成就自己的事业。在办公室竞争中,单凭自己的能力是不足以获取所有胜利的,这就需要与他人结成联盟,利用相互之间的能力互补,建立起一个牢固的,拥有实力的小团体,这样就可以在与他人的对抗中赢得绝对的胜利。

☕ 强强联手，共创繁荣盛世

人们可以通过桃园三结义的故事了解到，在竞争激烈的办公室中，要想取胜，不论你的工作能力有多强，单靠个体的力量是不行的。但是如果与其他几个同样竞争实力强劲的对手结成合作伙伴，就可以大大提升自己的竞争实力。

刘备作为一代君主，他的谋略不及孔明，冲锋陷阵比不过关羽，但他深知要想成功，单靠一个人或几个人的力量是不够的，只有不断地拉拢人才建立一个优秀团队，才是对自己事业最重要的事情。因此，他先是与张飞、关羽二人在桃园结为兄弟；再三顾茅庐将绝世奇才诸葛孔明请出山，为自己出谋划策；接着又将猛将赵子龙收入自己麾下，为自己建立了一个坚固且优秀的奋斗团体。在这些良才猛将的帮助下，刘备成功建立起属于自己的霸业，在纷乱的三国时期，占领了重要地位。

人们应当向刘备学习，学习他笼络人心的方法，学习他组建优秀团队的才能。办公室是一个卧虎藏龙的地方，这里就是一个没有硝烟的"战场"，要想在这里取胜，单凭一个人的力量是不行的，要学会团结他人的力量，共同组成一个强大的、有实力的团体。只有这样才能赢得这场战争的胜利。

要想成为一支强大的团队，每一个队员都要将团队看做是一个大家庭，作为这个"大家庭"中的一员，谁也不能忽视团队整体的合作精神，要有较强的主动性和较大的责任心，这样优秀的团队永远都是一个不容忽视的、强大的整体。

职场规条

与他人组建一个优秀的团体，创造出来的价值是一个人的能力远不能及的。

流言可畏——诸葛亮被迫撤军

在办公室中,传播速度最快的就是流言蜚语和八卦信息,可千万不要小看这些闲言碎语的影响力,它们可是最有力的杀伤性武器。办公室流言就好像是一把软刀子,会在你看不到的地方中伤你,损坏你好不容易树立起来的良好形象,对你造成难以预计的伤害。在三国中,就连诸葛亮如此精明干练的人都受到过流言的影响,也正是因为流言对其的危害,使第四次北伐再次以失败告终。

☕ 流言如刃,伤身伤心

不论什么时候,人们都十分重视自己的声誉,特别是在办公室这个小团体中,任何对你不利的流言蜚语都可以对你造成不可预计的伤害。如诸葛亮在第四次北伐中,因为后方有人在皇帝耳边散播对其不利的谣言,使得其不得不放弃唾手可得的胜利,班师回朝,安抚幼主。

这件事情的起因是在诸葛亮第四次北伐之初,利用反间计让魏主曹睿夺了司马懿的兵权,曹军在失去了主帅指挥后,连连失利。这时,曹睿才明白自己是中了诸葛亮的反间计,因此大为后悔。为了可以打退诸葛亮的进攻,曹睿为司马懿平反,并恢复了司马懿原来的官职,封其为平西都督。

司马懿对诸葛亮这次使用的反间计使自己蒙受如此冤屈很是生气,因此在与诸葛亮的对垒中,他就用相同的方法,以其人之道还治其人之身。蜀汉军中有一人名叫苟安,因延误军机而被诸葛亮责罚,遂怀恨在心,叛降到魏营。司马懿对他说:"你回成都,散布流言,说诸葛亮有怨上之意,早晚欲称帝,使汝主召回诸葛亮,就是你的一大功劳。"苟安允诺,便径直回成都,见了宦官,遂散布流言,说诸葛亮自恃功大,早晚必将篡国。宦官闻知大惊,即入内奏告后主刘禅。刘禅听后大惊失色,对着宦官们连连说道:"似此如之奈何?"宦官对刘禅进言说:"陛下可将诸葛先生召回成都,削其兵权,这样就可以避免其发生叛逆行为。"听了宦官的进言后，刘禅果然下诏，命诸葛亮尽快班师回朝。诸葛亮受诏以后，不觉仰天长叹道："主上年幼，必有佞臣在侧。我正欲建立功业，何故突然将我召回！我如不回，即是欺主；若奉命而退，此番北进之功就毁于一旦了。"不得已只好退兵。诸葛亮回到蜀中后，经过仔细调查后，方知是苟安散布流言，故意中伤他。愤怒之下急令部下捉拿，可是苟安却早已投奔魏国去了。

诸葛亮为了第四次北伐，准备了充足的粮草，可谓是兵强马壮。在与司马懿对抗时，利用反间计大伤其锐气后，本可以一举将其打败，可是却因为后主刘禅的召旨，不得不舍弃眼前的大好形势回到蜀中。诸葛亮一生多次北伐，不妨大胆地推测一下，如果在第四次北伐时，后主刘禅没有听到关于诸葛亮心生异向的流言，没有将其召回，那么，三国的历史就有可能发生质的改变。

诸葛亮一生为了刘氏家族的兴旺付出了无限的精力，也为自己树立了一个扶正扬善的正面形象。可是，就是因为一个中伤性的谣言就大大折损了其元气，使其白白流失了一次拾取成功的大好机会。在办公室中也是相同的，有很多人都是因为一句无中生有的谣言，将其长时间树立起的良好形象击垮，严重影响了正常的工作，甚至还影响到今后的升迁。

正视流言，力挫其带来的危害

在办公室中，有很多人都喜欢将八卦作为自己的消遣方式，而很多可以中伤他人的流言就是在这种古老传播方式中产生的。八卦是对一个人或者一个组织的中伤或者夸大描述。在办公室中，任何的八卦或是流言蜚语都会带来非常消极的影响，如员工生产力下降，浪费了工作时间，也挫伤了他们的积极性，使其变得偏执，同时也破坏了工作环境的稳定，使员工之间出现分歧。而且，最坏时，还会使办公室内部产生明争暗斗的情况。因此，很多企业在办公室规章制度中，都明确规定了不允许办公室内部，员工与员工之间流传八卦或是流言。

在办公室内部或多或少都存在一些业绩竞争的情况，有一些员工因为其内心对办公室的某一个人存在忌妒，或是诋毁心理，在与他人交流

时,会有意散播关于其的某些谣言。俗话说:"满瓶不响半瓶晃荡。"那些喜欢在办公室内部散播同事流言的人往往是这个办公室中最没有作为的员工,他们妒忌那些在公司表现好的员工,希望用这种方式引起周围人对他的注意。

要想在办公室的流言蜚语中求得生存,就要采取一些必要的措施。

第一,远离这些"流言制造机"。

俗话说:"物以类聚,人以群分。"在办公室中,对于那些喜欢讨论"东家长,西家短"的人们,要尽可能地离得远一些,因为这种人很有可能成为阻挠你前进的绊脚石。

第二,要敢于和"流言制造机"对抗。

如果你被办公室当中那些荒诞不羁的流言伤害了,找出始作俑者,向他提出质问。你甚至可以将他说的那些话直接甩给他,让他给你一个合乎情理的解释。

第三,用以牙还牙的方式,为自己讨回公道。

有很多喜欢传播他人流言的人,都是些道德品行不良的人们。这时,当面质问已经不再奏效,不如揭露这个人一些令人讨厌的事情,让他们自己也尝尝这种被他人八卦的滋味。

第四,摆高自己的姿态,选择正确的解决方式。

在办公室内部,之所以会有人散播与你有关的谣言,是因为要从你的身上获取某种好处。这时,你不妨摆高自己的姿态,用行动告诉他们你是不会受他们谎言的影响的,最后让谣言不攻自破。

职场规条

流言是办公室中屡禁不止的不良现象,在受到其危害时,不要慌不择路,要用实际行动攻破谣言。

切勿显露功高震主之势——司马懿被曹睿削职

在办公室的隐规则中，最忌讳的就是某一个人的锋芒过于耀眼，这或许会为其带来很多荣誉和奖赏。可是，更多时候还会为其带来不好的影响，如会给自己的上司留下不好的印象，影响自己今后的升迁等。在三国中，司马懿就因为其过大的权力，使魏主曹睿产生顾虑和猜忌，致使其曾被削去一切权力，回家养老。

☕ 功高震主，易受他人猜忌

在办公室这个群体中，锋芒毕露的人很容易遭到上级的排挤。特别是那些工作能力很强，工作业绩优秀的员工，上司对这种人总是存在一种又爱又恨的矛盾心理。魏主曹睿对大将军司马懿就是存在着这样一种情感，那时的魏国军事基本全是依靠司马集团在维系着，司马家族在战争中屡建奇功，对魏国皇室产生很大的威胁。如果削弱司马家族的军权就会对魏国的安定产生很大的影响，因此，魏主曹睿对司马懿是又爱又恨。

在曹睿即位之初，命司马懿兼任骠骑大将军，提督雍、凉等处兵马。诸葛亮得知这个消息后，深感忧虑，认为司马懿颇有谋略，如今又提督雍、凉兵马，倘若其军队训练成熟，必定成为对蜀中之地的大患，因此决定先起兵伐之。参军马谡说："今丞相刚平定南中回师，军马疲弊，只宜存恤，岂可再次远征？某有一计，能使司马懿死于曹睿之手。"诸葛亮问其有何种计谋可以不用一兵一卒，就将司马老贼打败。马谡说："司马懿虽是魏国大臣，但曹睿素怀疑忌之心，何不暗地派人前往洛阳、邺城等处散布流言，说司马懿欲谋反，使曹睿心疑，必杀此人。"诸葛亮听了他的建议后深以为然，于是就派人前往魏地各处密行这个反间计。果然，司马懿欲谋反的消息传到曹魏朝廷后，魏主曹睿大惊失色。大臣华歆、王朗等人也都说："太祖皇帝曹操早就说过，司马懿有鹰视狼顾之相，又深明韬略，善晓兵机，且素有大志，不可付以兵权，久必为国家之祸。今日果然应验，可速

诛之,以绝后患。"曹睿听从了诸位大人的建议后,遂立即下旨,欲兴兵御驾亲征。唯有中军大将军曹真认为司马懿无异志,说这必然是蜀、吴奸细所行反间之计,使我君臣自乱,彼即乘虚而击。曹睿听了他的话后,一时犹豫不决,拿不定主意。这时,华歆等又上奏道:"即使如此,也不可付之以兵权,可即罢归田里。"曹睿经过思量后,就依照华歆等人之言,将司马懿削去兵权,辞去军职,令其回乡养老,改命曹休总督雍、凉兵马。

司马懿被贬的消息报入蜀中后,诸葛亮喜出望外,对他的部下说:"我早有伐魏之心,奈何有司马懿总督雍、凉兵马。今司马懿既遭贬黜,此乃天赐良机。"遂向后主刘禅奏上《出师表》,尽起国中之师,开始了他的第四次北伐。

从司马懿被贬可以看出,不论何时何地何人,当其功劳过于丰厚,对主上产生威胁时,就会让主公产生猜忌之心。再在有心人士的调唆之下,就会沦为众人打击的对象。因此,一定要谨记不要过于表现出功高盖主之势,否则就会为自己招来很大的麻烦。

☕ 在上司面前不要显得自己太优秀

办公室显规则告诉人们,要想升职加薪就要努力工作;而办公室潜规则却有另一套说辞,它告诉人们在工作中,不论做什么事都要多请示上司领导,事成后的功劳也要分给领导一半,以表示自己感谢领导在日常工作中的支持和指导。

乔和进公司做人力资源专员已经三年了,不仅能干,工作也十分认真,做事圆润,在公司拥有很好的人缘,但是让人感到奇怪的是,尽管乔和工作如此出色,可是三年来,他一直都没有得到任何的提升机会。而那些和他同期进公司,工作能力不如他的同事却接二连三地涨了工资,升了职。

其实原因很简单,乔和的工作能力是很好,这是全公司上下有目共睹的事实。他的上司之所以会不喜欢他,主要是因为乔和在工作中从来都不顾及上司的感受,喜欢私自做主,越级提调工作和意见,完全不将上司放在眼里。比如每次开会老板都会指定乔和做会议记录，会议结束后，乔和从来都没有将整理出来的会议记录交给他的上司过目，而是直接上交给老板，只因为老板在看了他所写的会议报告后会夸奖他有非常好的文案整理工夫。乔和喜欢热心帮其他的部门做事，但是从来不事先请示上司是否还有更重要的工作要分配给他做，就自行接下，也不管这是否会给上司带来麻烦，通常都是他获得了同事们赞扬称谢的好口碑，而他的上司在他人的眼里倒显得有几分小气。有一次，乔和所在的部门要买个投影仪，乔和上司要他询问一下商场上投影仪的价格，做一个性价比，然后再决定买哪一种的。乔和看了供应商提供的资料后，在没有向上司汇报的情况下，就擅自做主订了货。

这样的下属，没有一个领导会喜欢。表现过于出色，从来不需要老板来指点的员工，在工作中并不一定就能得到领导的重用和认可。如果你的工作能力过于完美，你的上司就得不到发挥他指导才干的机会，通常在这个时候，完美就会成为阻碍你发展的缺点。

那些平常在工作中，大错不犯小错不断，且喜欢拍上司"马屁"的人可以获得更多提升机会的重要原因，就是他们给上司预留了发挥的空间，让上司在教导过程中获得成就感。即便在日后的工作中升了职，在上司的心中也会被其冠名为"我培养出来的才俊"。因此在工作中，不要总是一味地表现自己的能力，适当地给上司一些表现其才能的机会，满足一下他的虚荣心。

职场规条

在适当的时候，给上司留一些表现的机会，同样是讨上司欢心的方式。这对你今后在工作中的发展和职位提升都有着积极的影响。

谗言击倒俊杰——邓艾有功无赏反遭暗算

公司要想发展,全体职员的团结是首要的条件,而小人则是破坏这一团结的大敌。如果办公室内混入了一些善于进谗的小人,无论是作为领导还是下属都要时刻防备这些小人的谗言,以防因这些小人的谗言而伤害到办公室的一些良才。

☕ 办公室里谨防谗言伤人

办公室内往往存在着复杂的人际关系,而这就给一些奸谗小人提供了生存的空间,他们嫉贤妒能,往往在领导面前肆进谗言。如果遇到一个英明、善辨是非的领导也就不会轻易上当了,但若遇到一个昏庸无能的领导,那么他身边的俊杰势必要遭殃了。因此在办公室里一定要谨防小人的谗言,以免伤害到自己。

邓艾乃三国时魏国的一名大将,屡建功勋,深得司马懿的重用。公元263年10月,邓艾率军伐蜀。一路上,过高山,越深谷,行军非常艰难。经20多天,走了700余里,几次陷于绝境。走到江油北面摩天岭时,碰到悬崖绝壁,不能前进。邓艾下令将武器装备先丢下山崖,然后用毯子裹着身体和头滚下山去。诸将在邓艾的带动下,相继滚身下山。没有毯子的士兵,便用绳索拴在腰间,抓着树藤,一个接着一个地前进。越过摩天岭后,邓艾率军直奔江油城。蜀将马邈反击未及,不战而降。随着刘禅的投降,蜀汉宣告灭亡。

由于邓艾灭蜀功勋显赫,便开始有点居功自恃,然而也正是这点得罪了钟会,再加上姜维从中挑拨使得他们之间的矛盾一直在激化。之后,钟会乘机向司马昭诬告邓艾有谋反之意,说他做的一些事情实属悖逆不道,已经露出叛乱的苗头。司马昭听后不由大怒,不入朝廷便下诏书派监军卫瓘逮捕邓艾父子,用槛车将其送到京都来。在景元五年正月十五日,钟会抵达成都,将其心腹之患邓艾押往洛阳。

　　直至此时，钟会麾下有二十余万人的军队。而今铲除了有灭蜀大功的邓艾，又掌管了庞大的远征军，遂密谋反叛之事。然而他的这一心思却早就被司马昭看透，于是司马昭率军把钟会杀一个措手不及。待局势稳定之后，由监军卫瓘收拾稳定局势。这时自然想到了因诬告押往洛阳的邓艾，遂令其释放回京师洛阳。然而在押解的途中，卫瓘想自己也参与了诬陷邓艾的阴谋，这样一来，等邓艾平反后岂能饶了自己？于是就派军追杀邓艾父子于绵竹。当时邓艾刚从囚车里出来，见有军马前来，还误以为是来接自己的呢，结果猝不及防地被杀了。

　　从邓艾有功无赏并遭受暗算这一故事中可以看出谗言有多么可怕。因此对于职场人士来说，一定要谨防这些惯于进谗的小人，以免危害到自己。而对于领导人来说，这类小人是公司团结的大敌，切不可轻信他们的谗言，以免影响到整个大局。

　　都说现代职场的办公室就是一个小江湖，里面藏有贤、忠、奸、佞形形色色的人。作为领导人一定要有辨明是非的能力。一定要做到"亲贤臣，远小人"，以免给一些小人以可乘之机，破坏了公司团结的大局。

☕ 轻信谗言势必会误失英才

　　由于现代社会人际关系的日益复杂化和竞争的日益激烈化，办公室的利益之争有时也会进入白炽化的阶段。这样不免就会出现一些奸佞小人，一旦有同事威胁到他们的自身利益，他们就会向领导大进谗言，说某某的坏话。这样一来就极容易错失英才，也极不利于办公室人员的团结，从而影响到公司的正常发展。

　　纵观古今，无论是一个国家，还是一个集体，唯有上下齐心，才可保国家长治久安和集体的长久发展。作为一个领导者，如果轻信谗言，就只能错失英才，从而破坏公司的团结和影响公司的发展。

　　谗言固然可怕，但更可怕的是遇到一个不明是非的领导，他们往往闭目塞听，轻信谗言，结果总是使一些有功之臣，不但得不到犒赏，反而会遭受别人的暗算，蒙受不白之冤。这样做的结果只会伤害到为公司忠

心效劳的英才，影响集体的整体发展。

公司新上任一位甄经理，为人十分谨慎、细心，但由于刚刚上任，心中总是害怕有些人会威胁到自己的位子，于是处处小心、敏感。而部门内有竺祥、申明两个人却一直不和，申明由于工作能力较强，不免有点恃才傲物，但人品并不坏，还常常帮助一些其他的同事，这点赢得了公司的领导和很多同事的赞赏。但申明的这一切却极让竺祥看不惯，他总认为申明的这些行为是在做样子，目的就是吸引领导的注意，而且他还把自己一直得不到提升的原因归结到申明的身上，他认为是申明的存在夺走了自己的光彩。于是他一直在寻找铲除申明这个心头大患的机会。

当这位甄经理上任后，精明的竺祥终于找到了机会。他知道这位甄经理在学历和资历上都不如申明，肯定会害怕申明不服自己。于是他一有机会就跑到甄经理的面前，无中生有地说一些申明的坏话，说申明从不把甄经理放在眼里，还说申明曾在私下里说经理的位子应该就是他的等一些中伤申明的话。这样一来不免触到了这位甄经理的痛处，为了永绝后患，几周后，他以莫须有的罪名把申明开除了。竺祥的阴谋终于得逞了，看着申明搬着东西离开公司，他却躲在一角偷着乐。

办公室的竞争就是如此激烈，虽不用动一兵一卒，但往往能把对手消灭于不动声色之中。而在这种陷对方于不义行为的阴谋中，谗言扮演了一个很重要的角色。上述事例中的竺祥就是一个善于编造谗言的人，他抓住了甄经理的要害，把谗言说到了对方的痛处，于是就使得领导稀里糊涂地把一名原本工作能力强，且对公司又忠心的员工给开除了。

作为领导者一定要具有明辨是非的能力，不可轻信他人的谗言，否则只会错失英才，从而影响到公司的团结和发展。

在三国中，因轻信谗言而错失英才的例子不胜枚举。立了大功不但无勋可赏，反而被人暗算了一把的邓艾，还有一代名流嵇康，就是死于钟会的谗言之下。又如田丰也因逢纪的耳边风被赐死于狱中；张郃、庞德、马超等忠将，无不是因为其主人听信了他人的谗言而逼得自己只好投靠了别的明主。

要时刻谨防身边的小人，更不可轻信谗言，否则只会让自己痛失英才，影响到工作的进展和公司的发展。

一山不容二虎——吕布终与刘备反目

正所谓"鹬蚌相争，渔翁得利"，办公室内，若有两强相争，则必会使小人得利。既会影响到自身的发展，又会影响到集体的团结和发展。因此，虽说"一山不能容二虎"，但为了个人与集体的发展，还是能够共同求存的好。

☕ 一山二虎势必会引起两强相争

办公室是个存在利益之争的地方，而争夺利益的双方又往往是两个强者，他们相争的结果不是一败一胜就会是两败俱伤。不管是哪种结果都是极不利于自身发展的。正如三国时的吕布与刘备，一个是当世名将，勇猛无敌；而另一个则是以仁义而名闻天下的皇室宗亲。这二虎是如何也不能共容于一山的，最终吕布还是与刘备反目成仇。

陶谦死后，刘备接管了徐州，三兄弟出生入死，漂泊多年，总算是有了个安身之处，以便渐展宏图大业了！正在三人感慨之时，突然城门急报，吕布率领数千铁骑城下叩关，请求刘备收容。刘备一听不禁大惊。原来，吕布被曹操击败后，一时无处可去，便听陈宫的建议前来投奔刘备，以待时变。

面对吕布，刘备一时陷入两难之境。因为他知道吕布是天下何其难得的猛将，任何诸侯如果得他相助，则大事可期。可是，也正是他过于勇猛的原因，不免让人有种伴吕布犹如伴恶虎的感觉，稍不当心便反被其伤。那么究竟该不该让他入城呢？刘备一时拿不定主意。

正在刘备犯难之时,关、张二兄弟皆对刘备进行劝阻,都说吕布乃虎狼之徒,收之必受其害。又说他先后所认的三个义父(丁原、董卓、王允)都因他而死,可见他是个大灾星。这时刘备却坚守"宁可人负我,我不可负人"的原则。他对关、张二人说道:"假如不是吕布乘机攻袭曹操的后方,徐州岂能有如今的平安?现在他兵败投我,又岂有拒之不纳的道理?更何况,我等要匡扶汉室,就应该广交天下英雄。"

城门外,吕布见城头弓弩密布,而城门又久久不开,显然是有点绝望了。但他的谋士陈宫却一直坚持让他"再等候片刻"。果然,不久后城门突然大开,刘备率关、张等人出城隆重地迎接吕布,并让其驻军小沛。

听说吕布投奔了刘备,曹操心想,此二人要是联合起来,势必会威胁到自己的发展。谋士荀彧曰:"吾有一计,名'驱虎吞狼计'。可暗使人去袁术处问安,就报刘备上表,要掠南阳,教术起兵攻备;这时再降诏令刘备起兵伐袁术。两相吞并,这样一来,布必生异心。"曹操听后大喜,便令人依计行事。

果然,刘备接诏后便起兵征伐袁术,但由于其兵力较少,他此去几乎是倾兵而出,这样一来,徐州就成了一座空城。刘备怕徐州有变,便令张飞留守徐州,怕其误事,又为其立下几条规矩。然而等刘备走后,张飞便召集所有的将士前来喝酒,明日禁酒好守徐州。期间一将士曹豹不擅饮酒,因推脱而得罪了张飞,张飞便将其痛打了一番。曹豹心生痛恨,又因其与吕布是表兄弟的关系,便差人赍书来小沛见吕布,说玄德往淮南,可乘张飞酒醉之时来取徐州,机不可失,今若错失,悔之晚矣。

吕布闻此消息大喜,遂与陈宫、高顺引兵进发,趁机攻取徐州。四更时分,吕布来到徐州城门前。吕布叫曰:"刘使君有使命至。"城上曹豹登城看见,便令军士开门。吕布率军杀进城来。张飞由于醉酒,根本无任何防备,忽听喊声,知道事情不妙,于是慌忙绰枪上马,出府来迎战吕布。然而由于酒醉根本无法应战,于是只能逃出东门,吕布并没追上。就这样,吕布与刘备反目成仇,乘机占领了徐州。

吕布占领了徐州,与刘备反目成仇,正合了曹操的心意。于是他又和刘备联手一举打败了吕布。

吕布终与刘备反目成仇这一故事给了职场人士这样一个启示：办公室内不能有两个力量强大的人同时存在，否则时间一久两虎势必会相争起来，这样一来既会影响到各自的发展，也会影响到公司其他人的团结，最终影响到公司的发展。因此，对于两个强者，作为领导一定要想法让其各司其职，切不可让其在同一工作岗位上共同工作，否则只会影响到工作的进展。

☕ 各司其职，以求共同发展

办公室是个人才济济的地方，每个人都是或多或少地怀着一些才华和抱负而来，以求在自己心仪的地方实现自己的梦想。这样一来，在办公室内总会有强强相遇的时候，这时如果两人不懂得求同存异，其结果要么是后来者吃掉先者，以求自己独居高位，要么是先来者靠着自己强大的势力击败后来者，但不管怎样，无论是赢还是败都会给自己带来一些负面的影响。而这些都是因为工作没有进行明确划分的缘故。

作为一个公司的领导，面对两个真正的强者，就要懂得如何更好地将其才华发挥出来。可以让两人各司其职，求同存异，则必能共同发展。

吴谦在一家公司做活动策划，由于工作能力强，整个公司就只有他一个人在做策划这一块的工作。但是再强的人也有忙不过来的时候，偶尔他也会叫嚷着做不过来，希望领导能再给他加一个人。公司领导看他实在是忙不过来，便为其招来了一位名叫陈然的同事。这下吴谦高兴坏了，因为从今以后再也不会是自己孤军奋战了。

刚开始的时候，两个人相处得一直不错，工作上合作得也很好，两人还共同策划了一个户外推广活动，结果令客户十分满意。自此之后，公司上下都夸老总慧眼识人，为公司招来了一位英才。然而两个月后，正在众人赞叹他们的合作默契之时，没想到两人却争吵了起来。原来是因为陈然在吴谦出差期间，在没有和他商量的情况下，自己写了一个活动策划交给了客户，引起了吴谦的不满。其实大家心里都明白，吴谦气愤的不是陈然没和他商量，而是因为那客户看了陈然的策划之后，觉得特别好，一

次就通过了，而这个策划案，吴谦之前写了两次也没得到通过。陈然作为一个新来的同事，竟能一下子就把客户搞定，这让一向争强好胜的吴谦觉得很没面子。

就这样，渐渐地两人之间有了点火药味，常常因为一点事就大动干戈。吴谦仗着自己对客户都了解，常常私下里和客户打交道。而陈然也不示弱，只要吴谦不在，他照样独自应对客户。两人的明争暗斗很快使工作乱了套，两人有时不是拼命地去抢一个客户，就是把一个客户晒着不管。

由于两人的相争极度影响到了工作的进展，老总不得不出面调解，将两人的工作进行明确的划分，让他们各自负责几个客户，并要求他们各自管好自己的客户。

老总这招还真灵，之后两人再也没了纷争，而是各自忙碌自己的事情，把各自的事情办得井井有条。有次吴谦由于要出差，而自己手里又有一些东西需要交给客户，可约定的时间还没到，他不得不去找陈然帮忙。陈然不计前嫌，爽快地答应了，这令吴谦很感动。自此之后，两个人又恢复了当初友好的情形。公司老总看在眼里，喜在心里。

在这个世界上，永远都是"山外有山，人外有人，强中更有强中手"，自然难免会发生两强相撞的事情。遇到这样的情况，有的人选择了争夺，结果两败俱伤；而有的人则选择了和睦，结果则是互相促进，共同发展。上述事例中的老总正是看到了这一点，将两人的工作划分了明确的界限，让其各司其职，以求让其和睦，共同发展。

职场规条

精明的领导者应该明白要让办公室两强共存，就要为其明确划分工作界限，让他们各司其职，这样一来，自然一山就能容二虎了。

王允巧用连环计——吕布、董卓经不住考验中离间

连环计为一计累敌，一计攻敌，两计扣用。先用离间计使敌人自累，然后再趁机攻之。在现代职场中，连环计也多为所用，往往是假借为对方着想做幌子，当对方走进你设的局时，再杀对方于无形。

☕ 连环计——杀对方于无形

战场形势复杂多变，对敌作战时，使用计谋可以事半功倍，善用计是作为一个优秀的将领所必须的，只用一计，往往容易让对方识破，而一计套一计，计计连环，作用就会大得多，毕竟日防夜防，不会时时刻刻防。在办公室中，每个人都会防备着自己的竞争对手，这时候你有任何举动，对方可能都了如指掌，你的计谋也很容易被对手识破。所以只有打入其内部，先使对方信任你从而放松警惕，你才能实施一连串的计谋。

王允利用吕布和董卓好色的本性设离间计，想借用吕布之手杀了董卓。他让人将家藏宝珠数颗嵌饰金冠一顶，派人密送给吕布，吕布受冠大喜，亲自到王允府中致谢。酒至半酣，王允让传貂蝉出来，吕布见貂蝉美貌非常，十分中意。便仗着几分酒意和貂蝉眉来眼去。王允借机对吕布说："我想将小女送给将军为妾，不知将军同意否？"吕布大喜，拜谢而回，只盼王允早送貂蝉来。几天后，王允又趁吕布不在，将董卓请来家中赴宴，席间又让貂蝉献舞，董卓很为貂蝉绝妙的舞姿和娇媚的容颜所倾倒，称赏不已。王允便说："这是我家歌姬，我想将她献给太师，不知太师肯收留否？"董卓闻言大喜，再三称谢。席散后，王允即命人先将貂蝉送到相府，然后亲送董卓回府。

等吕布来问貂蝉时，王允又骗吕布说："太师已经带貂蝉回去与你完婚。"

次日，吕布到相府打探。董卓一侍妾告诉吕布："昨夜太师与新人貂蝉共眠至今未起。"吕布为自己的义父抢了貂蝉而愤怒，此时王允又故意

用言语刺激吕布。王允说:"可惜将军盖世英雄,却要受夺妻之辱。"吕布被激遂拍案大叫:"誓杀董贼,以雪我耻!"便答应和王允用计将董卓诛杀。

王允的连环计之所以能够成功,是因为他抓住了董卓和吕布的性格和心理。从两个人都好色的性格使用了美人计,先许给吕布,却又将人送给董卓。董卓是吕布的上司,这时候吕布非常愤怒,但还不至于杀董卓。王允便又巧对吕布使用激将法,使吕布终于坚定了杀董卓的决心。此连环计可谓是切中各方要害,可以欲其生也可欲其死。而貌似最无辜的貂蝉却是这个计谋中的撒手锏,在不知不觉中杀对方于无形。

办公室中,在上司或同事之间,难免发生多个人对同一个职位或者是机会的竞争,在粥少僧多的情况下,每个人都在打着自己的如意算盘,正面冲突难免损伤实力,最后还可能被别人捡了便宜,此时便可以用计,让其他人各自争斗,所谓螳螂捕蝉黄雀在后,在上司因为他们之间的争斗破坏办公室的和谐而大发雷霆时,你便成为唯一合格的人选。

☕ 计中计——职场中的计谋都是相连的

职场如战场,虽不见刀光剑影,却也是硝烟弥漫。在职场中,往往一不留神便会钻进对手的圈套。但是如果能够把握时机,运用适当的职场兵法,便可扭转乾坤,转败为胜。计谋是职场中不可缺少的战略,只有它才能在你处于弱势时助你一臂之力。

三国中除了王允的连环计外,火烧赤壁也是连环计,其中周瑜先设计除掉了熟悉水战的蔡瑁、张允,然后庞统又根据曹军不懂水性而奉上连船之计,然后黄盖又使用苦肉计假意向曹操投降,带着装有硫磺、油料的船将曹操连在一起的水军烧得一败涂地。

刘备、孙权联合用计大败魏军,他们使用的连环计可谓是一环扣一环,缺一不可。先用离间计,使曹操失去了最熟悉水上作战的将领,这时候曹操最急的莫过于自己不熟水性的士兵怎样打这场仗,此时庞统到来献连船之计正给曹操解了燃眉之急。此时黄盖又向曹操诈降,曹操相信了,从而为火烧赤壁创造了条件。

这样一计连一计，环环相扣，省了很多兵力便让对手一败涂地。纵观办公室内的争斗，若能运用好此计，便会轻易地战胜对手。连环计需要数计配合才能稳操胜券。

职场中的计谋也都是相连的，一个计谋有时候难免会让人怀疑，但是如果接二连三，对方便会深信不疑。

徐佳佳的单位三天两头都要在下班后陪客户应酬，这样，领导便会让办公室的人员在下班后去陪客户喝酒。特别是男客户多的时候，更会叫上办公室的几个女同事。徐佳佳不想去但是又怕得罪领导。这时她的男朋友给她献上一个连环计。那次，领导又让她去，她在路上一直表示自己很感谢领导器重，还带她去白吃了这么多美味，让领导深信她是很愿意去的。然后在快要开餐时，男朋友忽然给她打了电话然后两个人在电话里争吵不休（徐佳佳事先说好让男朋友这时候打来），徐佳佳故意大声说："我这是为了工作，绝对不会回去的。"挂了电话后依然很气愤的样子。领导为表示自己的关心就主动问徐佳佳出什么事了。徐佳佳此时借机给领导说自己的男朋友不理解她，说她每天晚上都满身酒气回家，哪像一个女孩子呀，并威胁说她如果再这样就分手。然后她就对领导说："我是坚决不会回去的，他说分就分好了。"这时，领导便开始做起徐佳佳的工作了，并劝她回去。她在领导的劝说中"极不情愿"地离开了酒店。果然，从此领导有应酬就再也不让她去了。

如果徐佳佳面对这种情况直接说不去或者是利用某个借口，都会给领导留下不情愿的感觉。但是她一连使用了三个计谋，使领导主动让她回去。她先让领导深信她是十分愿意去的。然后又安排了男朋友的电话，故意让领导知道他们之间的矛盾。在领导对她的安慰中她故意坚定要留下来的立场，那么此时领导自然就会极力要求她回去，这样正满足了她的目的。不但没有得罪领导，还让领导对她产生了同情心。

身在办公室，和领导天天在一起，不知道什么时候会遇到同事或者上司的刁难，这时都可以根据情况设计一个连环计，既让对方了解你的苦衷，又不会因为你没有如他的意而对你产生不满。只要用的巧，用的好，就能增加在职场中百战百胜的概率。不管是对于加薪、升职、求人办

事还是拒绝人的要求都可以巧妙使用此计。但是在使用过程中每一个环节或步骤都要有心机,有谋略,这样才能稳操胜券。

联合制敌胜算更大——赤壁之战

大家都知道两个人联合比一个人的力量大得多,有时候一个人可能孤掌难鸣,但是如果懂得适时和别人合作,那么便是双赢。职场中可能会有这样一种情况,如果双方各自为自己的利益互不相让,那么可能第三方会把所有利益拿走,从而使双方什么也得不到;但是如果双方选择合作共同击败第三方的话,可能每一方都会得到利益的50%。由此可见,有时候联合自己的对手才能更好地发展。

连吴攻曹,曹操大败

每个人都会为自己的利益考虑,面对强大的敌人,以一己之力固然没有胜算,但是如果能够找到联盟,共同对抗,胜算便会增加。在办公室中也一样,每个人都会为自己的利益和别人明争暗斗,这样难免被别人排挤,甚至打压。这个时候要学会联合盟友,让更多的人和自己统一战线,这样你便不会处于独自作战的状态,胜算也就能得到很大提高。

东吴谋士鲁肃听说刘表已死,便对孙权说:“荆州与我国临近,地理形势险要、坚固,土地肥沃、广阔,人口繁多,百姓生活富裕,如能占为己有,便能够为开创帝王之业打下基础。刘备现在寄居在刘表处,他是天下骁悍的雄杰,可是由于刘表的忌妒,没得到重用,如果刘备与刘表的部下们同心协力,上下一致,就应当安慰他们,与他们结盟友好。如果他们离心离德,就另做打算。请让我去见刘表处掌权的人物,并劝说刘备安抚刘表的部下,同心同德对付曹操。如果这件事情成功,天下大势可定。现在不赶快前去,恐怕就被曹操占了先。"孙权即刻派鲁肃前去。

这时曹操送给孙权一封信说:"现在训练了水军八十万之多,正要同将军在东吴会猎。"孙权将这封信拿给部下们看,没有一个不惊慌失措的,长史张昭说:"曹操兵多势众,并且还打着朝廷的名义征讨,现在抗拒他,局势更为不利。"只有鲁肃沉默不语,孙权起身去厕所,鲁肃追到屋檐下。孙权知他来意,握着他的手说:"您要说什么?"鲁肃说:"刚才我察看众人的议论,他们是故意贻误将军。现在我鲁肃投降曹操,曹操必将我送还乡里,品评我的名位,还少不了让我做一个从事,然后我可以为其出谋划策,还可以渐渐升官;可是如果您投降了曹操,会得到一个什么归宿呢?希望您早定大计。"孙权叹息说:"这些人所持的意见,非常让我失望。现在你阐明利害,正与我的想法一样。"鲁肃劝孙权召回周瑜,周瑜回来对孙权说:"曹操虽然名义上是汉朝丞相,实际上是汉朝的奸贼。将军凭着非常的武功和英雄的气概,继父兄的基业占据江东,应该替汉朝除去残暴邪恶之人,请让我替将军谋划此事。"

孙刘联军,诸葛亮和周瑜巧设连环计,黄盖诈降火烧战船,刘备、周瑜水陆一齐前进,追击曹操到了南郡,曹操大败,刘备占据荆州,从此奠定了三分天下的基础。

当时曹操的势力比刘备和孙权都大很多,如果刘备单独和曹操打或者是孙权单独和曹操较量,结果不言自明,几乎就没有胜算,此时双方的谋士都看到了这一点,因此他们都建议两家联合起来对抗曹操。一方的实力也许不敌曹操,但是当两家合作,不管是在兵力上,还是在谋臣武将上都有了提高。这时他们的实力已经足以和曹操对抗,联合也使他们双方都为自己争得了生存的机会。

在职场中,每一个人都有各自的优点,但也有各自的缺点,如果各自只顾自己,那么到最后难免都被别人打败,只有懂得结盟,集合各家之长,最终才能够战胜强大的对手,使双方都生存下来。

☕ 一个篱笆三个桩，一个好汉三个帮

如今要想在职场中长久生存，就必须懂得与别人合作，一个人再强，终究能力是有限的。就算你再能干，光杆司令是不会长久的。如果你是领导，注定不得人心；如果你只是员工，那么便会被同事孤立。特别是办公室中，如果别人在干什么都把你排除在外，此刻你的心情会怎么样？所以说在职场中一定要懂得团队精神，懂得合作。

工作中一定要懂得合作，懂得与企业、领导、同事保持和谐的关系，只有能够和大家保持合作的关系，才能得到大家的帮助。纵观古今，没有一个人能单独称王，他必有很多人辅佐。俗话说："一个篱笆三个桩，一个好汉三个帮。"说的就是这个道理。

再看三国中能够实现大业，占据三足鼎立局面的人，哪个不是背后有很多谋略超群的能人。刘备有孔明、关羽、张飞、赵云等；曹操有郭嘉、荀彧、程昱、张郃等；孙权有周瑜、鲁肃、吕蒙、陆逊等。刘备、曹操、孙权每个人都是当世的名人，他们也不乏有自己的忠厚英勇。但是不论他们自己有多大的本事，天下却都是靠众多英雄的帮衬才得到的。一个人再能干，也不可能干出大的事业，只有能够懂得联合他人，借别人之力，才能够成就更大的事业。

曹操讨伐董卓时，势力很小，根本不足以和董卓抗衡，但是他联合各路诸侯，最终将董卓消灭。而自己从董卓手中抢过了皇帝，挟天子以令诸侯。所以说要想干出一番事业，就一定要懂得联合制敌。要是仅凭个人之力，便只能被比自己强大的敌人所消灭。

在职场中，每个人都在竞争，同行、同企业、同事之间都各自为自己的利益而互不相让。很多人天生忌妒心强，见不得别人好，为了排挤对方，不惜一切代价和手段，搞无谓的圈内斗争，以至两虎相争，互相内耗，两败俱伤，最后还让别人坐享了渔翁之利。这个时候你再后悔也来不及了。身在职场，必须时刻提防被大鱼吃掉，一定要把眼光放长远。适当的时候要懂得和对手联合，这样才能得到更大的利益，不要为了不让对方得到一个芝麻，而让自己丢了一个西瓜。有这种心态的人永远也不能在职场长久立足。能够让别人先得利，自己也许才能得到更大的利。现代职场，懂得双赢合作才是达到目的的最好选择。

💬 **职场规条**

> 如今不讲究个人英雄，只有懂得合作达到双赢才是最好的选择。

利益当前盟难久——吕蒙夺荆州

天下熙熙皆为利来，天下攘攘皆为利往。在商场、职场中的人，哪一个不是为了利益而来，联合结盟也均为各自利益，如果没有了利益，那么便没有了合作的意义，可谓利益当前盟难久。这也是无可奈何的事实。

☕ 利字当前，没有永远的盟友

利字当前一把刀，面对巨大的诱惑，还有多少人能够坚持忠、义、礼、智、信？商场上无奸不商，职场上也没有永远的伙伴。一个小小的办公室中也有钩心斗角，都说不能和同事交心。在办公室中究竟有多大的利益关系，让人们紧张地喘不过气来，今天还笑面相迎，明天就可能因为两个人共同竞争一个职位而大打出手，这是不能避免的。在职场中，必须学会为自己的利益争取。可以为此找合作伙伴，但是也许有一天，合作伙伴间也会有利益冲突，这时候就不得不"散伙"，还可能反目成仇。这是利益的驱使，在利益面前，人们不得不再次做出选择，又怎么会有长久的盟友呢。

公元 219 年，曹操被关羽打得喘不过气来，一面尽全力阻挡关羽，一面派人许诺割江南之地给孙权，让孙权袭击关羽的后方来减轻自己的压力。孙权和刘备本是盟友，但当时主张连刘抗曹的鲁肃已经死了。代鲁肃职位的是吕蒙，吕蒙认为关羽骁勇善战，而且不管是对曹操还是对孙权

都不怀好意,刘备打着匡扶汉室的旗号,大有统一全国之心。当初刘备借荆州便不再归还,关羽占据长江中上游,如果顺江而下吞并吴国是十分容易的事。吕蒙便秘密向孙权说:"关羽为人自负,实力雄厚,对我们并不是真心相待,现在关羽之所以未向东进攻我们,是因为您圣贤英明,我和其他将领们还没死。如今,不在我们强壮时解除这一后患,一旦我们都死去,那时再欲和他较量一定会失败的。"孙权静下心来,仔细考虑了一下,决定答应曹操,在关羽背后捅刀子。

关羽防着吴国,所以守军很多,吕蒙为了使关羽减轻防备,便设计让当时年仅 23 岁的无名小将陆逊代替其职。关羽果然不再设防,并且调走了部分守军。吕蒙将战舰伪装成商船,让将士都穿上布衣藏在船舱里面。昼夜兼程,这次奇袭给关羽造成了重创,最终在曹操和吕蒙双方的进攻下,丢了荆州,兵败麦城,因不肯投降被杀。关羽的死彻底瓦解了孙刘两家的联盟。

孙权之所以答应曹操背弃与刘备的盟约,最主要的是考虑到自己的利益。自从赤壁之战后三分天下孙刘联盟就没有多大的意义了。并且因刘备借了荆州一直不还,荆州居长江中上游,顺流直下可攻吴,关羽驻守的荆州可谓是正扼东吴咽喉。因此孙权一直惦记着荆州,但是却一直要不回来。这样和刘备的联盟使孙权没有安全感,并且关羽攻打曹操的襄阳和樊城,进展顺利,如果孙权坐视不管,那么关羽攻下襄阳,不久似乎就可以横扫中原了,那个时候也许就轮到攻打孙权了。因此,为了自己的利益,孙权决定联合曹操攻打关羽。

东吴得到荆州,日后便进可攻退可守,这样看来孙权选择和曹操的联盟是很正确的。但是因为吕蒙擅自杀了关羽,孙权知刘备和关羽亲如兄弟,一定要集大军为关羽报仇,因此派吕蒙把关羽的人头送到曹操营中,以诬赖曹操。可见利益当前没有永远的朋友。

☕ 职场中没有永远的朋友和敌人

职场是一个永远的江湖,只要这个江湖存在,其中的你争我斗、优胜劣汰就永远不断。你可以施恩不愿报把对方当成你的朋友，但是不要奢望也会有相同的回报，因为一旦你有这样的心理就注定会失望的。这是一个竞争激烈的地方，会为利益走到一起或者各奔东西，但是绝不会是因为"友谊"。锦上添花是每个人都愿意做的事，但是雪中送炭却是职场中不常见的事。也许你觉得这未免太过于偏激，但是这是事实。

对于初入职场的新人，也许大多抱着这样的心理，只要你对别人好，别人才会对你好，如果你这样想的话，那么便注定要在职场栽跟头了。

张楠大学毕业进了一家软件开发企业，她为人比较乖巧，性格内向，不善辩解。初进公司张楠的妈妈为了不让女儿吃亏便时常教导她要与人为善，大家都是同事，礼尚往来，你敬别人，别人便也不会让你为难。张楠一直坚持着妈妈这一原则，对公司的每个人都保持着尊敬的态度，平时对带她的孙娜更是殷勤。孙娜对她也不错，时常关照她。一天孙娜让张楠帮忙做一个程序，但是她打开程序时却发现有异常，并且所有程序都丢失了，这使办公室所有的同事都要再编一次。为此她很内疚，这时孙娜却宽慰她说："没关系，以前我也犯过同样的错误，大不了挨领导一顿骂，你放心，我会和领导解释清楚的。"这时张楠的心里稍微放松了一些。当孙娜从领导办公室出来时，领导让张楠进去一下，张楠一进去，就遭到了领导严厉的批评。这时她才知道原来孙娜把所有的责任都推到了自己身上。她终于明白原来孙娜把程序给她时就已经坏了，而此时她说什么领导也不会相信的，毕竟程序是在她手里出错的。

孙娜怕自己承担责任，而陷害张楠并把所有的罪过都推到她身上，张楠因为自己的大意也只能哑巴吃黄连。不过吃一堑，长一智，以后张楠一定就会长心眼了。职场中每个人都为自己的利益算计，不会因为你们关系比较好就真心待你，只要是碰上利益冲突，别人一定会把你狠狠地踩在脚下，以图自己能够升得更高。所以说职场中没有永远的朋友，当然也没有永远的敌人，为了共同利益，大家会合作愉快的，而这个合作也不过是各怀鬼胎。就像孙权和曹操一样，曹操为了减轻自己的压力，孙权则为了夺回荆州。当各自的利益得到后，双方没有利可图，便会另找盟友，或者又互为敌人。

所以说，初涉职场，特别是不擅长作秀的，没有心计的人，最好不要轻易地把对方当成知心朋友。你不害别人，难保别人不会算计你。面对职场中唯利是"亲"的人，一定要小心提防，并不断努力，只有自己强大了才不会被别人利用，从而把握主动权。

职场规条

利益是职场中人不守盟约的借口，所以和人交往时一定要看清形势，懂得变通，不要因为死守盟约而错过了对自己有利的机会。

图书在版编目(CIP)数据

办公室三国 / 王宇著.– 北京:新星出版社,2010.11

ISBN 978-7-5133-0076-6

Ⅰ.①办… Ⅱ.①王… Ⅲ.①办公室 – 人际关系学 – 通俗读物　Ⅳ.①C912.1–49

中国版本图书馆 CIP 数据核字(2010)第 182478 号

办公室三国

王宇　著

责任编辑: 李梓若

责任印制: 韦　舰

封面设计: 艺和天下

出版发行: 新星出版社

出 版 人: 谢　刚

社　　址: 北京市西城区车公庄大街丙 3 号楼　100044

网　　址: www.newstarpress.com

电　　话: 010-88310888

传　　真: 010-88310899

法律顾问: 北京市大成律师事务所

读者服务: 010-88310800　service@newstarpress.com

邮购地址: 北京市西城区车公庄大街丙 3 号楼　100044

印　　刷: 山东临沂新华印刷物流集团有限公司

开　　本: 787 × 1092　1/16

印　　张: 16.5

字　　数: 200 千字

版　　次: 2010 年 11 月第一版　2010 年 11 月第一次印刷

书　　号: ISBN 978-7-5133-0076-6

定　　价: 29.00 元